中国能源价格改革与绿色经济发展研究

龙海雯 著

中国财经出版传媒集团
中国财政经济出版社

图书在版编目（CIP）数据

中国能源价格改革与绿色经济发展研究／龙海雯著．
――北京：中国财政经济出版社，2020.4
ISBN 978－7－5095－9694－4

Ⅰ．①中… Ⅱ．①龙… Ⅲ．①能源价格－物价改革－关系－绿色经济－经济发展－研究－中国 Ⅳ．①F426.2②F124.5

中国版本图书馆 CIP 数据核字（2020）第 036803 号

责任编辑：金　宇　　　　责任印制：党　辉
封面设计：卜建辰　　　　责任校对：胡永立

中国财政经济出版社 出版

URL：http://www.cfeph.cn

E－mail：cfeph＠cfemg.cn

（版权所有　翻印必究）

社址：北京市海淀区阜成路甲 28 号　邮政编码：100142
营销中心电话：010－88191537
北京财经印刷厂印装　各地新华书店经销
710×1000 毫米　16 开　14 印张　205 000 字
2020 年 4 月第 1 版　　2020 年 4 月北京第 1 次印刷
定价：65.00 元
ISBN 978－7－5095－9694－4
（图书出现印装问题，本社负责调换）
本社质量投诉电话：010－88190744
打击盗版举报热线：010－88191661　　QQ：2242791300

前言
PREFACE

本书是在相关的理论指导下,分析总结能源价格机制改革面临的新问题,并结合我国经济发展的基本特征、能源供需的现状与趋势以及绿色经济发展的要求,提出能源价格机制改革的政策建议。具体的研究内容安排如下。

第1章,基于绿色经济发展的内涵和意义,阐述绿色经济发展与能源之间的联系、能源价格机制对能源要素的影响,以及目前我国能源价格机制存在的主要问题。

第2章,对本书研究涉及的几个核心概念:绿色经济发展、价格机制、能源以及能源效率做了明确界定。界定的过程中结合国内外相关研究成果,说明绿色经济发展在不同语境下的不同定义,并基于中国目前经济发展状况对本书所研究的绿色经济发展进行界定,为本书的研究主题明确内涵;同时,对能源价格机制的研究,以及国内外近期关于能源价格与绿色经济发展的研究文献进行综述,理清研究的思路。

第3章,为本书的理论基础阐述,以马克思劳动价值论为始,阐述能源价值与价格的构成和决定因素,研究总结可耗竭资源价格理论、边际机会成本价格理论、拉姆齐模型等几种价格机制研究的主要理论及模型,并分析各种理论之间的区别与联系,为本书奠定经济学的理论基础。

第4章，对能源消费与绿色经济发展的作用机理进行理论阐述，通过采用超效率数据包络分析方法（SEBM-DEA），运用33个国家的面板数据，以化石能源、资本、劳动力作为投入变量，以GDP和化石能源的碳排放作为产出变量，测算各国各年的能源—经济—碳排放效率，并结合各国化石能源采储比的数据，构建以化石能源为视角的绿色经济发展评价方法，对其绿色经济发展程度进行评价。此外，通过中国工业分行业的面板数据运用同样的方法对各行业的绿色经济发展程度进行评价分析，并对能源价格影响绿色经济发展的作用机制与路径进行分析，为能源价格对绿色经济发展作用的实证研究奠定基础。

第5章，鉴于我国能源市场是开放的市场，国际能源市场的变化必然对国内能源市场产生一定程度的影响。我国也是能源进口大国，国际能源供求与价格对国内能源价格的影响作用是不可忽视的现实。本书在对国际能源市场中主要化石能源的供需状况及变化趋势，国际市场中各主要能源价格的走势及特点进行总结分析的基础上，对国际市场主要能源价格的影响因素进行阐述，并采用Tobit回归方法对各国化石能源价格对绿色经济发展的影响关系进行实证研究，以确认绿色经济发展与能源价格之间的作用关系和作用方向，为我国能源价格机制的完善提供支撑。

第6章，通过对中国能源供需、主要化石能源供需的现状及特征进行分析，并回顾和梳理中国能源价格机制改革的历史沿革，厘清我国能源价格机制演进的历史背景与过程，总结分析我国在价格机制改革进程中各化石能源的价格构成机制，并采用Tobit回归方法对国内工业分行业能源价格对绿色经济发展的影响关系进行实证研究，以确认绿色经济发展与能源价格之间的作用关系和作用方向，为我国能源价格机制完善的下一步路径选择提供依据。

第7章，在阐述我国推动绿色经济发展为什么需要能源价格机制改革的基础上，从现阶段我国能源价格机制的三个主要方面分别论述能源价格改革的内容：第一个方面是能源价格体系，通过对我国主要能源间比价的测算，以及我国能源与国际能源、与美国能源间的比价测算，重点分析现阶段我国主要能源比价存在的问题及可能对绿色经济发展造成的影响，说明价格体系完善的关键点；第二个方面是能源定价机制，通过分析我国成品油、煤炭和天然气定价机制目前存在的问题，说明定价机制完善的关键点；第三个方面是能源价格管理机制，通过对我国目前在能源价格管理中存在的法治较低、信息发布不够及时和完整等方面的分析，说明完善价格管理机制的关键点。

第8章，对本书的主要观点进行总结。

目录 CONTENTS

第1章 导论 …………………………………………………………… 1

    1.1 问题的提出 ………………………………………………………… 1

    1.2 选题的意义 ………………………………………………………… 4

    1.3 本章小结 …………………………………………………………… 6

第2章 相关概念界定与文献综述 ……………………………………… 7

    2.1 基本概念界定 ……………………………………………………… 7

    2.2 能源价格机制研究综述 …………………………………………… 17

    2.3 能源价格与绿色经济研究综述 …………………………………… 20

    2.4 本章小结 …………………………………………………………… 23

第3章 能源价格机制的基础理论分析 ………………………………… 24

    3.1 基于马克思劳动价值论的能源价值与价格分析 ………………… 24

    3.2 自然资源劳动价值论 ……………………………………………… 25

    3.3 可耗竭能源资源价格理论 ………………………………………… 29

    3.4 边际机会成本价格理论 …………………………………………… 32

3.5　拉姆齐模型 …………………………………………………… 34
　　3.6　能源资源跨期配置模型 ……………………………………… 36
　　3.7　本章小结 ……………………………………………………… 38

第4章　能源—绿色经济评价模型的构建及作用机理分析 ………… 40
　　4.1　基于化石能源视角的绿色经济发展评价 …………………… 40
　　4.2　能源对绿色经济发展的影响分析 …………………………… 81
　　4.3　能源价格影响绿色经济发展的路径分析 …………………… 84
　　4.4　本章小结 ……………………………………………………… 86

第5章　国际能源价格嬗变及对绿色经济发展的影响 ……………… 88
　　5.1　国际能源供需状况及变化趋势 ……………………………… 88
　　5.2　国际能源价格走势及其特点 ………………………………… 107
　　5.3　国际能源价格主要影响因素及定价机制的主要特征 ……… 110
　　5.4　基于部分国家面板数据的实证分析 ………………………… 117
　　5.5　本章小结 ……………………………………………………… 122

第6章　中国能源价格机制及对绿色经济发展的影响 ……………… 124
　　6.1　中国能源总体供需结构及特征 ……………………………… 124
　　6.2　中国能源价格机制的形成与演变 …………………………… 139
　　6.3　中国主要消耗的化石能源及其定价 ………………………… 151
　　6.4　中国的化石能源供需对能源价格的影响作用评价 ………… 158
　　6.5　化石能源价格对绿色经济发展的影响：基于中国工业分行业面板
　　　　 数据的实证分析 ……………………………………………… 162
　　6.6　本章小结 ……………………………………………………… 167

第7章　构建与绿色经济发展相适应的能源价格机制 ……………… 169
　　7.1　实现绿色经济发展必须完善能源价格机制 ………………… 169
　　7.2　进一步形成科学的能源价格体系 …………………………… 170

7.3 进一步完善能源价格机制 ……………………………………… 177
7.4 完善能源价格管理机制 …………………………………………… 184
7.5 本章小结 …………………………………………………………… 186

第8章 主要结论 …………………………………………………………… 188

8.1 我国绿色经济发展的总体水平比较低 …………………………… 188
8.2 我国各行业绿色经济发展不平衡 ………………………………… 189
8.3 传统体制下形成的扭曲的能源价格机制是导致我国绿色经济发展水平低的重要原因之一 ………………………………………… 189
8.4 推动绿色经济发展必须进一步完善能源价格机制 ……………… 190
8.5 改革和完善我国的能源价格机制的重点是要改革和完善我国的化石能源价格机制 ………………………………………………… 190

参考文献 …………………………………………………………………… 192
后记 ………………………………………………………………………… 211

第1章 导 论

节能减排、推动绿色经济发展已成为我国未来发展的必然选择。绿色经济发展要求不断改善能源结构、提高能源效率，能源结构及其效率也是衡量绿色经济发展水平的重要指标。改善能源结构、提高能源效率必须发挥好市场在能源资源配置中的决定性作用和政府在能源资源配置中的引导作用。为此，必须切实完善能源价格机制，充分发挥能源价格杠杆的调节功能。

1.1 问题的提出

2002年，联合国开发计划署在《2002年中国人类发展报告：让绿色经济发展成为一种选择》中首次提出绿色经济发展。报告论述了中国生态环境面临的机遇与挑战：中国经济社会虽高速发展，但资源消耗、环境污染与人民群众对良好环境的向往形成了矛盾。中国对这一矛盾作出了积极反应是：走绿色经济发展道路。然而，走绿色经济发展道路，挑战与困难前所未有。报告中分析了中国在经济高速发展的背景下所面临的"危险道路"与"绿色道路"的选择和挑战，分析了中国走绿色经济发展之路需要协调经济与环境的关系，需要政策、机制与技术的全面配合，亟须建立一整套制度体系与实践相配合。亟待解决的问题和困难包括政府的管理能力欠缺、企业资金和技术的支持不足、相关社会组织不健全以及经济社会发展的诸多不确定性上，因此中国的绿色经济发展注定充满挑战。

2015年，中共十八届五中全会首次把绿色经济发展作为五大发展理念之一，这与党的十八大报告中将生态文明纳入"五位一体"总体布局一脉相承。

"十二五"收官之年,资源环境类指标均实现了预期目标,在主要污染物的排放方面甚至远超预定指标,收效明显。但我国的环境与资源问题冰冻三尺非一日之寒,"十三五"规划指出,我国目前发展不可持续的问题仍然突出,资源约束趋紧、生态环境恶化的趋势没有得到根本性扭转,环境资源恶化与人民对良好生态需求的矛盾仍然突出,要更好更全面地解决这些问题,"绿色经济发展"也绝非一朝一夕,而是需要我们世代坚持和践行的发展方式。"十三五"规划进一步提升了"绿色发展"在我国战略规划中的地位,将其定位为"发展理念"之一,认为绿色经济发展将成为未来我国发展的新引擎,推动我国经济持续增长、高质量增长。

然而,我国在过去的一段时间里,由于过于注重经济增长速度,经济结构不合理,依靠高耗能产业的粗放发展模式,使得能源消费量巨大,对环境造成了较大的损害,雾霾、水体污染、土壤污染等环境问题给社会生产生活带来了极大的负面影响。在经济发展的新常态下,我国对经济发展过程中能源资源和生态环境的协调发展提出了更高要求。过去"两高一低"(高能耗、高排放、低效率)的发展模式难以为继,产业转型升级、发展模式的转变势在必行。中共十八届五中全会中强调树立创新、协调、绿色、开放、共享的发展理念。其中"绿色"发展理念,要求加快建设资源节约和环境友好型社会,形成人与自然和谐发展现代化建设新格局,推动低碳循环发展,推进美丽中国建设,为全球生态安全作出新贡献。"保护环境就是保护生产力,改善环境就是发展生产力。"《国家新型城镇化规划(2014—2020年)》(中发〔2014〕4号)、《能源发展战略行动计划(2014—2020年)》(国办发〔2014〕31号)等文件中都提出了促进"绿色经济发展"的具体要求,其中均包括能源绿色化的相关内容。生产、生活的绿色化,能源消费结构的绿色化要求对高耗能、高排放行业进行限制,建设可再生能源体系,提高清洁能源的供应能力,推动新型清洁能源的多元化、规模化应用,提高其利用的占比。目标是到2020年,化石能源占一次能源消费的比例降低到85%,天然气占比达到10%以上,煤炭消费占比控制在62%以内[①]。因此,产业结构的升级转变与

---

① 数据来源:国务院印发《能源发展战略行动计划(2014~2020年)》,2014年12月3日。

能源消费结构的调整是未来我国经济发展过程中必将不断推进的重要内容。

能源是绿色经济发展中重要的投入要素，是经济发展重要的物质基础，因此能源供需与其价格的波动不仅影响经济增长的长期稳定性，也影响经济增长的短期波动性。随着全球绿色经济发展趋势的增强，作为主导能源的化石能源，其生产消费的环境压力不断显现。能源在绿色经济发展中的重要影响受到了各国的广泛关注。"十三五"期间，在绿色经济发展理念的指引下，需要实现的是经济、社会与环境三位一体的协调发展，在绿色创新、绿色消费、绿色贸易等需求侧精准施策，绿色经济发展将成为中国经济发展的新动力，绿色消费和绿色外贸将成为我国经济的新增长引擎，从而保持我国经济稳定发展的常态，提高我国经济发展的效率，改善自然生态环境的质量。这些发展目标的实现，可以说都与能源有直接联系，能源消耗的碳排放和其他污染物的排放，已经成为环境污染的最主要来源之一。而价格作为市场资源配置的"无形之手"，其有效地发挥作用将为绿色经济的成长助力。

由于我国能源资源储量有限，人均占有率低，加之我国目前的经济发展仍处于高耗能阶段，经济增长的能耗依赖性强，为了满足GDP的增长，国家长期控制电力等能源的价格，以利于吸引投资，保障出口。能源定价的无序导致能效技术的进步相对缓慢，单位GDP能耗仍然较高，一定程度上阻碍了我国经济的绿色化发展，环境污染日益加剧。

此外，不合理的能源定价机制对我国清洁能源技术的推广应用形成阻碍，抑制了我国经济向低碳经济、循环经济的转型。早期由于我国施行计划经济体制，能源价格长期以来主要是由政府进行规制。虽然近年来一直不断地推进市场化改革，但能源价格一直没有合理、完整地反映能源的供需和环境成本，能源产品间、国内能源与国际能源间的比价关系不尽合理，批零差价过大等不合理的现象仍然存在，使得价格机制难以在能源市场中发挥有效调节资源配置的作用。坚持深化能源价格机制的改革是我国的长期任务，党中央提出"改革是发展的强大动力，健全使市场在资源配置中起决定性作用和更好发挥政府作用的制度体系"，是为我国发展提供持续动力的保障，本书选题也因此而提出。

1.2 选题的意义

从总体上看，我国现行的能源价格机制仍然存在一些问题，如能源定价机制不合理等。长期以来，我国政府对主要能源品种都实施了不同程度的价格管制，能源的定价基本上是在对相应企业回报率的规制基础上进行。在制定能源价格时，化石能源开发企业首先向化石能源管理机构提出价格调整的申请，管理机构对该申请进行评估和考察，根据价格影响因素的变化情况对其进行必要的修正，以作为某一特定时期内化石能源的定价依据；化石能源在开发、生产和消费过程中的环境污染防治成本、生产安全成本以及资源消耗的合理补偿等，在能源价格中未得到完整、合理的反映；能源的整体价格偏低，背离了价格反映能源稀缺性的经济规律，从而造成能源使用效率低下，高消耗、高污染、低效率的粗放型增长方式难以在短期内得到扭转，并成为制约经济绿色增长的瓶颈；管制能源价格也制造了很多矛盾，如由政府管制电价与由市场调节煤价之间的电煤价格矛盾，以及气、油、煤比价的不合理等。因此，化石能源的需求与供给不能有效地通过能源价格反映，生态环境损害的状况也无法通过能源价格反映出来，这严重抑制了价格发挥配置资源的作用（张一清，2011）。不合理的能源价格造成开发和利用都存在浪费，同时，失真的化石能源价格也阻碍了可再生能源的发展，约束了产业结构的优化。

此外，能源价格管理机制不健全也是我国能源价格机制的主要问题之一。目前我国的能源价格定价行政化色彩依然浓重，价格调整的各种信息均是通过行政文件的形式进行公布，行政手段对能源市场的干预严重，没有独立的能源体制和能源价格监管机构对政府的行政干预以及市场的运行进行合理、有效的监督管理，能源价格信息数据统计和发布体系不完备，造成市场信息的不对称，影响了市场主体的有效决策，能源价格管理法制化缺位等价格管理机制方面仍然存在很大的问题，使得能源价格难以发挥其应有的调节作用，是经济发展效率提升的绊脚石。

从绿色经济发展的角度出发,完善能源价格机制的目标在于维护国内能源供给稳定性,维护经济发展的可持续性,实现能源资源在不同代际间的公平分配,促进经济和生态环境保护的协调发展,使我国在国际能源市场中能够拥有应有的话语权,能源政策的制定更加科学合理,通过这些方面促进我国经济发展方式的不断改进,增加国家宏观调控手段的有效性。实现上述目标的关键在于建立科学、合理的能源价格机制。其原因在于:第一,能源定价机制直接决定能源价格,而能源价格是改善能源使用效率最有效的调节手段,决定了能源生产者的利润水平和消费者的使用成本,是促进能源集约使用和维护代际公平使用的重要方式,是实现经济可持续增长的重要手段。第二,科学的能源比价关系是保证经济安全和优化能源结构的有效手段,构建合理的比价关系一方面可以促进能源的消费,促进经济发展和维护经济安全;另一方面,从中长期来看可以促进替代能源的发展,优化能源结构,协调绿色经济发展与环境保护的关系。第三,能源价格机制直接影响国家的价格总水平、就业、利率、汇率以及可支配收入等基本经济指标,从而影响财政、货币和产业等政策,健康的能源价格机制可以提高宏观调控的有效性。

可见,能源价格机制是国家制定能源政策和能源战略的核心机制。能源价格机制包含的内容非常广泛,现阶段能源价格机制存在的问题比较复杂。能源价格机制的改革是一种制度改进,涉及经济发展方式的调整、经济结构优化、市场制度健全、企业制度的改革、法律制度完善等多个方面。

我国的能源价格机制改革一直在不断推进,各种常规化石能源定价机制的市场化程度也在逐步扩展。将定价权交还给市场,利用能源价格杠杆发挥对能源资源优化配置的决定性作用,是能源价格机制改革最终的目标。然而,由于我国特殊的发展历程,对能源市场的行政干预在短时间内难以改变,政府角色的重新定位也非一时可以理顺,加上能源价格的高度敏感性和重要性,能源价格机制改革问题更加复杂,在改革的过程中可能出现预期之外的变化、阻力和反复,如何在已有研究的基础上,结合目前改革发展的实践和未来的发展趋势,从理论和实践相结合的基础上总结已变的、理顺应变的、明确未变的、解决待变的、预防乱变的,实现能源价格机制市场化的根本性转变,构建起以绿色经济发展为核心目标的科学有效的能源价格机制,发挥价格杠杆对能源资源高效绿色配置的作用，是本书研究的主要目标和意义。

在相应的理论指导下，本书旨在分析总结能源价格机制改革面临的新问题，并结合我国经济发展的基本特征、能源供需的现状与趋势以及绿色经济发展的要求，提出能源价格机制改革的政策建议。

1.3 本章小结

一方面，我国的能源价格机制至今仍未能实现完全市场化。由于过去一直是以政府定价或指导价为主的能源定价形式，虽然定价机制不断改革，但能源价格仍表现为行政色彩浓重，同时存在比价不合理、价格不能完整反映供需状况及生态环境成本、价格管理体制不健全等问题，阻碍了能源价格有效发挥资源调节配置的作用。另一方面，长期以来，我国的发展模式一直是高耗能、高排放、粗放型的发展模式，累积了严重的生态环境问题，极大地影响了经济发展的质量和可持续性。

然而，能源是重要的生产要素同时也是环境污染的重要来源，绿色经济发展必须大力推进节能减排，关键在于能源消费结构的"绿色化"与能源利用效率的提高。从市场经济的角度出发，矫正扭曲的能源价格体系，充分发挥能源价格机制的调节作用，是降低能耗、减少污染排放最有效的方式。只有让能源价格真实反映能源供需状况、环境成本的消耗，发挥政府对经济发展的导向作用，从而积极作用于能源市场和产业结构，才能使其成为优化能源结构、助推能源效率提升的有效杠杆。总之，能源价格机制改革是实现绿色经济发展的重要一环，这也是本书选题提出的重要缘由。

第 2 章　相关概念界定与文献综述

明确界定相关概念，认真梳理和总结相关文献，对科学确定研究对象，把握学术前沿，充分借鉴已有研究成果，深化本书研究具有重要意义。本章在界定相关核心概念的基础上，梳理和总结相关的文献。

2.1　基本概念界定

2.1.1　绿色经济发展

（1）"绿色发展"概念的提出。

联合国开发计划署在 20 世纪初发布的《2002 年中国人类发展报告：让绿色经济发展成为一种选择》中提出了"绿色发展"概念，并论述了中国在向可持续发展上面临"黑色之路"与"绿色之路"的抉择。如何才能实现真正的绿色发展？绿色发展应该包括人类社会发展与自然环境保护的和谐共存、低碳可持续的发展、节约和高效利用资源等方面。要求绿色富国、绿色惠民，为人民提供更多优质生态产品，推动形成绿色发展方式和生活方式，协同推进人民富裕、国家富强、中国美丽（宗边，2015）。

纵观经济社会发展观念的演变过程，可以看出一条"绿色发展"观念逐渐产生的路径：早期，人们单纯关注经济发展，期望摆脱贫困实现物质生活水平的提高，摆脱落后实现经济社会的现代化，摆脱弱小实现国家的富强，这一初级阶段的目标简单而明确，并未将环境保护因素纳入发展所考虑的范围之内，而彼时环境与经济社会发展之间的矛盾也还未显现；20 世纪 60 年代末，资本主义国家开始遭遇发展所带来的各种环境恶化问题，至此人们开始关注环境问题。1972年6月召开的联合国人类环境会议，通过了《人类环境宣言》并成立了联合国环境规划署，专门负责促进全球环境治理保护方面的事务。20世纪80年代，世界环境与发展委员会在《我们共同的未来》中，提出了"可持续发展"的战略思想，提出了发展不能够以牺牲后代的环境、资源和发展能力为代价，因此在当代的发展过程中需要加入对未来环境资源影响的考量，使得发展的目标设定中纳入了"绿色"的成分，期间，在可持续发展思想的引导下，人们还提出了"循环经济"的概念，旨在倡导通过利用科学技术，实现在生产和消费过程中物质资源的循环再利用，从而达到低消耗、低排放、低污染、高效率的经济发展模式。直到2002年，联合国开发计划署在《2002年中国人类发展报告：让绿色经济发展成为一种选择》中第一次提出了"绿色发展"的概念，它是"可持续发展"的延伸。该报告中对中国绿色发展改革提出的建议是充分利用市场机制，制定综合协调环境与经济发展的政策，通过制度的创新使政府与社会组织间合作保护环境，发展绿色工业与绿色消费，通过技术的创新和发展促进经济的绿色发展。报告虽然未对"绿色发展"概念做专门的界定，但其对绿色发展的要求就是经济社会与环境保护的协调发展。2008年，为了应对全球经济危机，刺激经济复苏，创造新的就业机会，减少经济发展对高碳资源的依赖，解决人们所面临的全球生态问题，联合国环境规划署提出了"全球绿色新政"，倡导发展绿色经济，建立可持续的经济发展模式，掀起了全球"绿色发展"的浪潮。2011年，世界经合组织、联合国环境规划署和世界银行都提出了"绿色经济发展"，以及与"绿色经济"相关的概念，但"绿色发展"仍然缺乏被普遍接受的定义。

（2）国外相关研究对绿色经济发展的界定。

世界经合组织（2011）将绿色发展定义为：绿色发展意味着促进经济增长和发展，同时确保自然为人们的福利持续提供足够的资源和良好的环境。Heal（2012）的研究中称"绿色发展"是可持续发展的一个子集。也就是说，"绿色发展"与可持续发展具有相同的诉求，而可持续发展的要求则相比绿色发展更加广泛，绿色发展则着重关注自然资源与环境的可持续性。关于可持续发展,"布伦特兰报告"将其定义为:满足当今发展的需求,而不损害子孙后代满足其需求及发展能力的发展方式。类似地,Hallegatte 等(2011)认为,绿色发展的过程是资源的清洁高效利用,同时更富有弹性,但不会减缓总体发展的速度。在这两个定义中,可持续发展中涵盖的"社会发展"部分是缺失的,而"社会发展"在世界银行所推动的"包容性增长"中扮演着中心角色,它认为增长是基于广泛的跨部门的增长(Ianchovichina and Lundstrom, 2009)。持"绿色发展是可持续发展的子集"观点的人认为,在某种意义上绿色发展所指的只是可持续发展中关于满足子孙后代需要的资源(资本)储备这个部分。Hallegatte 等(2012)为这种说法辩护道:社会发展或多或少地自动跟从经济的增长。他们认为"可持续发展过程中经济与社会的影响通常是正向的,经济和社会发展携手并进,并且相关政策的存在可以减少两者之间的不平等"。综上,国外学者大多将"绿色发展"界定为可持续发展的一个重要形式。

(3) 国内相关研究对绿色经济发展的界定。

我国在"十二五"规划中正式提出"绿色发展",第一次以"绿色发展"为主题论述了"建设资源节约型、环境友好型社会",提出:面对日趋强化的资源环境约束,必须增强危机意识,树立绿色、低碳发展理念,以节能减排为重点,健全激励与约束机制,加快构建资源节约、环境友好的生产方式和消费模式,增强可持续发展能力,提高生态文明水平。"十三五"规划中提出:"坚持绿色经济发展,着力改善生态环境",将"人与自然和谐共生""低碳循环发展""节约和高效利用资源""提高环境质量""保障生态安全"作为绿色经济发展的任务和目标。由此可以看出,我国政府对绿色经济发展的理解和界定。

国内学者早在 20 世纪 90 年代就明确提出了绿色发展的理念(杨涛和王开明,1995),绿色发展的概念与循环经济、生态经济、可持续发展息息相关,大多数学者都将绿色发展理解为这些概念的综合(熊映梧,2002)。总体而言,学者们定义的绿色经济发展要义普遍包含了经济与生态环境的协调发展、资源的合理高效利用、污染排放的降低这几个关键点。除此之外,也有学者提出了绿色经济发展具有更加宽泛的内涵,如社会的公平性、技术的创新性和贸易的开放性（胡鞍钢，2005）。也有学者从环境、经济、政治和文化方面分别阐释了绿色经济发展的内涵（王玲玲和张艳国，2012），可谓"广义"绿色经济发展的定义模式。

综上所述，不同的国家和地区由于其发展水平的差异，使得不同发展阶段对绿色经济的需求和权衡有所不同，对绿色经济发展的界定也出现了不同的侧重点。相较发达国家大多已经较好地解决了传统的环境污染问题而言，我国尚处于经济高速发展，生态环境问题突出的阶段。发达国家对绿色经济发展的界定更加侧重于代际的公平、全球合作、社会的包容性和绿色经济发展点的创造上，而我国的相关研究中对绿色经济发展的界定更多地集中于强调节能减排、环境污染防治等方面，以应对目前严峻的环境与发展之间的矛盾。

（4）本书对绿色经济发展的界定。

考虑我国现阶段发展的实际情况，本书认为应将绿色经济发展界定为一种与传统"黑色发展"相对的发展模式。在这种发展模式下，人们必须将污染环境、破坏生态平衡与资源公平合理利用的成本纳入经济发展效益的核算中，将资源的科学、合理、高效和循环开发利用，污染物排放的控制纳入制度建设体系中，以经济发展为基础，生态环境保护和资源的可持续性为底线，实现经济与生态环境的和谐共进，最终实现人民生活水平全面提高。

从"绿色"的角度来评价发展状况，简单来说可以有四种发展模式：一是经济—环境—资源协同共进的绿色经济发展模式；二是经济不断增长，但环境遭到破坏，资源不合理利用的黑色发展模式；三是环境保护与资源的可持续利用较好，但经济增长乏力甚至衰退的绿色衰退模式；四是经济—环境—资源三方面都处于消极状况的黑色衰退模式（图2-1）。

2.1.2 价格机制

价格是以市场交易的方式分配稀缺资源时的交易条件。因此，市场价格决定了商品和资源如何进行分配，这就是西方经济学中关于市场机制的核心——价格机制的界定。可以看出，在经济学理论中，对价格机制的界定通

图 2-1 绿色经济发展概念框架图

常默认为其对市场的调节作用：从供给或者生产方来看，价格能够指导生产（生产什么、生产多少、何时生产）；从需求或者消费方来看，价格能够引导消费（购买什么、购买多少、何时购买）。而且以价格为载体的资源分配调节机制这只"无形的手"是一种有效率的分配方式，但它不一定保证公平与道德，这就是所谓的价格机制。对于这种价格机制的界定方式，我们可以称其为狭义的价格机制。而在本书看来，价格机制的内涵应向其发挥作用的"事前"与"事后"扩展，价格机制的体系中应完整地包含"事前"：价格体系的构成、定价的机制；"事后"：价格的调节作用发挥时，如何防范和规制机制的失灵，也就是价格的管理制度。即价格机制是价格如何构成、如何调节市场中资源的分配，以及当价格的调节功能失灵时如何进行预防控制与处理的一系列机制的总和。本书所界定的价格机制可以从价格体系、定价机制、价格调节机制、价格管理制度四个方面进行阐明。

（1）价格体系。

价格体系是指一定范围内的市场中所形成的各种产品价格相互联系、相互制衡的有机整体。价格体系可以用各种价格之间的比例关系来体现，包括产品间的比价关系，以及不同销售环节间的差价关系。

能源价格体系是各种能源产品在生产流通的各个环节中，各种价格相互联系、相互制约所构成的价格的有机整体。它是由各类各种能源价格组成的，如煤炭价格、石油价格、天然气价格、电力价格等构成的整体。其本质上是一定社会经济关系的反映，是由生产力水平、社会生产关系、能源供应与消费、价格管理体制与政策、价格体制发展的历史原因等因素所决定的。能源价格体系的内容包括比价体系和差价体系两个部分。

能源比价体系包括两个方面的比价：一是能源与其他商品之间的比价关系。能源在各行业生产中都是基础的投入要素，因此能源的价格与其他产品价格之间必然存在密切联系，合理的比价关系将有利于能源行业自身的发展和能源的节约高效利用，同时也有利于能源行业与其他行业间的协调发展。二是不同能源品种之间的比价关系，如电煤与煤电之间的比价关系，这是一次能源与二次能源之间的比价，由于一次能源是生产二次能源的要素投入，也是二次能源价格的重要影响因素，二次能源的价格中应能够合理地反映这种关系。再如，天然气与煤炭之间的比价关系，这是不同类别能源之间的比价，两者的比价是否合理直接影响到能源消费的替代效应，以及能源消费结构的变化，为了鼓励高品质、清洁能源的生产供应，应适当提高这类能源生产者的盈利水平，同时降低消费端与其他能源之间的比价（邹广严，1997）。

能源的差价是指同种能源在流通过程中，由于购销环节、地区、时间和质量等因素的影响而形成的价格差异，各个价格之间相互联系、相互制约，形成了能源的差价体系。具体来说，能源差价体系包括：购销差价，指的是相同地区相同时间内，能源在一个环节中的销售价格与购进价格之间的差额，是各部门流通费用的补偿与合理利润的体现；地区差价，指的是同种能源在同一时间不同地区的销售价格的差额，主要由不同地区的资源禀赋条件、生产运输条件、生产运输效率以及能源需求水平等要素引起；批零差价，指的是相同地区相同时间内，能源产品的生产供应价格与零售价格之间的差额，它是零售环节费用、税金与利润的体现，尤其是零售环节的利润对批零差价影响较大，因此合理的批零差价是保障生产供应企业与消费者两端利益的重要因素；季节差价，指的是同种能源产品在相同地区不同时间的价格差异，如水电价格采取峰谷定价的模式，体现的就是丰水期与枯水期不同自然条件下电力供应差异的影响；质量差价，指的是同种能源产品不同质量等级的价格差异，体现的是不同能源商品中所凝结的无差别的人类劳动与生态劳动量的差异，合理的质量价差是促进能源生产供应、引导消费与调节能源资源配置的基础。

（2）定价机制。

定价机制即定价的方式，包括两种：第一，市场价格，或称自由价格，通过市场竞争和供求关系形成。市场经济体制下，市场价格是最基本的价格形式。第二，国家（政府）指导价格，是国家（政府）为达到特定的经济社会目标，通过政府物价管理部门对市场价格进行一定程度干预而形成的价格，有三种具体的形式：一是以保护消费者利益为目的的最高限价；二是以保护生产者利益为目的的最低限价；三是由政府价格管理部门制定的基准价与浮动范围的浮动价格。

（3）价格调节机制。

价格调节机制是市场机制的核心，在大多语境中，可以将市场机制等同于价格机制。在一个有效的市场中，由于价格是有关商品的各种信息的综合反映，能够为市场参与者传递有关商品生产、需求等各方面的信息，对其形成正确的经济决策提供了最为重要的依据。同时，由于价格的变化会引起不同利益主体之间利益分配结构的变化，则合理的价格可以协调利益相关方的关系，有利于调动各方的积极性。此外，价格还是经济核算最重要的手段。价格是价值的表现形式，市场中各种经济活动的发生都可以表现为一定的价格数额，也是衡量经济效益的基础，合理的价格能够真实、合理地反映经济运行的状况，考核经济运行的绩效。这些因素都是价格机制发挥调节作用的基础和原因。

在生产领域，价格机制不仅能调节生产的比例，使生产合理布局，而且能促进新产品和新技术的开发，促使企业改善经营，提高产品质量和经济效益；在流通领域，价格机制可以调节商品流通的规模和速度，促使流通企业以合理的差价取得较高的经济效益；在分配领域，价格机制能调节生产者、消费者和国家在国民收入中所占的比例，调节不同社会阶层的利益再分配，调节国民收入中积累和消费的比例；在消费领域，价格机制能调节消费水平和消费结构。通过价格机制的这些调节作用，社会经济能保持一种比较高效的运行状态。

价格机制的自身调节作用是通过同种商品价格的差价关系和不同商品价

格的比价关系展开的。前者形成同种商品不同价格之间的纵向联系，后者形成不同种商品不同价格之间的横向关系，二者构成价格体系。商品差价是指同种商品由于流通环节、季节时间和质量差别的不同所形成的价格差价，主要有购销差价、地区差价、批零差价、季节差价以及质量差价等。商品的差价关系反映着商品生产和流通过程中各方面的经济关系，关乎生产者、经营者和消费者之间的经济利益。保持合理的差价，对促进生产、改善经营、疏通流通渠道、调节供求、指导消费都具有重要的作用与意义。商品比价是指同一时期同一市场上不同种类商品价格之间的比例关系。比价关系的调整，不仅影响有关生产者的经济利益关系，而且影响资源在不同部门之间的配置，进而影响产业布局和结构优化。

（4）价格管理体制。

价格管理体制是政府管理价格的机构设置、价格管理权限划分以及价格管理政策的总称。

①价格管理机构的设置及管理权限的划分。

价格管理机构的设置是指各级政府部门及其专门价格管理机构；管理权限划分主要是指定价确定、制定和管理价格的权力在相关机构之间的配置。

我国目前的国家价格管理机构是指政府各级物价主管部门和其他有关部门。我国的价格法规定，国务院价格主管部门统一负责全国的价格工作。国务院其他有关部门在各自的职责范围内，负责有关的价格工作。县以上各级人民政府价格主管部门负责本行政区内的价格工作。县级以上人民政府其他有关部门在各自的职责范围内，负责有关的价格工作。这里所说的"价格工作"，包括与价格管理有关的工作，如政府指导价与政府定价的制定工作、对市场调节价的检查和监督工作等。目前我国具体执行价格管理的最高机构是国家发展改革委价格司，其具体职责包括能源价格信息的搜集公布与预测、能源价格的规制、能源价格政策制定发布、能源价格管理协调等方面，是我国能源价格管理的核心机构（张维达，2004）。

②价格管理政策。

由于价格具有许多重要的经济功能和调节作用，政府在对社会经济进行管理和调控中必须重视价格管理。一般说来，政府实行的价格政策主要有以下两种。

第一种：价格干预政策，即对政府选定的特定商品实行价格干预，主要是制定支持价格和限制价格。支持价格是政府为了支持某一行业的发展而规定的行业最低价格。例如，各国政府一般对农产品都实行支持价格政策，通过支持价格提高农民经营农产品的收入，以稳定农业的生产。限制价格是政府为了防止物价上涨而规定的某种产品的最高价格。限制价格主要是为了防止通货膨胀而对一些基础产品实行的限价政策。例如，为了防止产成品价格的普遍上涨，政府往往限制原材料、燃料等基础产品价格的上涨。有时，限制价格也作为限制某个行业发展的政策手段使用。

第二种：价格管制政策。这是对部分商品实行的由政府定价的政策。在市场经济中，政府有时也对某些商品实行有限的价格管制，其目的是稳定经济运行或应付自然灾害、战争等特殊情况。

一般政府实行的价格干预政策和价格管制政策应该适应市场经济运行的需要，使之既发挥市场机制的作用，又发挥政府管理的作用，使价格的功能和调节作用得到充分而有效的实现（张维达，2004）。

2.1.3 能源

关于能源的定义在不同的书籍中有不同的提法：有从能源功用角度的定义，指能源是为人类提供光、热、势能等能量的资源（帕克，1992；拉佩兹，1994；中国社会科学院语言研究所词典编辑室，2012）；有从存在形式上的定义，认为能源是燃料、阳光、流水和风（美国不列颠百科全书公司，2007）。综合这些定义，能源是一种呈多种形式的，并且可以相互转换的能量载体。能源是指可直接取得或者通过加工、转换而取得的人类所需的各种能量的各类物质资源的统称。

纳入我国能源统计体系的能源包括煤炭、原油、天然气、电力、焦炭、煤气、热力、成品油、燃料油、液化石油气、可再生能源和其他直接或者通过加工、转换而取得有用能（煤矸石用于燃料、城市垃圾用于燃料、生物质废料用于燃料、其他工业废料、余热余压）的各种资源。

能源按照不同的方式可以分为多种类型，详见表2-1。

表 2-1　　　　　　　　　　能源的分类体系

类别		常规能源	新能源
一次能源	可再生能源	水能 生物质燃料	太阳能 风能 海洋能 地热能 潮汐能
	不可再生能源	煤炭 石油 天然气	核能 油页岩 可燃冰
二次能源		焦炭、煤气、 汽油、煤油、 柴油、石油液化气、电能、蒸汽	沼气 酒精 甲醇 氢能

国家统计局2018年发布的国民经济和社会发展统计公报数据显示，我国目前的能源消费结构仍然以化石能源为主，其中煤炭占比第一为59%，石油占比第二，天然气占比第三，三者的总消费量占比超过70%，并且在未来较长一段时间内以化石能源为主的能源结构还将持续。因此，本书将着重聚焦于目前我国的主要能源品种：煤炭、石油、天然气。

2.1.4　能源效率的相关概念

本书采用 SEBM-DEA 方法，以化石能源、资本、劳动力作为投入变量，以化石能源碳排放、国内生产总值分别为非合意产出与合意产出变量，测算不同国家和中国工业分行业的 DEA 效率值，并且以此作为衡量一个经济体或行业基于化石能源视角的绿色经济发展水平的重要指标，主要包括以下三种效率的概念。

(1) 能源—经济—碳排放效率[①]。

能源—经济—碳排放效率值指的是以 DEA 技术所测算出的综合效率，它

---

① 本书采用以 SEBM-DEA 技术计算出的配置效率（allocation efficiency）值代表能源—经济—碳排放效率。

代表了化石能源投入与经济发展和碳排放的总体效率水平。有效值为1，说明该决策单元的投入和产出综合来看都达到了生产前沿面，即达到了理想水平的投入与产出，视为 DEA 有效；有效值大于1时，说明该决策单元的相对效率优于生产前沿面，超过1越多则优于有效前沿的程度越高；有效值小于1时，说明该决策单元的能源绿色经济发展水平是相对低效的，数值越低则效率越低。

（2）纯技术效率。

纯技术效率值是指在 DEA 技术中保持决策单元投入不变的前提下，实际产出同理想产出的比值，反映了决策单元在给定投入情况下获取最大产出的能力，可以评价决策单元在生产、管理等方面技术水平的相对效率。有效值为1，说明该决策单元的投入产出从技术角度来看达到了相对有效生产前沿面；有效值大于1时，说明该决策单元的相对技术效率优于生产前沿面，超过1越多则优于有效生产前沿面的程度越高；有效值小于1时，说明该决策单元的绿色经济发展水平在技术方面来看是相对低效的，数值越低则效率越低。

（3）规模效率。

规模效率值是指在相同的投入产出下，对以 DEA 技术所测算出的综合效率进行分解后得到的仅仅反映在规模经济方面的相对效率。有效值为1，说明该决策单元的投入和产出从规模经济角度来看都达到了相对有效生产前沿面；有效值大于1时，说明该决策单元相对规模经济的效率优于有效前沿，超过1越多则优于有效前沿的程度越高；有效值小于1时，说明该决策单元的能源绿色经济发展水平在规模经济方面来看是相对低效的，数值越低则效率越低。

2.2 能源价格机制研究综述

在已有的相关研究文献中，主要包含两个方面的研究内容：一是能源价格是如何形成和构成的，这是关于能源定价机制，以及定价机制对绿色经济发展的影响效应的研究；二是能源价格是如何影响绿色经济发展的，具体体现为能源价格对碳排放的影响,这是能源价格对绿色经济发展的作用机制的研究。因此本书的文献回顾也将从这两个方面开展。

在能源价格形成的基础和组成要素的研究方面,目前我国能源消费结构依然是以化石能源为主,并且这样的格局在未来较长的一段时间内还将维持,而且化石能源资源是不可再生的资源,其总量有限,持续消耗将导致资源的枯竭,因此,对能源资源定价机制的研究,较多的学者都聚焦于可耗竭能源资源的定价机制研究。根据马克思主义政治经济学原理,认为能源的价格应由能源具有的价值决定,而价值量遵循马克思政治经济学的基本原理,应由人类劳动所形成的价值构成。国内的研究者对能源价格的构成做了较多的深入研究,从时间发展角度来看:学界一致认为,Hotelling（1931）发表的《可耗竭资源经济学》,是能源经济学创立发展过程中的起点,他提出了著名的耗竭理论,构建了在竞争市场环境下,可耗竭资源的价值计量模型,即 Hotelling 规则——以一个非线性规划模型构建了可耗竭资源最优开采路径,由这个模型导出的能源资源价格受到企业利润、产量、储量与生产成本的共同影响。早期的研究者（国务院经济技术社会发展研究中心中国石油天然气总公司联合研究组,1990）认为,能源的价格构成方式取决于能源市场的状况,如当能源供需基本相当时,采用完全成本定价方法或者劣等资源定价方法是较为合理的;如果能源市场存在供不应求,则应该采用促进供求平衡的定价方法,保证能源生产企业的利益。Anderson（1985）、Hartwick 和 Olewiler（1986）对能源的政府定价进行了研究。此时,国外学者已开始研究市场化的能源定价机制。Okogu（1991）的研究显示,20 世纪下半叶,由于世界能源市场的供需不平衡,经合组织成员国开始采取国内能源价格与国际市场价格挂钩的定价模式,随后的发展是,政府仅给出能源的指导价格,由各成员国根据供需关系确定相应的能源价格,这与目前我国的石油价格形成机制类似。Outhred（2000）、Doorman 和 Nygreen（2002）、Rahimi 和 Sheffrin（2003）研究了电力的市场定价。在 20 世纪八九十年代,我国学者大多支持以政府为主导的能源价格规制,重要的能源应由政府定价,如石油、电力、煤炭等。而政府定价则会主要考虑国家的政策目标等因素（高珮义,1992）。随后的研究中开始逐步提出应该考虑合理的环境污染治理成本和矿区生态修复成本，构建较为完整的能源成本体系（杨鲁，1994）。在能源的定价基础中，生态环境因素越来越多地出现在了研究者们的能源定价框架内。韩劲等（1997）认为，矿产资源价值除了绝对地租、极差地租和垄断地租之外，还包括对资源耗竭的补偿；张光文（2001）认为，能源价值应该包括矿区修复的成本。21世纪初期，我国的价格管理还是以稳定价格总水平为政策目标，控制价格总水平的基本方最主要的形式是规制形成较低的原材料价格，因此资源产品价格长期低于实际价值。李国平和华晓龙（2008）、王震等（2009）、高兴佑和高文进（2012）提出了能源价格的形成不仅仅要考虑到短期内企业的利益，同时也应该充分考虑长期的可持续发展，认为能源价格的构成中应该充分考虑能源资源本身的价格以及环境外部性的价值，对早期主要关注能源生产成本来说是对绿色经济发展有益的能源定价框架。如李少民和吴韧强（2007）、时璟丽（2008）、张一清和姜鑫民（2015）等学者分别对不同品种的能源资源性产品根据各自的特征构建了相应的定价方案。从定价理论方面看，学者们在研究能源资源定价时采用了不同的理论，也决定了其定价模型构建的不同，例如，晏智杰（2004）、杨艳琳（2002）认为，马克思劳动价值论是解决自然资源定价的基本理论；于渤等（2005）提出了基于可持续发展的能源资源价格分析模型，在能源资源价值的跨期动态模型中加入了环境资源的约束。学者们按照不同的定价方法研究能源资源性产品定价问题，如崔万安和汪前珍（2013）、Fisher（1981）、袁迎菊等（2009）、高树印（2008）、Hannon（2001）等分别运用收益还原法、边际机会成本法、环境成本法、替代价格法、能值分析法等定价方法对能源资源性产品价值进行计量。

从绿色经济发展的角度来看，在学者们的研究中，生态劳动价值论、可持续发展理论、资源的跨期配置理论、边际机会成本价值理论等理论是重要的、与绿色经济发展相容的理论基础，然而，基于这些理论基础，不同的研究者提了不同的定价方法。这些分歧首先反映了由于能源价值理论的不完善，使得从不同的价值理论出发会得出不同的能源价值构成；其次反映了国内外学者对能源、能源资产还存在不同的认识。

2.3 能源价格与绿色经济研究综述

随着经济的快速发展，能源消耗日益剧增，气态污染物的大量排放使得自然环境逐渐恶化。对经济个体而言，环境成本是一种外部成本，少数人的消费将由全社会共同承担，因此将环境成本内部化可以补偿对环境造成的破坏。从一般的供需分析可知，提高能源价格对减少资源消耗、保护环境、发展低碳经济将产生积极作用。Baumol 和 Oates（1971）研究了采用显示生态环境质量的标准来征收环境补偿税，能够有效地使能源使用的外部成本内部化，从而实现"绿色"发展。Howarth 和 Winslow（1994）在局部均衡的分析框架中研究得出，碳税可以将环境损害的外部成本内化，能源价格由于碳税而提高，碳排放由此下降，新的均衡下达到了低碳发展的目标。Hake 等（1994）运用 IKARUS 自下而上模型预测了德国的能源消耗，发现提高能源价格的环境效应存在两种途径：一是直接减少能源需求和碳排放；二是高价格下可促进使用可再生能源，间接减少碳排放。因此，能源价格是推进节能减排的主要经济工具，是实现低碳经济的重要市场手段。Hang 和 Tu（2007）对 1985~2004 年国家对能源价格管制逐渐减少的状况进行了研究，估算了对应的能源价格弹性。结果表明，除 1995 年以外，煤炭、石油以及总体能源价格上升将导致消费增加。研究的结论普遍支持能源价格的需求弹性显著为负，也就是说能源价格的上升有利于降低对环境的损害。

不同种类的能源，其污染物的种类和排放量不同，而污染物排放最多的是化石能源的使用，煤炭的燃烧又是其中污染最严重的。我国能源的消费结构至今一直维持煤炭占绝对主导地位的结构形式，除煤炭之外的其他能源消费量占比一直只有能源消费总量的 40% 左右[①]，而我国煤炭的使用主要是直接燃烧，其直接造成典型的煤烟型污染，燃烧排放的二氧化碳、二氧化硫、

---

① 国家统计局："2018 年国民经济和社会发展统计公报"，http：//www.stats.gov.cn/tjsj/zxfb/201902/t20190228_1651265.html，2019－02－28。

二氧化氮以及烟尘是我国大气污染物最主要的来源，影响着人民的健康和生活环境。因此，能源消费结构直接影响到"绿色"发展的水平，直接影响我国生态文明目标的实现。朱勤等（2009）通过扩展的 Kaya 恒等式，将产业结构、能源结构等变量纳入分析模型，通过 LMDI 分解方法对 1981～2007 年的数据进行分析，得出我国的能源消费结构对碳排放具有负效应。张伟等（2016）同样采用 Kaya 恒等式对产业体系的碳排放量进行因素分解，并根据结果构建了产业体系碳排放模型，通过测度我国省域产业 1995～2014 年的碳排放强度、能源碳排放密度和能源消费强度，并对影响因素进行分析，得出我国产业体系低碳化发展是由能源结构的变化所驱动。因此可以看到，促进我国能源结构向清洁化的不断转变，是提升经济绿色发展的重要环节之一。

在经济社会发展过程中，能源的消费与供应直接影响着碳排放，然而，在工业生产领域，能源既是投入品也是产出品。因此，产业结构决定着能源消费的数量与结构，能源供给的情况也将反作用于产业结构。

20 世纪末期，人们对能源、环境与经济发展相互作用关系的认识逐渐加深，基于能源—经济—环境（3E）系统的研究越来越受到国内外机构和学者的重视，在 3E 系统体系研究方面取得了丰富的成果，并已将最新的研究成果纳入国家的中长期发展战略中。首先，从经济发展角度看，研究者们探索构建了许多经济学模型对 3E 系统进行研究，国际能源署（International Energy Agency，IEA）在 1976 年组织开发了 MARKAL（market allocation）模型，基于能源数据库及单目标线性规划的局部均衡模型，帮助各成员国建立能源系统分析能力（吉训仁等，1988），我国学者也先后运用 MARKAL 模型对国内区域 3E 系统进行了分析研究（吴宗鑫和陈文颖，2001；陈长虹和杜静，2002；佟庆等，2004）。此外，学者们在研究过程中对 3E 系统构建的经济学模型还包括：多目标规划模型（姜涛等，2002；魏一鸣等，2002；赵媛等，2001）、可计算一般均衡（computable general equilibrium，CGE）模型（翟凡和李善同，1997；郑玉歆等，1999）、基于系统动力学的 3E 耦合协调发展模型（廖重斌，1996；饶斌，2010；肖欢和周晓波，2014；逯进等，2017）等，分析了能源对环境的作用，以及通过研究两者的相互影响分析其在经济层面的表现，即体现在能源结构、能源强度（单位 GDP 能耗）等相关指标的经济表现。

从市场机制角度看，市场机制通过价格机制推动经济运行，实现资源的有效配置。能源价格上升将会推动企业生产成本的增加，在利润最大化和成本最小化的目标下，企业必然会提高其能源利用效率以降低生产成本。因此，从这一角度看，能源价格的上升将有助于提高企业的能源使用效率，从而推动整个社会能源效率的提高。Birol 和 Keppler（2007）认为，能源价格的提高能够促进能源效率的提升，降低能源强度，但这种作用具有一定的回弹效应。Popp（2002）的研究结果也表明，中长期油价的上涨会促进原油利用效率的提升。Cornillie 和 Fankhauser（2004）对欧洲中东部和苏联一些地区的能源价格和能源效率之间的关系进行研究，同样得出能源价格的上涨是提高能源效率的重要因素。Fishervanden 等（2004）采用我国 2500 多家能源密集型大中型工业企业 1997~1999 年的面板数据研究发现，能源相对价格的上涨是我国能源强度下降的主要驱动因素。我国学者在研究能源价格与能源效率的关系时，也普遍认为提高能源价格对能源效率的提高具有积极影响。杭雷鸣和屠梅曾（2006）运用 1985~2003 年的时间序列数据，对我国制造业、能源价格和能源强度之间的关系做了实证研究。计量检验的结果表明，能源相对价格的上升对于降低总能源强度、石油强度、电力强度和煤炭强度具有积极贡献。提高能源价格是一个有效的改善能源效率的政策工具。吴利学（2009）通过数值模拟方法对我国能源效率的波动原因进行研究，认为提高能源价格能显著提高我国的能源效率。黄宝敏（2015）采用 Johansen 协整检验，研究了中国能源价格对能源消费量和能源消费结构的影响。何凌云等（2016）的研究显示，能源价格对碳排放的影响是双向的，一方面能源价格的提高会增加能源的消耗量，其主要是通过拉动总产出与改变产业结构发挥效应。另一方面，能源价格又通过影响能源效率抑制了能源的消费量。这些研究为中国能源价格改革和节能降耗工作提供了重要的依据。

综合国内外学者对能源价格与环境、碳排放之间作用关系的研究成果，可以看出，无论是从理论上还是实证上，均有大量的研究结论证实了两者之间存在影响关系，并且大多数研究表明，两者之间为负相关关系。学者们所采用的研究方法、指标、研究的经济体、研究的视角和研究的时间范围虽各不相同，但研究能源价格对环境的影响时大多选取的是把能源效率、碳排放等变量作为环境影响的代表指标。在经过多轮能源价格改革之后，我国近一段时期以来的能源价格与绿色经济发展之间的作用关系是否有新的特点，能否使用一种更加贴近绿色经济发展评价的指标来分析其与能源价格之间的作用关系，这是通过文献梳理之后发现的可以继续进行深入研究的地方，也是本书后续章节的研究内容。

2.4 本章小结

绿色经济发展指的是经济—环境—资源三方面的协调发展，在这种发展模式下，污染环境、破坏生态平衡与资源公平合理利用的成本将影响到发展的效益，因此资源的科学、合理、高效和循环开发利用、污染物排放的控制是绿色经济发展的要求。

能源价格机制主要包含四个方面：一是以能源差价体系及比价关系所代表的价格体系；二是能源定价机制，即能源价格形成的方式，主要体现为价格形成过程中政府规制程度的高低；三是能源价格调节机制，即能源价格如何作用于市场中的资源配置和利益分配；四是能源价格管理体制，包括管理机构的设置和管理政策的制定。通过这四个方面，能源价格机制对能源价格发挥资源配置调节作用的有效性产生影响，价格机制的科学、合理性不仅影响能源的供给与消费，还影响能源行业自身的发展以及能源结构的调整，进而影响经济发展的方式。

通过对能源价格机制及绿色经济发展相关文献的梳理可以发现，能源价格机制研究中涉及较多的是能源价格的形成机制，对能源价格决定要素的研究虽然存在不同观点，但从绿色经济发展的角度出发，较为一致的是认为能源价格应该充分反映能源利用对环境的影响；学者们也普遍认可能源价格可以在一定程度上间接作用于环境保护。但缺乏基于近年来数据的实证验证分析，我国能源价格机制经历了几轮改革和调整之后，能源价格与绿色经济发展之间的关系是否存在新的特点，能否使用一种更加贴近绿色经济发展评价的指标来分析其与能源价格之间的作用关系，将在后续的章节中进行分析研究。

第3章　能源价格机制的基础理论分析

理论源于实践，实践需要科学理论指导。本章是全书的理论基础部分，主要介绍和阐述能源价格机制的相关理论、模型及定价方法。

3.1　基于马克思劳动价值论的能源价值与价格分析

马克思主义政治经济学认为，商品的价值量由生产该种商品的社会必要劳动时间决定，社会必要劳动时间是指在当前大多数生产部门都已经达到的技术水平和能够拥有的生产设备条件下，以社会平均劳动生产率生产制造某种商品所花费的劳动时间。从价值的角度看，商品就是物化了的劳动。这是商品在市场中交换的价值量基础，当用货币来表示这个价值量时就成了商品的价格。然而这个价格并不一定是商品达成交易的价格，因为商品的交易价格除了受到凝结在商品中无差别的人类劳动的影响外，还将受到商品在市场中供求状况的影响。按照政治经济学价值规律的阐述，商品生产的社会必要劳动时间只是决定了商品市场价格的波动中心，当供大于求时，达成交易的价格将低于这个价格中心；反之，当供不应求时，达成交易的价格将高于这个价格中心，商品的成交价格将始终自发地围绕着这个以价值量决定的价格中心上下波动。这个价格中心完全是由社会生产的客观规律所决定的，不会因人的主观意志而改变，其发挥着决定商品市场价格的基础作用。虽然实际中的市场价格常常偏离这个价格中心，即偏离了商品的价值，这是市场调节作用的表现，但从长期来看，价格的高低起伏将互相抵消，市场的平均价格最终仍然是由商品的价值所决定的，因此，这个价格可以看作是马克思主义政治经济学中所认可的商品价格。

按照马克思主义政治经济学的原理，能源的生产过程要持续正常地进行，首先，必须要使生产过程中所耗用的物化劳动得到补偿，即生产中所耗用的原材料、机器设备的折旧等生产资料中包含的价值量，如能源勘探耗费的劳动、能源开采耗费的劳动、能源生产耗费的劳动、能源运输耗费的劳动等能源商品形成各环节的劳动耗费；其次，能源生产过程中消耗的活劳动的价值量应当得到补偿，即能源生产企业需要支付的工资；最后，作为在市场经济中生产经营的能源企业，以营利为目的，且其目标是企业总利润的最大化，这一部分利润的价值同样需要通过交易以价格的形式实现。也就是说，能源的价格（价值）应该由其生产成本（物化劳动价值和活劳动价值），以及总利润决定。

马克思劳动价值理论为能源价格的形成机制奠定了基础。科学、合理的能源价格首先应能客观地反映能源产品生产过程中所产生的价值，然而，马克思主义价值（价格）理论并未明确地提出商品价格中应该考虑与计量自然资源本身所具有的价值，同时也未明确将人类在能源产品的生产、运输、使用等过程中给环境带来的影响纳入商品价值的决定过程中。因此，从绿色经济发展的角度来说，马克思劳动价值（价格）理论在新的时代背景下需要进一步继承和拓展。

3.2　自然资源劳动价值论

自然资源是天然存在的，没有凝结人类的劳动，因此它只有使用价值，而没有价值，人们可以免费地使用自然资源。在这种观念指导下，出现的是"能源资源无价、原料低价、产品高价"的不合理状况，导致的结果是随着经济的发展，大量的可再生或者不可再生能源资源，以低廉或不合理的价格投入生产生活领域，人们掠夺性地开发自然资源，低效率地利用能源资源，造成了诸如能源资源浪费、环境污染和生态破坏的严重负外部性，也造成了自然资源供需间的矛盾，扭曲了自然资源的合理配置，严重降低了自然资源的使用效率。

马克思创立劳动价值论是在19世纪中期，此时的资本主义经济发展正处于上升时期，是前资本主义工业化的时期。一方面，当时丰富的自然资源和良好的自然环境表现为"取之不尽，用之不竭"，人们可以得到充足的自然资源和良好的环境供给；另一方面，当时的经济社会发展规模还较小，生产和生活对自然资源的需求相对于自然的供给能力是较小的，生态环境的承载能力也比较充足。因此，当时的经济社会发展状况还未表现出与能源资源环境方面的强烈冲突和矛盾，马克思的劳动价值论中因而也未对此做出阐述。马克思（1867）劳动价值论认为，由于自然资源未经过人类劳动的加工，是天然存在的，其作为生产资料参与商品的生产过程，只能是新产品使用价值的构成要素，而不能构成交换价值的要素。劳动价值论的核心思想认为只有无差别的人类劳动才是创造价值的唯一源泉。然而，随着经济社会的发展，能源资源环境与经济社会发展之间的矛盾日益凸显，如何正确地解决能源资源与生态环境的价值问题，是当代马克思主义理论发展所必须解决的课题。近年来，大量的学者也致力于将劳动价值论延伸和拓展到能源资源环境领域，建立生态和自然资源的劳动价值理论体系，使马克思劳动价值论符合新的历史条件下经济社会发展所面临的条件，适应人类社会不断发展的客观要求。早在1985年，唐允斌就在其文章中提出，当人们的"足迹"涉及一片土地时，这片土地就具有了价值，即使土地并未开始使用，人们对土地开发利用潜力的认识评估等就是人类劳动的参与，就让其具备了价值的基础。随后不断有学者提出自然资源不能直接被人类所使用，诸如矿藏的勘探、开发等这些对自然资源的直接生产和再生产过程的劳动投入，构成的就是自然资源的价值（杨艳琳，2002）。这种提法有意将自然资源在整个利用过程中的"完全"劳动投入计量到其价值中。

同时还应该考虑到，人类在能源的生产过程中对能源资源环境所产生的负外部性让人类劳动形成了"负价值"，这就需要通过生态的补偿恢复来弥补，这些人类劳动的发生也就形成了适宜环境的价值基础（刘思华，1987）。然而，由于人类对生态环境的补偿活动过去常常并不是伴随着自然资源的利用过程同时发生，通常是"先污染，后治理"，抑或是在缺乏监管的情况下，自然资源开发利用的过程中所产生的生态环境损失根本没有责任者"买单",这就造成了自然资源利用负外部性的补偿与能源资源的使用脱离,直接造成了人们对这一部分劳动投入的忽视。因此,学者们开始呼吁将生态价值的计量加到合理的能源资源价格构成中,将对生态环境的维护和补偿投入计算到能源资源的价值中,这些价值就是通过经济系统输入到生态系统,用以保持自然资源环境符合人类发展需要的使用价值所耗费的物化劳动和活劳动,也就是凝结在生态环境中的人类的社会必要劳动(李万古,1998)。很多学者都纷纷提出了在劳动价值论的基础上加入对生态环境进行补偿的机制(胡仪元,2009;李萍和王伟,2012;朱云峰,2005)。

也有学者提出了"大自然的劳动"的概念(沈丽等,2010),称之为"生态劳动价值论":"商品的价值是凝结在其中的无差别的自然界的劳动和人类的劳动,其价值量的大小用商品的能值或能值货币价值衡量。"将大自然的"劳动"也纳入马克思劳动价值论"劳动"的内涵中,从而商品(尤其是自然资源类商品)的价值由自然界的劳动和人类的劳动共同决定。所谓"大自然的劳动"指的是自然界几十亿年以来的地质运动、光合作用、太阳辐射等自然界的"劳动",正是这些耗费了时间和能量的"劳动"形成了今天人类生产生活所使用的金属、能源、土地等重要的生产资料,凝结在这些物质资料中的,是无差别的"大自然劳动",构成了自然资源价值的重要部分,这部分价值也通过人类的劳动转移进了产品中,构成产品价值的一部分。生态劳动价值论将自然界对于经济的贡献与人类的劳动一样对待和衡量,并采用生态经济学中的能值概念和计量方法(Odum,1988),将一切能源类产品(甚至其他各种产品)的实际价值用太阳能作为基本的尺度来衡量,跳出了一直以来人们试图直接使用货币量来对这些资产进行定价的思维模式,而由于自然资源本身天然形成的属性,决定了货币很难成为有效衡量其价值的基准。这种思路看似扩展了马克思劳动价值论中劳动的外延和内涵,从而合理地将能源资源环境的价值引入自然资源的价值构成中,但违背了马克思劳动价值论的核心,即无差别的人类劳动是价值的唯一源泉,是不妥当的。"大自然的劳动"只是一种自然界的自发运动,并未耗费人类社会的任何能源资源和劳动力,它产生的仅仅是能源资源的使用价值,并不构成价值。

因此，未经人类劳动加工开采的原生的自然资源是有价格但无价值的，这种价格，是"想象的价格"，是"虚幻的价格"，是"虚假的价值"，是由于能源资源的稀缺性、垄断性和不可或缺性，或由一些非常偶然的情况决定，然而最终决定能源资源的这一部分价值的因素是能源资源的产权，自然资源"天然具备的"使用价值部分的价格应该由当前社会的生产关系和能源资源利用的技术水平所决定（陈征，2005）。

综上所述，能源作为一种人类生产生活所必须的重要自然资源，按照马克思劳动价值论以及对劳动价值论在当前经济发展和社会关系形式下的新发展，其定价的基础应该包括三大部分：一是自然资源天然形成和存在的使用价值的价格，这一部分的价格由一定社会制度下的所有权关系形式所决定；二是自然资源被人类利用，投入了人类劳动的价值的价格，这一部分的价格由自然资源在勘探、开采、生产加工、运输等环节的社会必要劳动时间决定，也就是由这些生产和再生产环节所投入的活劳动和物化劳动的价值量决定；三是自然资源在被人类利用的过程中产生的对生态环境的损害的补偿的价格，这一部分的价格由对能源资源开采后生态的恢复、生产运输过程中排放的污染物的处置等措施所需投入的物化劳动和活劳动的价值量决定。

自然资源劳动价值论提供的定价基础在马克思主义劳动价值理论的基础上，考虑到了当代社会发展所面临的生态环境矛盾，并着重构建了包含生态环境补偿价值的能源资源定价基础。但这一理论也存在一些仍待完善的地方：首先，在自然资源天然存在的使用价值的定价方面，并未达成一致的认识，而目前所提出的几种理论也缺乏现实可操作性。其次，在定价基础中缺失了利润的部分，理论中所阐述的都是能源资源"生产成本"的构成。再次，自然资源劳动价值理论的着眼点是能源资源定价的价值量的基础，而现实中要将这个价值量合理地转换为以货币表现的价格还需要同时考虑到货币价值的因素及其与能源资源价值的比例关系，也就是说，要将这些理论运用到现实中还缺少实践基础。最后，自然资源劳动价值理论还未能考虑到能源资源的有限性即稀缺性对价格决定的影响，以及不可再生能源资源在代际之间进行分配的价格决定机制，这都给自然资源劳动价值论在能源定价运用中形成了阻碍，因此，单纯运用自然资源劳动价值理论指导的能源价格，难以实现对能源消费结构以及能源利用效率的有效调节。

3.3　可耗竭能源资源价格理论

石油、煤炭、天然气等能源资源都是不可再生的，当今使用这些能源将减少未来的可使用量，也就是说，这些能源是会被耗尽的，并称之为"可耗竭能源资源"。为了赚取最大的利润，生产商生产和供应多少产品取决于产品的成本与市场价格，然而，如果这个产品是可耗竭的能源资源，也就意味着可以提供的能源资源产品的总量是有限的，那么，此时的生产商除了考虑提供产品的数量之外，还不得不考虑到一个额外因素，那就是何时提供，因为最终他们将售尽所有的能源资源产品。Hotelling（1931）在其发表的论文《可耗竭资源经济学》中对此进行了具有开创性的论述，根据他的理论框架，能源资源的定价应该充分考虑能源资源自身的可耗竭性，以可耗竭能源资源的最优跨期配置为基础条件形成能源资源的价格。

假定对能源资源所有者资本借贷需求的满足是没有限制的，那么，对于他所拥有的能源资源何时开采、销售多少则取决于预期未来能源资源价格的变化率（r）与当前资本的收益率（k）。由于未来经济与人口的发展，对能源资源的需求总量是不断增加的，同时，能源资源的持续消耗在一定程度上减少了其存量，并且，由于低成本易开采的能源资源总是优先被使用，未来能源资源开采的难度和成本将不断增加。基于以上假设，未来能源资源价格的预期变化率 $r>0$，即可耗竭能源资源的未来价格是上涨的。那么，当 $r<k$ 时，把销售能源资源后将收回的资金用于当前资本市场的借贷所赚取的收益高于将能源资源留待未来开采销售以获得价格上涨的收益，能源资源的所有者将选择在技术条件允许下最快的速度开采使用能源资源；当 $r=k$ 时，当前开采销售能源资源换回资金投资的收益与把能源资源留在地下未来获得的价格上涨收益相当，这时由于对未来不确定性的担忧，人们还是更偏好现在能够得到的收益从而选择开发使用能源资源；当 $r>k$ 时，未来能源资源价格上涨的收益将超过当前使用能源资源换得资金的投资收益,能源资源所有者会选择保留能源资源,因为未来再开采能源资源将更加有利可图。因此,$r \leqslant k$ 是能源资源所有者愿意在当前尽量开采使用能源资源的条件。

假设当期能源资源的价格为 P_0,未来 t 期能源资源的价格为 P_t,则:

$$P_t = P_0(1 + r) \tag{3-1}$$

因此,当 $P_t = P_0(1 + r) \leqslant P_0(1 + k)$ 时,即:$P_t \leqslant P_0(1 + k)$ 时,能源资源所有者会选择在当前尽量开采使用能源资源。

然而,当能源资源所有者增加当前能源资源的开采使用量时,市场上能源资源的供应增加,能源资源价格 P_0 将下降,直到满足:

$$P_t = P_0(1 + r) = P_0(1 + k) \tag{3-2}$$

反之,当 $P_t > P_0(1 + k)$ 时,能源资源所有者会选择将能源资源留在地下,等到未来价格上升之后再开采使用,然而,这将导致当前市场上供应的能源资源量下降,能源资源的价格 P_0 上升,直到再次满足式(3-2)为止。

这就是简单的 Hotelling 模型,它的前提假设是能源资源的总量不变,同时能源资源的开采技术不变。现实的情况是随着勘探技术的改进,未来常常发现更多存量的能源资源,甚至发现数量超过了消耗数量;随着开采技术的进步,未来能源资源的开采也许成本与当前相当甚至更低。因此,未来能源资源的价格变化情况和当前资本的收益率都是不确定的,价格究竟会上涨或下跌、收益是正是负都因各种条件的不同会得到不同的结论。除此之外,节能意识和节能技术的进步、新能源的替代等因素也将会对未来能源的价格产生影响,未来能源资源的价格最终会受到未来能源资源市场供求关系的影响,结果可能低于预期的价格。

对于当前的能源资源来说,其收益是价格扣除了成本之后的净收益——"准租金"。也就是说,在可耗竭能源资源模型中,开采使用的数量由能源资源的净收益决定。根据经济学原理,生产商实现其利润最大化目标的条件是边际价格等于边际成本,边际收益为0,遵循这一原则,能源的最优开采路径应该满足:

$$P_t = C_t = (C_1 + C_2) \tag{3-3}$$

其中,P_t 是第 t 期的单位能源资源价格;C_t 是第 t 期的单位能源资源成本,包括单位能源资源的开采成本 C_1 与单位使用者成本 C_2。

由式（3-3）可以得到：

$$P_t - C_1 = C_2 \tag{3-4}$$

因此，总是存在一个边际价格与边际开采成本的差额 C_2。它是我们通常所认为的边际净收益，当能源资源的开采成本为 0 时，使用者成本与能源资源的价格相等：

$$P_t = C_2 \tag{3-5}$$

此时，把时间因素纳入其中（假设折现率为 λ），可以得到边际价格的现值（MPPV）：

$$\text{MPPV} = C_2 = P_t(P/F, \lambda, t) \tag{3-6}$$

也就是单位"使用者成本"（能源资源的稀缺成本），它指的是当前选择不开采使用能源资源的单位机会成本，也反映了能源资源的稀缺程度；单位边际净收益的现值（MNPV）是 t 期的价格 P_t 扣减了 t 期的开采成本 C_{1t} 后的差额的现值。在自由竞争的条件下，若要生产商在各期均有相应数量的能源资源开采出售，应该满足的条件是各期能源资源的稀缺性是相同的，也就是各期拥有相同的使用者成本的现值（假设折现率为 λ）：

$$\begin{aligned}\text{MNPV} &= C_2 = P_0 - C_{10} = (P_1 - C_{11})(P/F, \lambda, 1) = (P_2 - C_{12})(P/F, \lambda, 2) \\ &= \cdots = (P_t - C_{1t})(P/F, \lambda, t)\end{aligned} \tag{3-7}$$

于是，可以达到 t 期能源资源的价格为

$$P_t = \frac{\text{MNPV}}{(P/F, \lambda, t)} + C_{1t} \tag{3-8}$$

这就是运用可耗竭能源资源理论对能源资源进行定价的基本原理，然而，现实的情况并没有模型所设定的那么简单。后续很多学者对该模型进行了大量深入的研究和扩展（Pindyck, 1978; Devarajan and Fisher, 1981; Fisher, 1981; Kraukraemer, 1998），在模型中加入了对开采成本升高所表现的能源异质性、勘探对收益的影响等因素。然而，能源的价格还受到一系列不确定因素的左右，如开采与生产和节能技术的发展、新能源的替代效应、生产生活方式的变化、制度的演进、市场的扭曲和失灵等。技术的进步一方面能够降低能源资源获取的成本、节约能源资源，从而降低能源的价格；另一方面，

当能源更加便宜，经济规模和人口不断增长时，能源的消耗量可能不断增加，形成回弹效应，更加速了能源的耗竭速度，使能源的稀缺性增强，从而刺激能源价格的上涨。而其他不确定因素对能源价格的影响更为复杂。

总之，耗竭理论为我们提供了一个从能源资源的有限性与稀缺性的角度考查能源资源配置与合理定价的思路，但简单地用耗竭理论模型对能源资源进行定价也是有局限性的，该理论可以作为我们对能源进行定价的重要参考。

3.4 边际机会成本价格理论

边际机会成本（marginal opportunity cost，MOC）指的是开采使用单位能源资源时，所放弃的将能源资源用于其他用途所能获得的最大收益。根据新古典经济学的原理，在完全竞争的市场条件下，当商品的价格正好与边际成本相等时，厂商可以获得最大化的利润，同时消费者可以获得最大化的效用，因此，依据边际机会成本来确定价格是可以实现帕累托最优的。自然资源的边际机会成本定价最早由环境经济学家 Pearce 和 Turner（1990）等学者在边际成本定价的基础上提出，这一定价理论旨在将代际公平、生态环境以及能源资源的稀缺性纳入定价的体系中，这使得能源资源价格的构成更加完整。

根据这一定价理论对边际机会成本框架的理论阐述，边际机会成本包含三个成本构成要素，分别是边际生产成本（marginal production cost，MPC）、边际使用者成本（marginal user cost，MUC）、边际外部成本（marginal external cost，MEC）。

能源资源的边际生产成本（MPC）指的是能源资源的勘探、开采、加工、运输等使其达到可使用状态所支出的生产费用总和，同时，根据机会成本的定义，这里的边际生产成本不仅包括"生产"的支出，还包含能源资源使用或销售的合理利润（章铮，1996），两者之和才能完整地衡量能源资源用于某一用途所获得的回报额。

边际使用者成本（MUC）指的是能源资源的开发使用对于未来代际的使用者利益的损害，由于能源资源具有物质稀缺性，也就是说，目前我们生产和生活中大量依赖的仍然是常规能源资源，而能源资源是不可再生能源资源，总量有限，其存量将随着人类的开发使用不断减少，或者对于可再生能源资源来说，虽然其总量可以视为是无限的，但能源资源的分布在地域上的不均衡也可能造成相对的稀缺性，而当我们在当前消耗能源资源时，将对未来代际的人类使用能源资源产生影响，并且这种影响会导致稀缺性不断增加。因此，此时的使用者放弃使用能源资源所放弃的可能的净收益就是边际使用者成本。

边际外部成本（MEC）主要是指能源在开采过程中对周围森林、草场等生态环境的破坏，加工过程中产生并排放的废气、废水、废渣，运输过程中的污染物排放及生态影响等，以及对周围生态环境的破坏和污染的损失。因此，总的边际机会成本可以用式（3-9）表示：

$$MOC = MPC + MUC + MEC \qquad (3-9)$$

那么由边际机会成本确定的价格可以表示为

$$P = MPC + MUC + MEC \qquad (3-10)$$

采用边际机会成本对能源产品进行定价，可以将能源利用产生的效用与能源资源在代际之间的分配（即稀缺性）进行体现和反映，因此能源价格的构成更加完整，对于绿色经济发展的目标来说具备较好的兼容性，使得能源的价格能够体现在能源生产等过程对环境的损害中，是将环境成本内部化的重要定价理论，它为当前完善能源价格的构成提供了理论依据。

但边际成本定价自身也有缺陷，如边际使用者成本与边际环境成本的计量缺乏可操作的标准和方法，要得到这两项成本科学、准确和客观的数据非常困难。同时，由于边际使用者成本与边际环境成本难以计量，很难将不同区域能源产品的边际机会成本进行对比，失去了进行动态研究和区域研究的作用（韩君，2014）。此外，边际机会成本的定价理论忽略了市场失灵的状况。能源行业由于其资本密集型的特点，大多具备自然垄断的市场形式，然而边际机会成本定价的前提假设是基于自由竞争的市场，这将使估价的结果与现实情况出现偏差，甚至可能导致企业亏损。

3.5 拉姆齐模型

能源资源开采以及能源的生产过程都具有固定投资额高的特点，其规模经济性显著，是典型的自然垄断行业。由图 3-1 可以看出，当自然垄断企业采用在完全竞争的市场结构中价格由边际成本决定的定价机制时，价格将低于企业的平均成本，导致企业面临亏损，因此，自然垄断企业一定会将能源产品的价格制定在高于边际成本的价格水平，从而获得相应的收益。为了避免边际成本定价方法的缺陷，拉姆齐设计出了一种次优定价方法。拉姆齐定价法源于英国经济学家拉姆齐（Ramsey）在 1927 发表的《对税收理论的贡献》一文。它能够使企业的收支实现平衡，而此时的社会福利实现了最大化的目标。拉姆齐定价模式要求在企业预算平衡的约束条件下最大化社会福利，其目的是使偏离边际成本定价所造成的效率损失最小，同时使得在这种价格之下的社会总福利最大化。

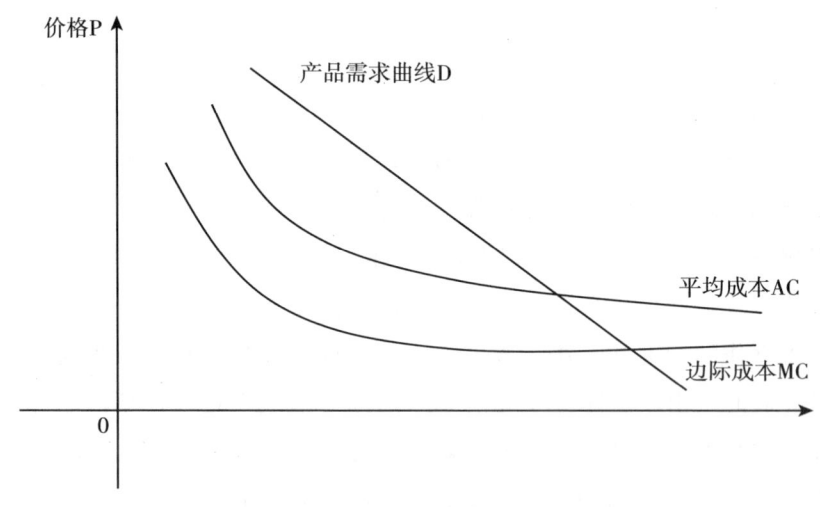

图 3-1　自然垄断下边际成本定价的效应（巴塔查亚，2015）

假设自然垄断企业的成本函数为 $C(q_n)$，各种产品的产量分别为 q_1，q_2，q_3，$\cdots$，q_n，且各产品的需求只由其各自的价格所决定，且互相之前没有影响的关系，则有：

$$TC = \sum_{i=1}^{n} Cq_n = F + \sum_{i=1}^{n} MC_n q_n \qquad (3-11)$$

其中，TC 为总成本；F 为固定成本；MC_n 为第 n 种产品的单位边际成本。

若 p_n 为各产品的单位价格，则产品的需求弹性为

$$e = \frac{(q_n - q_{n-1})/q_{n-1}}{(p_n - p_{n-1})/p_{n-1}} \qquad (3-12)$$

同时，假设该企业的反需求函数为

$$p_n = f(q_n) \qquad (3-13)$$

此时，企业要实现预算的平衡即企业的利润大于等于 0，R 代表企业的利润，则有企业的利润函数 $R = \sum_{i=1}^{n} f(q) q_n - TC \geq 0$，社会总福利函数为 $W = \sum \int p_n dq_n - R$，可以将问题转化为带约束条件的优化问题，即：

$$\max W = \sum \int p_n dq_n - R$$

$$\text{s.t.} \ R = \sum_{i=1}^{n} f(q) q_n - TC \geq 0 \qquad (3-14)$$

解出以上最优规划方程便得到了拉姆齐定价的公式。拉姆齐定价方法显示，为了使企业避免亏损，必须对企业的固定成本进行补偿，因此产品的定价需要高于边际成本，然而产品价格高于边际成本的程度取决于消费者对于该产品需求弹性的大小，需求弹性越大的产品，其对价格更加敏感，因此定价高于边际成本的部分较少；反之，当消费者对该产品的需求弹性越小时，需求越为刚性，那么在定价时可以较多地偏离边际成本，这样定价的好处是使产品的价格与消费者的行为相关联，不会对消费者的形成造成扭曲，从而最大限度地减少资源配置效率的损失。从能源产品价格的制定来看，如果最终消费者对下游厂商生产的产品或服务的评价不同，则下游厂商对能源产品的评价也不相同。根据拉姆齐定价模式，对能源产品需求缺乏弹性的下游厂商的能源基础设施接入收费应该高于对能源产品需求富有弹性的下游厂商的能源基础设施接入收费。

然而，拉姆齐定价隐含的假设前提：一是市场上的交易成本为零；二是

市场是强有效的;三是不存在有限理性和不确定性;四是政府管制可以解决一切问题。这些严格的假设前提使得拉姆齐定价在实践中引起了学术界的很大争议。首先,拉姆齐定价所需要的消费者对于每项产品的需求弹性,以及每项产品的具体成本,在实际工作中这些信息都是难以取得的,且当市场并非强有效的情形下,当局无法获得足够的信息对自然垄断行业进行拉姆齐定价。其次,拉姆齐定价要求对于缺乏需求弹性的商品的价格对边际成本的加成应该越高,然而现实的情况是,那些生活必需品往往属于这一类商品,其消费者大部分是低收入群体,对这类商品提高加成的程度定价将对这一部分人群的生活产生较大的负面影响;相反的是,对于那些非生活必需品,其价格弹性往往较高,对于这类商品的价格在边际成本基础上的加成却反而较少,这部分商品的消费则大多是高收入群体,这样的结果显然是不合理的,也与政府规制可以解决一切问题的假设形成了矛盾。虽然拉姆齐定价保证了自然垄断企业能够在补偿成本的前提下使社会福利损失最少,但却最终没能实现促进社会公平的目标,这与定价的目标相矛盾(刘伟,2003)。

拉姆齐模型的目标与绿色经济发展的目标一致,绿色经济发展的最终目标也是期望实现社会福利的最大化,同时,拉姆齐模型适用于自然垄断行业,从这个角度来看,拉姆齐模型是能源价格机制完善可采用的理论基础之一,它的次优定价原理也值得能源行业借鉴。

3.6 能源资源跨期配置模型

从微观角度看,能源资源跨期最优配置遵循著名的"Hotelling 定理",即在处于竞争性能源资源产业均衡,并且遵循最优开采路径进行生产的前提条件下,不可再生能源资源的价格与利息率水平保持同步增长。

如果以 P_t 为今年能源资源价格;P_{t+1} 为明年价格;C 为开采成本;r 为利息率,则该定理可表述为:$P_{t+1} - C = (1 + r)(P_t - C)$,即能源资源开发与留在地下没有差别。结合代际公平与跨期分析原则,能源资源价格增长率、利息率与能源资源开采量之间有如图3-2所示关系。

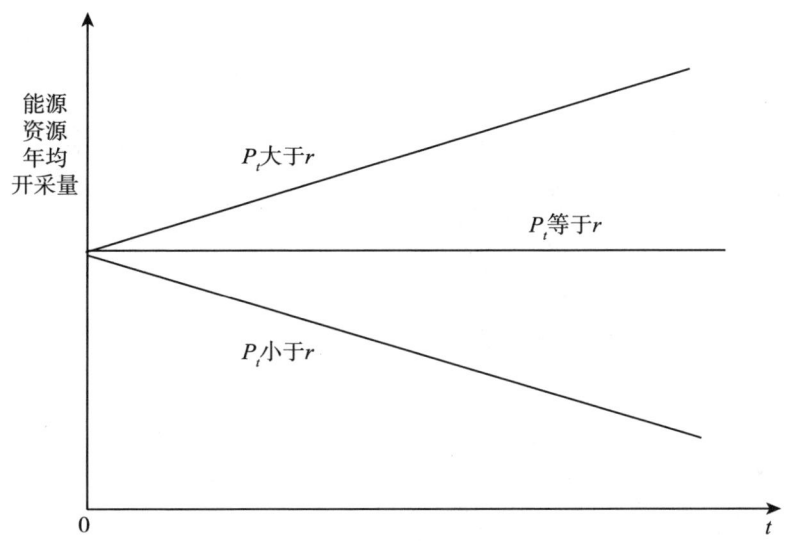

图3-2 能源资源价格增长率、利息率对能源资源开采量的影响（王保忠等，2012）

假定能源开采成本不变，能源总储量不变，不同的能源资源开采速度导致能源资源耗竭路径也不相同。根据 $P_{t+1} - C = (1+r)(P_t - C)$，假定 C 为 0，则有能源资源开采率 $(\Delta Q)/Q = e \cdot r = (\Delta Q/Q)/(\Delta P/P) \cdot r$，即能源资源开采率等于能源价格弹性乘以利息率。那么能源资源开采总量随时间变化，在是否考虑跨期及能源资源价格与利息率的关系变化中会出现三种开采路径，如图3-3所示。

在不考虑跨期和代际公平原则情况下，只要能源价格上涨，能源年均开采量必然上升，能源资源企业的开采路径则为快速耗竭型；如果考虑跨期和代际公平原则，且假定能源价格增长率等于或小于利息率，则能源资源开采路径分别为稳定增长型和能源资源保护型（张复明，2007）。

根据资源跨期配置模型的理论，从实现绿色经济发展的角度出发，能源价格制定时必须合理考虑能源资源的跨期分配，即能源资源的代际公平，然而，如何保证能源企业的开采沿着稳定增长型或能源资源节约高效利用路径进行生产经营，从宏观角度分析则需要更多地依靠政府通过税收、产权制度等能源价格机制的配套手段来进一步解决（王保忠等，2012）。

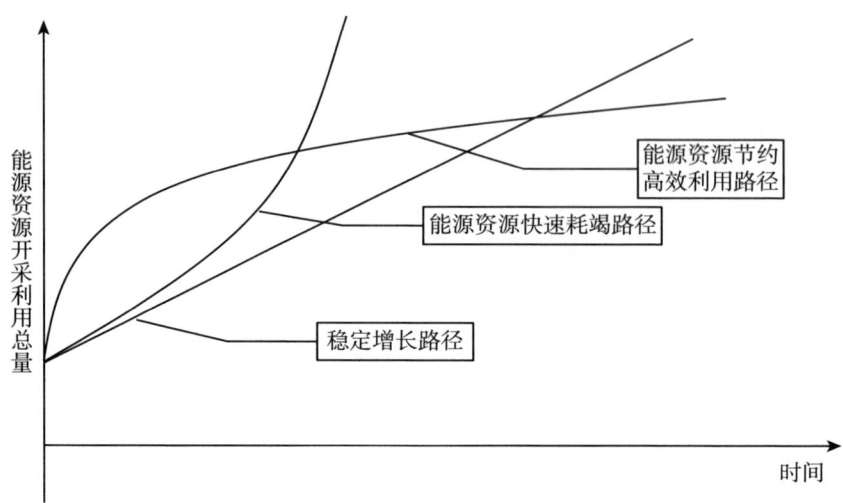

图 3-3　能源资源消耗路径（王保忠等，2012）

3.7　本章小结

从马克思劳动价值论出发，能源的价格由其价值决定，是对生产中所耗用的物化劳动与活劳动的补偿，以及对企业利润的加成所形成的。劳动价值论是能源价格形成的价值理论基础，阐明了价值的来源，但由于局限于当时的时代背景，环境成本对价值和价格的影响未能充分体现。之后，一些学者基于劳动价值论的思想，对其理论内涵进行了扩充，形成了"生态劳动价值论"，将"大自然的劳动"视为价值源泉之一，用大自然的劳动作为生态环境成本价值的核算基础，对马克思劳动价值论作了新的发展，为绿色经济发展下能源价格的形成提供了政治经济学的理论依据。

西方一些学者把化石能源资源称为一种可以耗竭的资源产品。Hotelling 开创性地提出资源的定价应考虑其自身的可耗竭性，因此，制定价格时将会受到资源跨期配置的影响。根据 Hotelling 模型的原理，可以推导出能源价格由开采成本和使用者成本决定，扩展的模型中还加入了技术发展、生活生产方式转变以及新能源的替代等因素。耗竭理论提供了一个从能源资源的有限性与稀缺性的角度考查能源资源配置与合理定价的思路，这是实行绿色经济发展过程中，能源定价机制的一项重要参考。

能源边际机会成本定价理论与耗竭理论都将资源的跨期配置因素考虑进定价的过程中。此外，边际机会成本定价还将生态环境等外部性因素纳入定价的决定体系中，认为能源的合理价格应该包括边际机会成本、边际使用者成本和边际外部成本三项，较好地体现了环境成本内部化的绿色经济发展要求。

拉姆齐定价法是基于边际成本定价的缺陷而设计出来的一种次优定价方法，其目的在于使自然垄断企业的固定成本能够得到补偿，在保证企业收支平衡的前提条件下实现社会福利的最大化，而不是利润的最大化，这与绿色经济发展的总体目标一致。然而，拉姆齐定价法的假设前提过于严苛：交易成本为零、市场的强有效性、不存在有限理性和不确定性、政府管制可以解决一切问题，使得这种定价的方法的应用局限性较大，争议也非常多。

能源资源的跨期配置模型，提供了一个分析能源资源节约和高效利用路径实现的分析方法，说明可以通过对能源价格的调整来改变能源的消耗路径。

综上所述，基于绿色经济发展，在考虑能源价格构成、定价机制、能源价格的调节作用机制方面，需要兼顾且充分考虑能源的价值、外部性、代际分配等因素的作用和影响，综合运用以上理论指导绿色经济发展下能源价格机制的分析和完善。

第4章 能源—绿色经济评价模型的构建及作用机理分析

影响能源结构和能源效率的众多因素中，能源价格是重要因素之一。能源价格机制不完善、能源价格扭曲直接影响能源结构调整和能源效率提升，进而影响绿色经济发展的质量和水平。本章具体分析能源价格影响绿色经济发展的机理及路径。

4.1 基于化石能源视角的绿色经济发展评价

4.1.1 绿色经济发展评价方法的构建

近年来，虽然新能源的开发和利用技术和消费占比都在不断提升，但从世界范围来看，目前化石能源仍然是能源消费的绝对主导品种，石油是最主要的能源产品。2016年石油消费量约占世界总能源消费量的1/3，同年煤炭的消费占比为28.1%，天然气的消费占比约为24.1%（国家统计局能源司，2017）；化石能源的总消费量约占能源消费总量的85.5%。截至2016年，中国的能源消费结构中，煤炭消费量依然维持绝对主导的地位，根据BP能源统计数据，2016年世界煤炭消费的占比约为61.8%、石油消费占比约为20%、天然气消费占比约为6.2%，化石能源在当年的总消费量中约占88%，与世界的总体状况基本一致。在可见的未来，化石能源仍将继续在能源消费领域扮演主要角色，因此，化石能源不仅是经济发展的主要投入要素之一，其使用效率还直接影响着经济发展的效率；同时，由于化石能源也是碳排放的最主要来源，根据世界银行和 BP 能源统计的数据，世界化石能源消耗所产生的碳排放量占总体碳排放量的 90% 以上，能源的消费又直接影响了环境的质量；加之化石能源可耗竭的特点，当前的消耗意味着未来可消耗量的减少。虽然化石能源的勘探工作一直在开展，但新的可采储量的增长远远赶不上消耗量的增长，这使得化石能源的可持续性受到影响。或者换个角度来说，根据资源跨期分配理论，化石能源在当代可能的不合理消耗将对代际间发展的公平性造成损害。

综上所述，化石能源在经济发展、生态环境建设和可持续发展三个方面都有着举足轻重的地位。本书在考虑如何从化石能源的视角对绿色经济发展做出合理评价时，也是从这三个方面进行思考的。基于这样的思考，在客观评价绿色经济发展程度的同时兼顾评价方法的可操作性及简明性，本书选择化石能源的采储比作为化石能源资源可持续性的判断指标，选择化石能源碳排放的 DEA 效率值作为化石能源对经济发展及环境质量影响的综合性判断指标，并且将两者进行结合，从化石能源的角度对绿色经济发展进行评价，具体的方法如下。

首先，化石能源的采储比（R/P）指的是化石能源资源当年的开采量与目前剩余的可采储量之间的比值。它反映的是在目前的技术水平条件下，按照当前的耗用速度，化石能源资源未来可使用的年数，这个年数越长，说明化石能源资源利用得相对越充分，化石能源资源的可持续性越强；反之，则说明资源存在浪费，而当前的资源浪费也必将造成后代可用化石能源的减少，化石能源资源的可持续性减弱。然而，对于化石能源资源缺乏的国家和地区来说，就算其当年的能源资源利用得再充分，但由于可采储量很少甚至为 0，其采储比依然会很低。这样的国家化石能源主要依赖进口，而进口化石能源是否可以持续、可持续性如何，则受到政治、经济及出口国自身采储比等诸多不确定性因素的影响。由于不确定性太多，本书认为，依赖进口化石能源的可持续性是较弱的。此外，随着新能源技术的发展和成熟，未来将不断有新的能源逐步可能替代传统的化石能源，如核能、风能、太阳能等，但技术的进步非一朝一夕，成本的改善也是发展的重要一环，替代的过程需要时间。再者，有的经济体虽然化石能源资源缺乏，但可能蕴藏丰富的其他能源类型，如水电等。这也是采储比不能够反映的方面。

上述采储比在衡量能源资源可持续性方面的局限性，相较于化石能源的绝对主导地位，处于比较次要的方面，因此，选用采储比作为化石能源资源可持续性的评价指标具有代表性，在很大程度上能够较为客观地反映化石能源资源的可持续性。同时，本书也并不单纯以采储比作为化石能源可持续性的绝对判断标准，这在绿色经济发展评价的分类中再做说明。

其次，基于化石能源要素对经济增长的重要影响，以及化石能源消耗对碳排放的贡献程度，本书选择使用数据包络分析（data envelopment analysis，DEA）法，将化石能源、资本、劳动力作为经济增长的投入变量，将经济增长作为合意产出变量、化石能源消耗产生的碳排放作为非合意产出变量。用DEA得出的相对效率，综合反映化石能源的环保经济效率，作为化石能源影响经济增长和环境质量两个方面的评价指标，本书称该指标为"化石能源—经济—碳排放综合效率"。

在能源—经济—碳排放综合效率的研究过程中，所用的研究方法以参数计量的随机前沿分析方法（stochastic frontier approach，SFA）和非参数计量的数据包络分析方法（DEA）应用最为成熟和广泛。与随机前沿分析方法相比，数据包络分析（DEA）能够在一个碳排放系统中有效解决多个投入产出的效率问题，因此本书采用DEA方法对化石能源投入的碳排放效率进行测算和分析。

Charnes 等于 1978 年提出了 CCR – DEA（以三位作者名字首字母缩写命名）模型，假设我们测量一组共 n 个决策单元 DMU_j（$j = 1, 2, \cdots, n$），$\theta_j(j=1,2,\cdots,n)$ 代表所测量的决策单元的投入产出比，每个决策单元都有 m 种投入，记为 $x_{ij}(i=1,2,\cdots,m)$，投入的权重记为 $v_i(i = 1, 2, \cdots, m)$，每个决策单元都有 r 种产出，记为 $y_{rj}(r = 1,2,\cdots,s)$，产出的权重记为 $u_r(r = 1, 2, \cdots, s)$：

$$\max \quad \frac{\sum_{r=1}^{s} u_r y_{ro}}{\sum_{i=1}^{m} v_i x_{io}} = \theta_o$$

$$\text{subject to} \quad \frac{\sum_{r=1}^{s} u_r y_{rj}}{\sum_{i=1}^{m} v_i x_{ij}} \leq 1, j = 1, 2, \cdots, n \tag{4-1}$$

$u_r \geq 0, v_i \geq 0, \forall r,i$

根据线性规划的相关基本理论,可知上述模型的对偶问题表达形式为:

$$\min \theta_o$$

$$\text{subject to} \sum_{j=1}^{n} x_{ij}\lambda_j \leq \theta_0 x_{io}, i = 1,2,\cdots,m$$

$$\sum_{j=1}^{n} y_{rj}\lambda_j \geq y_{ro}, r = 1,2,\cdots,s$$

$$\lambda_j \geq 0, j = 1,2,\cdots,n \tag{4-2}$$

上述模型是基于所有决策单元中"最优"的决策单元作为参照对象,从而求得的相对效率都是小于等于 1 的。模型的第一和第二个约束条件的右端项分别是这个组合决策单元的投入和产出。从而意味着,如果所求出的效率最优值小于 1,则表明可以找到这样一个假想的决策单元,它可以用少于被评价决策单元的投入来获取不少于该单元的产出,即表明被评价的决策单元为非 DEA 有效。

CCR 模型是假设生产过程属于固定规模收益,即当投入量以等比例增加时,产出量应以等比例增加。然而实际的生产过程可能属于规模报酬递增或者规模报酬递减的状态。为了分析决策单元的规模报酬变化情况,Banker 等(1984)提出了 BCC 模型。其中含松弛变量形式的 BCC 对偶模型为:

$$\max \theta_o - \varepsilon \left(\sum_{i=1}^{m} s_i^- + \sum_{r=1}^{s} s_r^+ \right)$$

$$\text{subject to} \sum_{j=1}^{n} x_{ij}\lambda_j + s_i^- = \theta_o x_{io}, i = 1,\cdots,m$$

$$\sum_{j=1}^{n} y_{rj}\lambda_j - s_r^+ = y_{ro}, r = 1,\cdots,s$$

$$\lambda_j, s_i^-, s_r^+ \geq 0, \forall i,j,r \tag{4-3}$$

其中,ε 为非阿基米德无穷小量,s 为松弛变量。BCC 模型从另一个角度对 CCR 模型进行了补充,是 DEA 模型理论的第一次改进。

受数据影响 CCR 模型中有效决策单元一旦过多,将出现无法比较。Andersen 和 Petersen(1993)提出了超效率 DEA 模型,将被评价的决策单元从效率边界中剔除,以剩余的决策单元为基础,形成新的效率边界,计算剔除的决策单元到新的效率边界之间的距离,这个距离就代表了超效率 DEA 的效率值。因此全体决策单元实现完全排序。即超效率(super-efficiency)模型。基于 CCR 模型的超效率 DEA 模型为:

$$min \ \theta_o$$
$$subject \ to \ \sum_{\substack{j=1\\j\neq o}}^{n} x_{ij}\lambda_j \leq \theta x_{io}, i=1,2,\cdots,m$$
$$\sum_{\substack{j=1\\j\neq o}}^{n} y_{rj}\lambda_j \geq y_{ro}, r=1,2,\cdots,s$$
$$\sum_{\substack{j=1\\j\neq o}}^{n} \lambda_j = 1$$
$$\lambda_j \geq 0, j \neq o \quad (4-4)$$

Banker 和 Chang(2006)证实了超效率极易受离群值的影响,因此该方法可以用来检测数据集中是否存在离群值。在有效决策单元过多的数据体中,超效率 DEA 有效放大了效率边界,在此之前很多实际应用问题因为受效率边界限制,不能进行有效分析,超效率 DEA 的提出为这些实际应用打开了大门。

2010 年,Tone 认为传统 DEA(CCR)模型中投入要素同比例缩减违背实际情况以及 SBM 模型存在损失效率前沿的要素原始比例信息的问题。他提出了 EBM 模型。该模型克服了上述缺点,模型理论公式如下:

$$min \ \theta_o - \varepsilon \frac{1}{\sum_{i=1}^{m} w_i^-} \sum_{i=1}^{m} \frac{w_i^- s_i^-}{x_o}$$
$$subject \ to \ \sum_{j=1}^{n} x_{ij}\lambda_j + s_i^- = \theta_o x_{io}, i=1,2,\cdots,m$$
$$\sum_{j=1}^{n} y_{rj}\lambda_j \geq y_{ro}, r=1,2,\cdots,s$$
$$\lambda_j, s_i^-, s_r^+ \geq 0, \forall i,j,r \quad (4-5)$$

EBM 模型虽然有效克服了 CCR 和 SBM 模型存在的不足,但是从近几年 EBM 模型的应用来看,因为受到效率边界的限制,它的应用并不是十分广泛。

针对上述 CCR、BCC、SEDEA 和 EBM 模型的理论分析和研究,为了同时克服投入效率同比例缩减、有效单元一旦过多、不能进行有效分析损失效率前沿的要素原始比例信息三个问题,本书采用 SEBM 模型(Tone and Tsutsui,2010),同时,基于研究目的如何减少能源的投入,即节能降耗以减少污染,侧重点在投入方,因此采用的是投入导向型的 SEBM 模型。模型的理论公式如下:

$$min\ \theta_o - \varepsilon^- \frac{1}{\sum_{i=1}^{m} w_i^-} \sum_{i=1}^{m} \frac{w_i^- s_i^-}{x_o}$$

$$\text{subject to } \sum_{j=1}^{n} x_{ij}\lambda_j + s_i^- = \theta_o x_{io}, i = 1,2,\cdots,m$$

$$\sum_{j=1}^{n} y_{rj}\lambda_j \geq y_{ro}, r = 1,2,\cdots,s$$

$$\sum_{\substack{j=1 \\ j \neq 0}}^{n} \lambda_j = 1$$

$$\lambda_j, s_i^-, s_r^+ \geq 0, \forall i,j,r \tag{4-6}$$

其中,λ 为决策单元的线性组合的系数;m 是投入变量的个数,s^+ 为产出指标的松弛变量;s^- 为投入指标的松弛变量;ε 为非径向部分重要程度的权重,w_i^- 为各投入变量的相对重要性权重,这些权重均由数据本身决定。当 $\varepsilon = 1$ 时,EBM 模型等价于加权的 SBM 模型。为了使 DEA 模型得出的效率值能够更加有效地表现决策单元的相对效率状况并进行区分和排序,本书采用 Anderson 和 Petersen(1993)所提出的超效率 DEA 模型与 EBM 模型结合以测有效算决策单元的效率值。

SEBM 模型有效解决了传统 DEA 模型的几个问题,从适用性上看,效率边界的拓展,可以应用于更多数据体;剔除投入要素的比例变化限制,更为满足实际情况;不损失原始数据信息,可以保证避免系统误差。

当得到了一个经济体的以"化石能源采储比"为代表指标的可持续性刻画,以及以"化石能源—经济—碳排放综合效率"为代表指标的"环境影响—经济增长"协调发展的刻画,将两者作为综合评价经济体相对绿色经济发展状况的两个维度,本书构建了一个相对绿色经济发展的观测评价模型,如图 4-1 所示。

根据本书对绿色经济发展的界定,经济增长与环境保护和资源的高效节约可持续利用协调发展才能成为绿色的发展。如前所述,本书的着眼点是化石能源的高效节约可持续利用,以及化石能源对环境的影响,从这个角度来

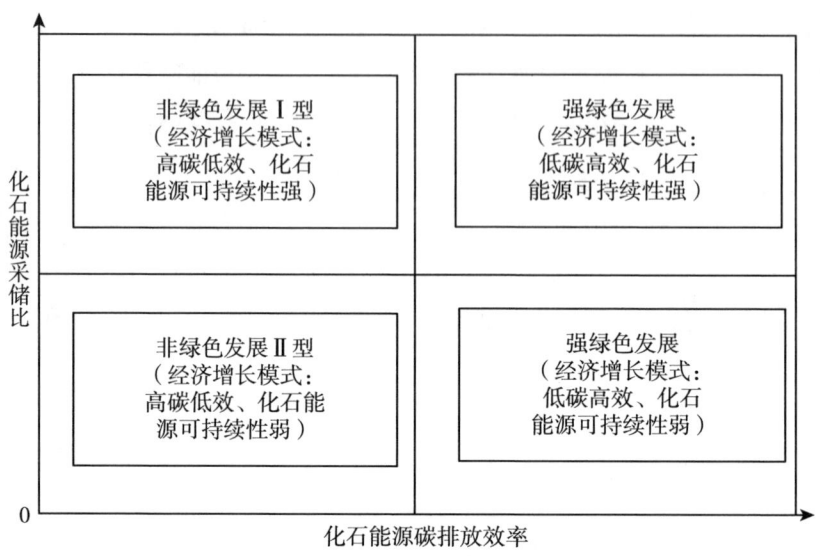

图 4-1　绿色经济发展评价模型

说，所谓的绿色经济发展应该是较低的碳排放[①]——对环境的保护，以及化石能源资源能够得到高效的利用，并且使得有限的化石能源资源能够惠及、支持更多后代的发展，这是本书所定义的"强绿色经济发展"。

然而，在绿色经济发展中，由于化石能源资源禀赋的不同，我们并不能绝对地认为缺少化石能源资源的经济体是能源资源不可持续的。前述提到，很多经济体依靠化石能源的进口和非常规能源的逐步替代，也能够实现一定程度和意义上的能源可持续性。但本书认为，就目前的状况而言，在能源消耗仍然以化石能源为主的前提下，这样的进口和替代的不确定性因素太多，不如自身拥有化石能源资源的可持续性强，因此，本书提出将经济发展的化石能源—经济—碳排放综合效率较高，也就是在经济增长中化石能源的投入相对较低、碳排放水平较低、环境协调度较高，但自身缺乏化石能源资源的经济增长效率较好的经济体定义为"中绿色经济发展"。

绿色经济发展的要义中，经济的发展、环境与经济增长的协调是基石，而资源的可持续性基于前者才有意义，没有经济的持续增长和环境的保护，

---

① 由于碳排放主要来自能源的消耗，这里所指的碳排放也就是能源消耗的碳排放。

拥有再多的资源,也无法增进人类的福祉,因此,本书在构建这一评价方法时,将"化石能源—经济—碳排放综合效率"指标作为绿色经济发展的首要评价指标,将化石能源资源可持续性的"采储比"作为第二位的评价指标。由此,本书将那些化石能源资源采储比较高、利用充分、可持续性较好,但是经济增长的效率与环境的协调程度相对较低的经济体,界定为"弱绿色经济发展"。

化石能源的可持续性与化石能源—经济—碳排放综合效率双低的经济体,其绿色经济发展的程度最低,本书将这些经济体定义为"非绿色经济发展"。

经过这样的划分之后,针对不同类型的绿色经济发展程度,可以施用不同侧重点的政策进行改善,并基于不同的政策目标,采取相应的价格机制手段予以配合。

对于强绿色经济发展型的经济体,其经济—环境—能源已处于比较高的协调状态,主要的任务是保持目前的低碳经济增长模式,并着力推进新的清洁能源的开发和利用,以进一步降低经济增长的碳排放和对化石能源的依赖,将生态环境向更高标准的方向改善,同时寻找新的经济增长点,使得经济—环境双向提升。

对于弱绿色经济发展型的经济体,其在化石能源资源储量方面没有优势,而经济—环境协调方面较为理想,绿色经济发展的主要基础已经具备,目前的重点则是根据自身的能源资源禀赋特点,发展非常规的替代能源,如水电、太阳能、风能等,降低对化石能源的依赖程度,同时稳定和多元化化石能源的进口来源,保持和提高化石能源长期供应的稳定和可持续性。

对于非绿色经济发展型的经济体,经济发展和碳排放的效率比较低,说明这些经济体绿色经济发展的基础还未具备,在此条件下,可以将这样的经济体分为两种情况:一种是在化石能源资源的可持续性上具有优势的经济体,这样的经济体通常具备较好的化石能源资源禀赋,但需警惕"资源诅咒",作为绿色经济发展基础的"经济—环境协调发展"并不理想,较高的化石能源碳排放对生态环境的损害抵消了效率本就相对较低的经济发展成果,居民的福祉打了折扣,这些经济体的侧重点是着力激活经济增长的潜力,改善产业结构,降低碳排放,提高经济增长的效率,充分利用好化石能源资源。另一种是经济—环境—资源三方面都相对落后的经济体,这些经济体的任务也是最重的,但在这一类经济体中,也有各自不同的情况,可以采取"经济增长驱动型"或者"环境保护驱动型"的政策,根据实际情况进行调整,借鉴绿色经济发展经济体的技术和经验,在保持经济增长的基础上逐步改变高碳排放的发展模式,高效地利用化石能源资源。对于化石能源资源禀赋较差的经济体,在这些措施之上还得加强化石能源进口供给的稳定性,开发和利用替代能源。

4.1.2 世界主要国家绿色经济发展的评价

本书选取30个世界经合组织(OECD)成员国作为绿色经济发展评价实证研究的对象,其中剔除部分统计数据缺失的国家,这些国家是:爱沙尼亚、冰岛、拉脱维亚、卢森堡和斯洛文尼亚[①]。此外,将印度、俄罗斯和中国纳入国家分析的对象中,主要原因是印度、俄罗斯和中国都是近年来世界能源消费量居前的大国,也是碳排放和能源资源禀赋高的大国,因此对三国的绿色经济发展状况进行评价分析具有一定的典型性。总共选取33个国家作为绿色经济发展评价的对象,这33个国家2016年在世界GDP中的占比为81.23%,化石能源消耗量占世界化石能源总消耗量的比例为74.46%,碳排放量占世界碳排放总量的比例为76.01%[②],且OECD主要成员国均为经济较发达的国家,其能源价格改革历程较长,市场化程度较高,取这些国家作为样本进行分析对后续研究能源价格机制有利。

下面对各国绿色经济发展现状及趋势的评价运用的是上述所提出的分析框架,使用化石能源资源的采储比和化石能源碳排放的相对效率构建的二维评价坐标体系进行分析,其中化石能源碳排放DEA效率的测算方法采用的是投入导向的SEBM-DEA模型。上述对该DEA模型已有说明,在此不做赘述。以各国1993~2016年的资本、劳动力和能源作为投入变量,相同时期各国的

---

① 由于统计截至时间为2016年底,故OECD成员国中未包含立陶宛(2018年)。
② 数据来自世界银行、2017年BP能源统计数据及作者的计算。

经济产出和化石能源导致的碳排放分别作为合意产出变量和非合意产出变量，对各国相对的能源—经济—碳排放综合效率进行了测算，并将测算结果纳入绿色经济发展评价模型进行分析。下面就分析的数据进行说明。

（1）数据的处理。

投入变量：资本。本书采用1993~2016年各国当年的固定资本形成总额作为资本的代表，固定资本形成总额包括土地改良；厂房、机器和设备的购置；建设公路、铁路以及学校、办公室、医院、私人住宅和工商业建筑等。数据以2010年不变价美元计。数据来源于世界银行统计数据库[①]。

投入变量：劳动力。本书采用1993~2016年各国当年的劳动力总数作为劳动力投入变量的代表，包括所有年满15周岁、符合国际劳工组织对从事经济活动人口所作定义的群体：所有在特定阶段为货物和服务的生产提供劳力的人员，既包括就业者，也包括失业者。数据来源于世界银行统计数据库[②]。

投入变量：化石能源年消费量。本书采用1993~2016年各国煤炭、石油、天然气消费量的总额作为能源投入变量的代表，其中煤炭与天然气均转换为百万吨油当量（Mtoe）的标准单位计量。数据来自2017年BP能源统计年鉴[③]。

合意产出变量：GDP。本书采用1993~2016年各国GDP作为合意产出的代表变量，数据以2010年不变价美元计。数据来源于世界银行统计数据库[④]。

非合意产出变量：化石能源产生的碳排放量。二氧化碳是化石能源耗用过程中最主要的污染物，本书采用1993~2016年由化石能源耗用所产生的二氧化碳量作为非合意产出的代表变量，由于缺少化石能源碳排放量的直接监测和统计数据，已有的研究中主要通过化石能源的消费量来估算碳排放量，本书借鉴IPCC（联合国政府间气候变化专门委员会）关于国家温室气体排放清单编制指南中提供的估算方法，并采用了IPCC所提供的各种化石能源的平均低位发热量和二氧化碳排放系数值，对各国当年化石能源导致的碳排放量进行估算，计算公式如下：

---

① http://databank.worldbank.org/data/reports.aspx?source=2&series=NE.GDI.FTOT.KD.
② http://databank.worldbank.org/data/reports.aspx?source=2&series=SL.TLF.TOTL.IN.
③ https://www.bp.com/zh_cn/china/reports-and-publications/_bp_2017-html.
④ http://databank.worldbank.org/data/reports.aspx?source=2&series=NY.GDP.MKTP.CD.

$$TCE = CE_{coal} + CE_{gas} + CE_{oil} \qquad (4-7)$$
$$= NHV_{coal} \times CEI_{coal} \times C_{coal} + NHV_{gas} \times CEI_{gas} \times C_{gas} + NHV_{oil} \times CEI_{oil} \times C_{oil}$$

其中，TCE（total carbon emission）代表化石能源碳排放总量，百万 t；CE_i（carbon emission）代表 i 种化石能源的碳排放量，百万 t；NHV_i（net heating value）代表 i 种化石能源的低位发热量，KJ/kg；CEI_i（carbon emission index）代表 i 种化石能源的碳排放系数，$kgCO_2/TJ$，C_i（consumption）代表 i 种化石能源的年消费量，Mtoe/a。估算过程中化石能源的年消费量数据来自 2017 年 BP 能源统计数据①。

（2）描述统计分析。

首先对各国能源—经济—碳排放综合效率的原始投入与产出指标进行描述统计分析，得到各个指标的最小值、最大值、平均值与标准偏差（表 4-1）。从标准偏差来看，各个指标的标准偏差都比较大，说明数据的离散程度比较大，即各国在 1993~2016 年的投入与产出都有比较大的差异，同时也说明数据所涵盖的各类情况比较广泛。整体来看，数据选取比较合理，适合进行 DEA 分析。

表 4-1　　各国 SEBM—DEA 效率投入与产出指标描述统计

指标		变量选择	最小值	最大值	平均值	标准偏差
投入	资本	固定资本形成总额/百万美元	339315.41	4414246.73	11586.17	617375.36
	能源	化石能源消费量/Mtoe	10	2656	216.49	448.072
	劳动力	就业人口/万人	141	80297	5562.61	14592.588
期望产出	经济产值	GDP（2010 年不变价）/百万美元	41493	16865604	1437603.80	2558888.922
非期望产出	能源消耗所带来的环境污染	化石能源二氧化碳排放量/百万 t	25	5949	530.66	1067.974

资料来源：BPstats：《BP 世界能源统计年鉴（2016）》，② 2016 年 6 月。

---

① https://www.bp.com/zh_cn/china/reports-and-publications/_bp_2017-html.

② https:.www.bp.com/zh_cn/china/reports-and-publications/bp_2016.html.

(3) 结果分析。

利用 MaxDEA ultra7.0 软件,采用包含非期望产出的 SEBM—DEA 模型,对各国的能源效率进行分析,分别得到各国各个年份的能源—经济—碳排放综合效率,并求取各国和各年份的平均值,分别从时间角度和空间角度对选取国家的整体能源—经济—碳排放综合效率进行分析。

首先,本书根据 2016 年的统计数据计算得出 33 个国家的单位 GDP 碳排放量(即各国的碳排放强度),并根据数值的高低将 33 个国家分为三组,分别是:高碳强度国家、中碳强度国家、低碳强度国家(表 4-2)。

表 4-2　　　　2016 年各国单位 GDP 碳排放量及分组　　　　(单位:千克/美元)

国家	单位 GDP 碳排放量	分组
瑞士	0.058	低碳强度国家
挪威	0.079	
瑞典	0.088	
丹麦	0.112	
法国	0.112	
爱尔兰	0.122	
英国	0.148	
奥地利	0.151	
意大利	0.162	
芬兰	0.177	
西班牙	0.193	
日本	0.197	中碳强度国家
德国	0.201	
新西兰	0.204	
葡萄牙	0.228	
比利时	0.233	
荷兰	0.239	
以色列	0.253	
希腊	0.288	
加拿大	0.289	
斯洛伐克	0.293	
澳大利亚	0.304	

续表

国家	单位 GDP 碳排放量	分组
匈牙利	0.311	
美国	0.317	
土耳其	0.322	
智利	0.356	
墨西哥	0.380	
捷克	0.455	高碳强度国家
韩国	0.507	
波兰	0.523	
俄罗斯	0.901	
印度	0.921	
中国	0.960	

资料来源：世界银行统计数据①及作者的计算，2017 年 10 月。

①时间角度。

通过 DEA 方法，本书得到了 33 个样本国家基于以上投入和产出变量的相对效率值，也就是研究的化石能源—经济—碳排放综合效率（表 4-3、表 4-4）。化石能源碳排放综合效率是对各个国家的资源配置能力、资源使用效率等多方面能力的综合衡量与评价。也就是说，能源—经济—碳排放综合效率反映的是包含化石能源投入所带来的经济发展及碳排放的相对效率状况。从这个角度来看，1993~2016 年 33 个国家的能源—经济—碳排放综合效率平均值为 0.684，效率不高（表 4-5）。由于估算效率的投入变量包含化石能源投入量，可以说明各国在能源资源的利用上存在一定的浪费和无效率的情况，各国的能源—经济—碳排放综合效率存在较大的改进空间。同时可以看到，各国平均的能源—经济—碳排放综合效率的变化趋势呈现出一定的波动性，且没有效率持续上升的明显趋势，并且在 2016 年出现了一定程度的效率下降（图 4-2），这与 2008 年金融危机之后世界经济的缓慢复苏和缺乏活力，导致经济发展效率下降，有一定的关联性。

---

① https:.data.worldbank.org.cn/indicator/EN.ATM.CO2E.PP.GD.

表4-3　　　1993~2004年各国能源—经济—碳排放综合效率

年份 国家	1993	1994	1995	1996	1997	1998	1999	2000	2001	2002	2003	2004
爱尔兰	0.692	0.670	0.650	0.651	0.675	0.693	0.658	0.653	0.647	0.647	0.647	0.658
奥地利	0.632	0.622	0.614	0.624	0.659	0.696	0.680	0.644	0.636	0.641	0.622	0.648
澳大利亚	0.674	0.665	0.631	0.655	0.680	0.699	0.673	0.629	0.659	0.634	0.605	0.607
比利时	0.617	0.622	0.611	0.625	0.649	0.681	0.654	0.620	0.612	0.626	0.627	0.628
波兰	1.008	1.003	0.761	0.669	0.585	0.588	0.551	0.536	0.578	0.636	0.683	0.751
丹麦	1.010	1.009	0.778	0.806	0.896	1.003	1.001	0.777	0.778	0.778	0.770	0.799
德国	0.633	0.631	0.629	0.648	0.688	0.719	0.681	0.653	0.662	0.675	0.680	0.702
俄罗斯	0.417	0.472	0.485	0.617	1.017	1.030	1.003	0.670	0.639	0.655	0.625	0.622
法国	0.719	0.731	0.718	0.735	0.781	0.840	0.752	0.712	0.707	0.706	0.706	0.718
芬兰	0.642	0.649	0.623	0.616	0.643	0.667	0.641	0.616	0.609	0.612	0.604	0.631
韩国	0.323	0.313	0.304	0.313	0.347	0.423	0.410	0.381	0.383	0.381	0.378	0.398
荷兰	0.627	0.632	0.613	0.621	0.647	0.679	0.638	0.617	0.611	0.618	0.625	0.647
加拿大	0.659	0.652	0.659	0.659	0.666	0.775	0.688	0.650	0.630	0.628	0.613	0.613
捷克	0.508	0.481	0.427	0.426	0.467	0.502	0.494	0.454	0.439	0.432	0.440	0.461
美国	0.652	0.644	0.628	0.631	0.656	0.683	0.637	0.600	0.598	0.603	0.603	0.615
墨西哥	0.629	0.594	1.010	0.906	0.751	0.743	0.634	0.583	0.583	0.570	0.564	0.570
挪威	1.053	1.057	1.063	1.061	1.058	1.054	1.059	1.061	1.063	1.066	1.069	1.069
葡萄牙	0.622	0.612	0.587	0.611	0.606	0.607	0.563	0.538	0.536	0.535	0.565	0.585
日本	0.579	0.564	0.552	0.561	0.594	0.634	0.599	0.578	0.581	0.587	0.598	0.623
瑞典	0.760	0.741	0.731	0.725	0.788	0.821	0.787	0.766	0.755	0.753	0.755	0.772
瑞士	1.064	1.059	1.061	1.060	1.054	1.054	1.053	1.053	1.045	1.049	1.063	1.059
斯洛伐克	0.396	0.428	0.441	0.401	0.409	0.427	0.456	0.468	0.431	0.440	0.473	0.497
土耳其	0.588	0.632	0.606	0.600	0.611	0.715	0.815	0.604	0.946	0.709	0.599	0.550
西班牙	0.656	0.653	0.614	0.637	0.655	0.665	0.611	0.574	0.567	0.548	0.539	0.540
希腊	0.681	0.751	0.721	0.675	0.899	0.690	0.633	0.603	0.593	0.604	0.578	0.607
新西兰	0.800	0.687	0.654	0.670	0.688	1.002	0.730	0.721	0.657	0.639	0.615	0.622
匈牙利	0.592	0.557	0.575	0.573	0.591	0.600	0.553	0.525	0.521	0.505	0.515	0.528
以色列	0.435	0.449	0.524	0.533	0.577	0.638	0.613	0.610	0.611	0.620	0.646	0.757
意大利	0.742	0.751	0.718	0.738	0.828	0.967	0.748	0.704	0.694	0.665	0.665	0.676
印度	0.462	0.460	0.433	0.465	0.479	0.488	0.460	0.470	0.428	0.435	0.427	0.399
英国	0.700	0.696	0.679	0.688	1.006	1.002	1.000	0.741	0.794	0.714	0.744	1.005
智利	1.021	1.022	0.883	1.005	1.007	1.011	1.035	1.032	1.009	1.023	1.017	1.010
中国	0.324	0.333	0.341	0.352	0.385	0.385	0.368	0.361	0.342	0.325	0.302	0.307

表 4-4   2005~2016 年各国能源—经济—碳排放综合效率

年份 国家	2005	2006	2007	2008	2009	2010	2011	2012	2013	2014	2015	2016
爱尔兰	0.650	0.676	0.716	0.737	0.814	0.946	0.896	0.828	0.881	0.853	0.898	0.808
奥地利	0.682	0.721	0.764	0.768	0.753	0.745	0.762	0.772	0.763	0.768	0.769	0.664
澳大利亚	0.627	0.624	0.653	0.636	0.620	0.597	0.614	0.607	0.618	0.628	0.631	0.612
比利时	0.645	0.674	0.696	0.692	0.698	0.679	0.706	0.707	0.715	0.708	0.694	0.628
波兰	0.672	0.641	0.615	0.581	0.564	0.587	0.570	0.594	0.601	0.577	0.577	0.600
丹麦	0.848	0.802	0.939	0.960	0.987	1.007	1.017	1.021	1.019	1.016	1.015	0.802
德国	0.809	0.822	0.897	0.867	0.835	0.779	0.783	0.780	0.792	0.791	0.785	0.696
俄罗斯	0.603	0.572	0.545	0.509	0.488	0.496	0.478	0.456	0.443	0.428	0.445	0.450
法国	0.743	0.771	0.796	0.786	0.799	0.779	0.809	0.817	0.833	0.848	0.845	0.718
芬兰	0.677	0.704	0.730	0.747	0.735	0.706	0.748	0.767	0.788	0.796	0.798	0.683
韩国	0.430	0.458	0.487	0.504	0.475	0.466	0.465	0.479	0.486	0.490	0.484	0.447
荷兰	0.676	0.692	0.743	0.727	0.723	0.728	0.726	0.747	0.782	0.790	0.747	0.669
加拿大	0.625	0.639	0.667	0.668	0.688	0.624	0.632	0.626	0.638	0.646	0.667	0.633
捷克	0.494	0.525	0.532	0.539	0.526	0.515	0.512	0.524	0.539	0.541	0.528	0.513
美国	0.641	0.670	0.749	0.772	0.792	0.767	0.745	0.738	0.741	0.735	0.732	1.020
墨西哥	0.591	0.604	0.625	0.590	0.551	0.579	0.554	0.558	0.570	0.554	0.553	0.549
挪威	1.065	1.061	1.054	1.047	1.051	1.051	1.048	1.050	1.047	1.050	1.043	1.045
葡萄牙	0.614	0.661	0.714	0.708	0.698	0.690	0.736	0.863	0.892	0.873	0.834	0.809
日本	0.644	0.676	0.718	0.729	0.732	0.736	0.752	0.733	0.739	0.722	0.732	0.641
瑞典	0.805	0.823	0.817	0.811	0.847	0.828	0.843	0.864	0.881	0.842	0.845	0.748
瑞士	1.055	1.056	1.081	1.068	1.067	1.083	1.097	1.086	1.081	1.100	1.087	1.099
斯洛伐克	0.497	0.527	0.576	0.595	0.611	0.594	0.555	0.607	0.624	0.643	0.596	0.599
土耳其	0.550	0.543	0.569	0.579	0.605	0.558	0.517	0.527	0.532	0.528	0.519	0.468
西班牙	0.554	0.569	0.596	0.616	0.660	0.664	0.698	0.713	0.747	0.738	0.718	0.647
希腊	0.735	0.672	0.658	0.700	0.726	0.779	1.003	1.041	1.049	1.065	1.070	1.057
新西兰	0.645	0.690	0.720	0.760	0.789	0.733	0.724	0.707	0.693	0.675	0.672	0.894
匈牙利	0.563	0.604	0.625	0.619	0.584	0.617	0.622	0.637	0.624	0.606	0.606	0.647
以色列	0.844	0.860	0.850	0.812	0.795	0.736	0.736	0.689	0.707	0.725	0.725	0.674
意大利	0.705	0.729	0.816	0.828	0.812	0.774	0.806	0.848	0.943	0.996	0.963	0.850
印度	0.403	0.394	0.384	0.367	0.336	0.346	0.330	0.318	0.320	0.314	0.322	0.328
英国	1.011	1.015	1.017	1.029	1.041	1.021	1.014	1.005	1.003	1.001	1.001	0.928
智利	0.690	0.718	0.704	0.637	0.645	0.614	0.560	0.547	0.563	0.589	0.599	0.561
中国	0.319	0.322	0.337	0.323	0.270	0.276	0.275	0.275	0.270	0.270	0.277	0.277

表 4-5　1993~2016 年各国平均能源—经济—碳排放综合效率与中国的对比

年份	各国平均效率	低碳强度国家效率	中碳强度国家效率	高碳强度国家效率	中国效率
1993	0.664	0.788	0.611	0.593	0.324
1994	0.662	0.785	0.608	0.592	0.333
1995	0.646	0.750	0.602	0.587	0.341
1996	0.653	0.758	0.605	0.596	0.352
1997	0.698	0.822	0.646	0.627	0.385
1998	0.733	0.860	0.687	0.652	0.385
1999	0.693	0.817	0.630	0.633	0.368
2000	0.643	0.755	0.608	0.565	0.361
2001	0.647	0.754	0.598	0.588	0.342
2002	0.638	0.743	0.600	0.570	0.325
2003	0.635	0.744	0.602	0.559	0.302
2004	0.657	0.780	0.626	0.565	0.307
2005	0.670	0.800	0.669	0.541	0.319
2006	0.682	0.812	0.685	0.550	0.322
2007	0.709	0.848	0.717	0.561	0.337
2008	0.706	0.854	0.718	0.547	0.323
2009	0.707	0.870	0.719	0.531	0.270
2010	0.700	0.873	0.698	0.529	0.276
2011	0.706	0.886	0.721	0.512	0.275
2012	0.713	0.888	0.737	0.514	0.275
2013	0.725	0.908	0.750	0.517	0.270
2014	0.724	0.910	0.751	0.512	0.270
2015	0.721	0.908	0.741	0.513	0.277
2016	0.675	0.817	0.719	0.533	0.277
均值	0.684	0.822	0.669	0.562	0.317

从图 4-2 中还可以看出，1998 年无论是高碳强度、中碳强度还是低碳强度国家的效率值均达到了最高值，之后一段时间呈现效率下降的趋势，这也印证了 1998 年金融危机爆发后各国经济受到冲击的影响。2000~2001 年不同碳强度的国家组别间的效率趋势出现了分化，低碳强度的国家效率开始逐年

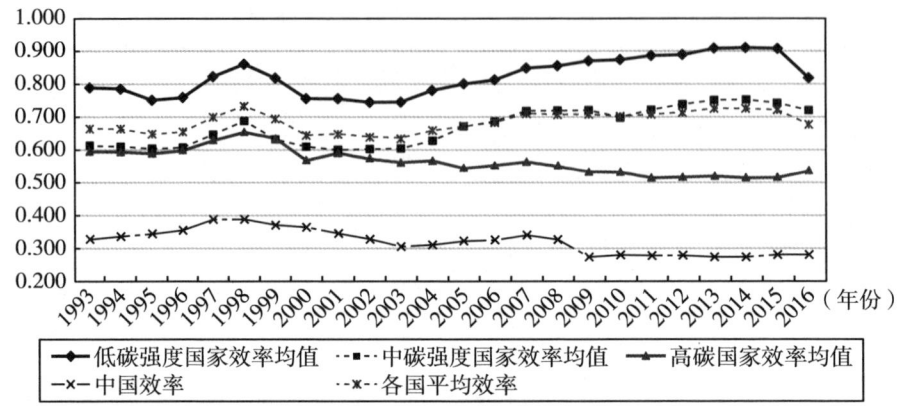

图 4-2 1993~2016 年各国与中国能源—经济—碳排放综合效率增长趋势

上升,并超过了1998年的效率高点,而中碳强度的国家上升的速度较缓慢,高碳强度国家则呈现出效率下降的趋势直至2011年后开始趋稳,说明不同国家能源—经济—碳排放综合效率的变化趋势有其自身的特点,效率较高的国家的经济复苏更为有力,对碳排放的管理控制成效更好。

相对而言,中国的能源—经济—碳排放综合效率自1993年开始就远远低于各国效率的均值,甚至不足低碳强度国家效率均值的一半。1993~2016年的能源—经济—碳排放综合效率仅为均值0.317,远远低于有效值1,说明在此期间中国经济总量高速增长,但增长的效率却没有改善,可见中国的经济发展效率不足,投入产出相对较低。还可以看到,2008年金融危机之后,中国的效率下降十分明显,直至2015年才恢复增长的趋势,但由于经济结构的耗能耗特点,效率值严重偏低说明发展过程中对环境的损害较为严重,这些总量高速增长过程中的效率低下问题在我们的身边均有印证,环境问题的日趋严峻已是共识,也说明了未来中国经济发展转向注重质量的绿色经济发展的重要性和准确性。

纯技术效率是各国的管理水平和技术等因素影响的生产效率,从技术经济的角度来考虑各国是否在一定程度的科技投入水平上得到了合意产出的最大水平和非合意产出的最小水平。从纯技术效率来看(表4-6),1993~2016年33国的纯技术效率平均值为0.821,纯技术效率依旧不高。纯技术效率的增长趋势比较平缓,大部分时间都处于0.8~0.85,说明在1993~2016年,各国的技术和管理水平并没有得到较大的提升。相对而言，中国的纯技术效率一直在0.33~0.43的低位水平上，2000年达到最高值，也仅仅是0.426，与效率前沿的差距巨大，说明中国在管理及生产的"软实力"提升方面还有很大空间，也说明中国的能源—经济—碳排放综合效率水平低的一个重要原因是管理和科学技术水平偏低。

表4-6　1993~2016年各国平均能源—经济—碳排放综合效率分解与中国的对比

年份	纯技术效率	规模效率	纯技术效率（中国）	规模效率（中国）
1993	0.816	0.829	0.371	0.873
1994	0.816	0.828	0.374	0.890
1995	0.830	0.799	0.391	0.873
1996	0.829	0.810	0.397	0.888
1997	0.840	0.850	0.405	0.950
1998	0.831	0.896	0.406	0.949
1999	0.834	0.848	0.416	0.884
2000	0.814	0.813	0.426	0.846
2001	0.825	0.806	0.412	0.830
2002	0.821	0.798	0.395	0.823
2003	0.825	0.792	0.376	0.804
2004	0.833	0.807	0.369	0.833
2005	0.828	0.829	0.371	0.861
2006	0.813	0.858	0.379	0.848
2007	0.821	0.880	0.391	0.862
2008	0.813	0.886	0.383	0.844
2009	0.804	0.894	0.329	0.819
2010	0.798	0.894	0.330	0.835
2011	0.810	0.889	0.336	0.818
2012	0.822	0.882	0.345	0.797
2013	0.824	0.891	0.351	0.770
2014	0.826	0.888	0.363	0.745
2015	0.827	0.883	0.371	0.747
2016	0.818	0.864	0.388	0.799
平均值	0.821	0.851	0.378	0.841

规模效率是指在制度和管理水平一定的前提下，受企业规模因素影响的生产效率，反映的是现有规模与最优规模之间的差异。从规模效率来看（表4-6），1993~2016年各国规模效率的平均值为0.851，规模效率也不高，呈现波动上升的趋势。1998年达到了最高值0.896，2000年下降到0.813，之后的年份呈现缓慢上升趋势。说明1993~2016年，各国的生产规模虽然较低，没有达到最优的生产规模，但整体呈现向上的发展趋势。另外，规模效率的增长趋势与技术效率的增长趋势类似，这说明规模效率是影响各国能源效率发展的主要驱动因素，而纯技术效率一直未出现大幅度的提升，这也从一定程度上导致了能源效率无法得到大幅度提高。相对而言，中国的规模效率均值（0.841），略高于33国的均值（0.821），说明中国的经济在企业规模上是有优势的，虽然与规模效率的前沿面还有差距，但对综合效率有正面贡献，在1997~1998年一度超过了0.9，规模效率已经接近1，说明我国应保持绿色经济发展中的规模优势。

②空间角度。

求取各国1993~2016年能源—经济—碳排放综合效率的年平均值，并根据平均值大小得到效率排名（表4-7）。从综合效率来看，仅有2个国家的平均综合效率值大于1，分别是瑞士和挪威，效率值分别为1.068和1.056，说明这两个国家的能源—经济—碳排放综合效率比较高，资源得到了比较合理的应用，经济增长的投入产出比较高，同时二氧化碳的排放强度较低。英国和丹麦的效率平均值分别为0.911和0.910，接近于1。除此之外的国家的碳排放效率都比较低，捷克、韩国、印度、中国的效率平均值都在0.5以下，中国的效率平均值最低，仅为0.317，说明这几个国家的绿色经济发展效率相对很低，对环境的负面影响较大，尤其是印度与中国，作为新兴经济体近年来快速崛起，然而高能耗、高污染与之相伴，这也与实际的情况一致，特别是中国，经济的高速增长主要依赖商品出口贸易，出口商品中占比较高的均是高能耗、高排放型工业产品，而印度的崛起则主要依赖服务贸易的出口，因此其能源碳排放的效率相对中国来说稍高一些。整体来看，分析样本中的大部分国家技术效率值都不高，没有达到经济增长的有效前沿面，说明存在不同程度的"软实力"不足所导致的资源浪费和高碳排放的情况。

表 4-7　1993～2016 年各国能源—经济—碳排放综合效率平均值

国家	能源—经济—碳排放综合效率	排名	纯技术效率	排名	规模效率	排名
瑞士	1.068	1	1.077	3	0.992	1
挪威	1.056	2	1.072	4	0.985	2
英国	0.911	3	1.02	9	0.892	16
丹麦	0.910	4	0.954	11	0.952	8
智利	0.813	5	0.85	12	0.953	7
瑞典	0.796	6	0.818	13	0.972	4
意大利	0.790	7	0.808	14	0.955	6
希腊	0.775	8	1.043	7	0.733	28
法国	0.765	9	1.031	8	0.712	29
爱尔兰	0.735	10	0.99	10	0.742	27
德国	0.735	11	1.046	6	0.685	30
新西兰	0.716	12	0.709	24	0.979	3
美国	0.694	13	1.171	1	0.592	32
奥地利	0.694	14	0.787	16	0.87	20
芬兰	0.685	15	0.762	20	0.892	17
荷兰	0.680	16	0.802	15	0.84	22
以色列	0.672	17	0.742	23	0.902	15
葡萄牙	0.669	18	0.685	27	0.961	5
比利时	0.659	19	0.744	22	0.884	19
加拿大	0.652	20	0.786	17	0.835	23
日本	0.650	21	1.068	5	0.61	31
波兰	0.647	22	0.692	25	0.95	9
澳大利亚	0.637	23	0.768	19	0.829	25
西班牙	0.633	24	0.758	21	0.834	24
墨西哥	0.626	25	0.663	28	0.946	10
土耳其	0.603	26	0.647	29	0.934	12
俄罗斯	0.590	27	0.689	26	0.884	18
匈牙利	0.583	28	0.775	18	0.76	26
斯洛伐克	0.512	29	1.111	2	0.46	33
捷克	0.492	30	0.543	30	0.906	14
韩国	0.418	31	0.455	31	0.915	13
印度	0.399	32	0.422	32	0.946	11
中国	0.317	33	0.378	33	0.841	21

从纯技术效率来看，共有9个国家的纯技术效率平均值大于1，按纯技术效率值由大到小分别是：美国、斯洛伐克、瑞士、挪威、日本、德国、希腊、法国和英国，其中，美国的纯技术效率值最高，达到了1.171，说明这些国家的管理水平和技术水平相对较高。其余的国家纯技术效率值比较低，韩国、印度、中国的纯技术效率值小于0.5，其中中国的效率值最低，仅为0.378，政府和企业管理与生产技术水平等"软实力"还有很大的提升空间。

从规模效率来看，所有国家的规模效率都小于1，但是有15个国家的规模效率值大于0.9，占45.5%；10个国家的效率值为0.8~0.9，占30.3%，说明大部分国家的规模效率相对较高。斯洛伐克的效率值最低，仅为0.460，但其纯技术效率值为1.111，大于规模效率，综合效率为0.512，这说明斯洛伐克共和国的能源—经济—碳排放综合效率偏低，绿色经济发展水平不高主要是规模效率太低所导致的。与此不同的是，中国的规模效率为0.841，排名21，这说明中国的能源效率偏低主要是由于纯技术效率偏低所导致的，同时也说明中国目前的工业生产还比较粗放，管理水平与生产技术水平还比较低，不可只通过增加投入与扩大生产规模来提高效率，这样会导致大量的资源浪费。

③绿色经济发展综合评价。

根据上述所构建的绿色经济发展评价框架，本书将以上分析所得的33个样本国家的能源—经济—碳排放综合效率值与反映化石能源可持续性的采储比分别作为坐标图中的两轴，通过直观的二维坐标图方式对样本国家的绿色经济发展程度进行分类和评价。坐标图根据表4-8数据绘制，其中，能源—经济—碳排放综合效率值由SEBM-DEA模型计算得出，化石能源当年的加权平均采储比的计算公式为：

$$WMR/P = \sum_{i=1}^{3} \omega_i R/P_i \tag{4-8}$$

其中，WMR/P代表石油、天然气、煤炭三种化石能源的加权平均采储比；ω_i代表当年i种化石能源的消费量占总化石能源消费量的比重；R/P代表当年该i化石能源的采储比值。

表 4-8 2016 年各国能源—经济—碳排放综合效率与化石能源采储比

国家	能源—经济—碳排放综合效率	化石能源加权平均采储比/a
新西兰	0.894	244.349
波兰	0.600	98.235
印度	0.328	91.696
美国	1.020	79.462
澳大利亚	0.612	77.895
俄罗斯	0.450	77.828
日本	0.641	77.453
西班牙	0.647	72.627
加拿大	0.633	66.485
韩国	0.447	62.984
德国	0.696	59.391
中国	0.277	57.834
土耳其	0.468	53.278
捷克	0.513	41.815
匈牙利	0.647	40.839
挪威	1.045	20.501
希腊	1.057	17.994
墨西哥	0.549	15.216
意大利	0.850	11.020
英国	0.928	9.895
丹麦	0.802	5.882
爱尔兰	0.808	0
奥地利	0.664	0
比利时	0.628	0
法国	0.718	0
芬兰	0.683	0
荷兰	0.669	0
葡萄牙	0.809	0
瑞典	0.748	0

续表

国家	能源—经济—碳排放综合效率	化石能源加权平均采储比/a
瑞士	1.099	0
斯洛伐克	0.599	0
以色列	0.674	0
智利	0.561	0
平均值	0.690	38.869
经合组织	0.724	82.587①

由表4-8可以看出，新西兰的化石能源在现有技术条件下可以持续使用244.349年，是化石能源可持续性最强的国家，其他国家的采储比均在100年以下，然而，有部分国家由于本身缺乏化石能源资源，采储比为零。上述已提及，这样的国家往往通过进口化石能源以及使用非化石能源来满足能源的需求，而这些方式本身也就是另外一种能源可持续，因此本书并不是说"一刀切"地将其认定为化石能源无可持续性。根据上述理论分析，现将33个样本国家的绿色经济发展状况进行最终的展示和划分，如图4-3所示。

通过各国能源—经济—碳排放综合效率的平均值（0.690）与各国化石能源加权平均采储比的均值（38.869a），将图4-3划分为若干个区域：首先是高能源—经济—碳排放综合效率和高采储比的强绿色经济发展区域，满足这一区域划分标准的样本国家有美国、德国和新西兰，占样本总量的9%，也就是说在这个评价体系中，考虑了化石能源的可持续性后，美国、德国和新西兰实现了相对较好的绿色经济发展；其次是弱绿色经济发展区域，在这一区域中包括瑞士、挪威、希腊等9个样本国家，占样本量的28%，这些国家虽然本身的化石能源资源禀赋不足，但依靠其高效的经济增长和较低的碳排放强度，经济发展的同时环境保护较好，也实现了绿色经济发展，只是相对于强绿色经济发展国家来说化石能源维持后期发展的可持续性较弱，因此称为弱绿色经济发展国家；最后是非绿色经济发展区域，在这个区域中的样本国

---

① 此处经合组织的化石能源加权平均采储比为根据《BP能源统计年鉴（2017）》提供的经合组织化石能源消费及探明储量的数据整理计算得出。

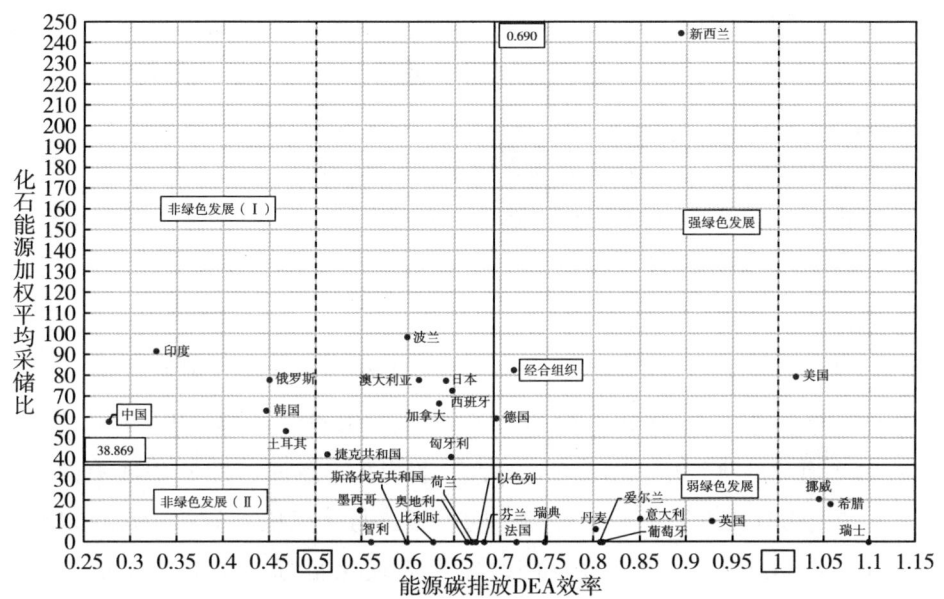

图4-3 2016年各国能源—绿色经济发展评价

家共有21个，占样本量的64%，这些国家的共同点是其经济发展和碳排放的效率都不高，虽然有的国家拥有较为丰富的化石能源资源，如中国、印度等，化石能源可供经济发展持续使用的时间较为充足，然而它们的能源—经济—碳排放综合效率却远低于均值，在经济发展和环境保护的效率上存在较多欠缺。

此外，在绿色经济发展和非绿色经济发展的大区域内，还可以进一步细分出若干亚区域，如图4-3所示的虚线划分。在绿色经济发展区域内的国家，以DEA效率值1为界划分，效率值超过1的样本国家有美国、挪威、希腊和瑞士四个国家，也就是说，在绿色经济发展程度相对较高的国家中，根据SEBM—DEA模型的原理，这四个国家的能源—经济—碳排放综合效率是有效的，其中，效率值最高的国家是瑞士，但综合考虑化石能源资源的可持续性后，绿色经济发展程度最高的仍然是美国。在非绿色经济发展区域内，以DEA效率值0.5为界进行划分，当相对的经济碳排放效率值低于有效值的一半时，在一定程度上，可以认为这些国家的发展存在以损害环境为代价的发展模式，其"黑色"发展的程度更为严重，对化石能源的节约及减排技术的提升需求更加迫切，要追赶有效前沿国家，实现绿色经济发展的目标需要的时间也更长，可以看出，这些样本国家包括中国、印度、俄罗斯、韩国和土耳其。

④各国能源—经济—碳排放综合效率的投影分析。

基于以上 SEBM – DEA 模型，做如下假设：

$$\hat{x}_{ij0} = \theta^0 x_{ij0} - S_i^{-0}$$

$$\hat{y}_{rj0} = y_{rjo} + S_r^{+0}$$

其中，S_i^{-0}、S_r^{+0}、θ^0 是决策单元 j_0 对应的线性规划的最优解，则（$\hat{x}_{ij0}$，$\hat{y}_{rj0}$）为决策单元 j_0 对应的（x_0，y_0）在 DEA 相对有效面上的投影，它是 DEA 有效的，即将非 DEA 有效的决策单元对应的（x_0，y_0）投影到有效面，将非 DEA 有效的决策单元转变为有效决策单元的过程。则投影点与实际值之间的距离可以反映该变量向 DEA 有效面的改善空间，并形成量化指标，显示该变量的应改善量。

通过投影分析，可以得到各个国家的投入和产出指标的松弛变量，进而得到需要达到的目标值，以此来指导各个部门提高经营效率的方向和幅度，优化投入要素，以减少资源浪费，实现投入和产出的优化配置，提高各国的能源效率。为了便于分析，本书将各国 1993～2016 年的投入产出原始值和所得的目标值求取平均值，并计算出每个部门的投入和产出的改进比例，改进比例 =（目标值 – 原始值）/原始值，来判断各个指标的改进幅度与改进方向。

整体来看，绝大部分国家的投入和产出都需要在一定程度上进行改进（表 4 – 9）。

表 4 – 9　　　　各国能源效率投入与指标改进比例　　　　（单位：%）

国家	固定资本形成总额	化石能源消费量	就业人口	GDP（2010年不变价）	化石能源二氧化碳排放量
爱尔兰	– 8.68	– 44.92	– 23.64	5.34	– 42.50
奥地利	– 8.67	– 43.79	– 34.81	8.30	– 39.95
澳大利亚	– 9.80	– 66.11	– 33.29	9.37	– 61.02

续表

国家	固定资本形成总额	化石能源消费量	就业人口	GDP（2010年不变价）	化石能源二氧化碳排放量
比利时	-6.84	-64.31	-28.50	6.90	-63.62
波兰	-8.80	-59.61	-57.93	8.26	-55.05
丹麦	0.03	-19.29	-12.56	-0.36	-16.84
德国	-3.67	-48.33	-36.38	3.56	-44.34
俄罗斯	-14.98	-68.44	-56.22	14.00	-66.31
法国	-4.23	-34.05	-35.66	4.28	-32.70
芬兰	-5.42	-56.41	-39.04	5.33	-53.26
韩国	-26.80	-75.51	-64.64	26.04	-74.58
荷兰	-4.75	-63.20	-31.43	4.66	-61.28
加拿大	-5.73	-70.24	-36.39	5.48	-68.20
捷克	-17.14	-75.96	-69.59	17.08	-71.46
美国	-2.89	-66.81	-27.83	3.22	-64.53
墨西哥	-8.94	-55.52	-70.76	8.59	-55.85
挪威	0.00	0.00	13.53	-12.05	0.00
葡萄牙	-7.20	-47.04	-63.36	6.39	-47.93
日本	-13.59	-46.10	-33.86	12.55	-42.85
瑞典	-4.12	-24.89	-32.70	3.98	-26.78
瑞士	0.00	4.13	0.00	-23.50	0.00
斯洛伐克	-13.51	-74.40	-76.21	12.86	-70.52
土耳其	-13.19	-57.46	-70.37	12.04	-53.52
西班牙	-10.89	-51.48	-51.38	10.39	-50.62
希腊	1.28	-44.08	-41.63	2.50	-43.96
新西兰	-3.93	-49.42	-46.23	3.72	-47.92
匈牙利	-6.86	-71.98	-76.26	6.62	-69.25
以色列	-7.08	-53.23	-42.86	5.64	-52.57
意大利	-27.55	-64.07	-85.97	20.47	-59.09
印度	-34.17	-66.06	-93.88	32.85	-62.09
英国	4.20	-20.55	-15.48	0.24	-18.61
智利	-2.93	-34.14	-41.94	4.80	-34.97
中国	-43.91	-71.63	-87.74	41.64	-66.45
平均值	-13.12	-62.32	-72.87	9.57	-58.86

从投入指标来看，挪威三个投入指标的改进比例分别为 0.00%、0.00%、13.53%，瑞士的改进比例分别为 0.00%、4.13%、0.00%。丹麦、希腊、英国的固定资本形成总额的改进比例都为正数，此外所有国家的改进比例都为负数，这说明挪威、瑞士的资本、劳动力和化石能源投入都不存在冗余情况，要素得到了较大程度上的合理利用，规模水平较好；丹麦、希腊、英国的资本没有出现投入冗余情况，并且还可以在目前的投入上再增加一部分投入，说明达到了比较理想的规模水平。从规模效率也可以看出，这三个国家的规模效率分别是 0.952、0.733、0.892，排名相对靠前，这也说明规模效率相对较高，减少了一定程度上的资源浪费，但在其余的两个投入指标化石能源消费量和劳动力人口上，还是出现了投入冗余的情况，需要减少相应比例的要素投入。而其余国家的投入指标都出现了投入冗余情况，说明各国存在不同程度的资源浪费情况。从要素的改进比例平均值来看，化石能源投入的平均改进比例达到了 -62.32%，说明需要大幅度地缩减化石能源的投入，从而提高效率。中国的化石能源投入也出现了较大的冗余，改进比例为 -71.63%，超过均值，改进幅度高于大部分样本国，化石能源资源浪费的问题较为突出，需要得到重视。

从期望产出来看，绝大多数国家的 GDP（2010 年不变价）都出现了产出不足的情况，需要在原始的产出上增加一定的比例才能使效率得到提升。其中，丹麦、挪威、瑞士的改进比例分别为 -0.36%、-12.05%、-23.50%，说明现有的产出水平超出了目标水平，在一定程度上实现了资源的优化配置。其他国家的改进比例都为正数，需要在目前的产出上继续增加，才能达到较高的效率水平。中国的 GDP（2010 年不变价）的改进比例为 41.64%，是所有样本分析国家中最高的，说明出现了比较严重的产出不足情况，资源未能实现最大效益的利用，产出水平亟待提高。

从非期望产出来看，化石能源二氧化碳排放量改进比例平均值为 -58.86%，除了瑞士、挪威的改进比例为 0.00% 之外，其余国家的化石能源二氧化碳排放量都需要大幅度降低。说明除了瑞士、挪威，其余国家的化石能源二氧化碳排放强度都比较高，需要在目前的产出水平上减少，才能促进碳排放效率的提高，说明各国整体的技术效率和规模水平都还有待提高。中国的改进比例为 -66.45%，说明污染和资源浪费比较严重，需要提高技术水平，促进工业生产机构的转型与效率的提升。

4.1.3 中国工业分行业绿色经济发展的评价

（1）数据处理。

在本书选取的分析时间段内，由于1994年、2002年、2011年我国对《国民经济行业分类》进行了三次调整，合并和拆分了部分行业，比如：2002年版的橡胶制造业和塑料制造业，在2011年版中合并为橡胶和塑料制造业；1994年版的木材及竹材采运业在2002年版中取消该分类等。在统计数据的搜集过程中，这些行业的数据存在不连续或者不完整的情况，本书在对比三版行业分类的基础上，对有变化的行业采取合并和删减的方法，最终选取了以两位数为代码的35个中国工业行业进行分析，具体的工业行业目录见表4-10。

表4-10　　　　　　　　工业行业目录

序号	行业名称	序号	行业名称
1	煤炭开采和洗选业	19	化学原料及化学制品制造业
2	石油和天然气开采业	20	医药制造业
3	黑色金属矿采选业	21	化学纤维制造业
4	有色金属矿采选业	22	橡胶和塑料制品业
5	非金属矿采选业	23	非金属矿物制品业
6	农副食品加工业	24	黑色金属冶炼及压延加工业
7	食品制造业	25	有色金属冶炼及压延加工业
8	饮料制造业	26	金属制品业
9	烟草制品业	27	通用设备制造业
10	纺织业	28	专用设备制造业
11	纺织服装、鞋、帽制造业	29	交通运输设备制造业
12	皮革、毛皮、羽绒及其制品业	30	电气机械及器材制造业
13	木材加工及木、竹、藤、棕、草制品业	31	通信设备、计算机及其他电子设备制造业
14	家具制造业	32	仪器仪表及文化、办公用机械制造业
15	造纸及纸制品业	33	电力、热力生产和供应业
16	印刷业和记录媒介的复制	34	燃气生产和供应业
17	文教体育用品制造业	35	水的生产和供应业
18	石油加工、炼焦及核燃料加工业		

①投入变量：资本。1999 年的资本存量数据直接采用陈诗一（2011）估算的结果，2000 年之后的数据根据陈诗一（2011）资本存量的永续盘存方法估算得到。以 1999 年固定资产可比净值为基年，本书采用可变折旧率进行估算，相关计算公式如下：

资本存量$_t$ = 可比价全部口径投资额$_t$ + （1 - 折旧率$_t$）× 资本存量$_{t-1}$ （4 - 9）

可比价投资额$_t$ = 当年价投资额$_t$ / 固定资产投资价格指数$_t$ （4 - 10）

当年投资额 = 当年固定资产原值 - 上年固定资产原值 （4 - 11）

当年折旧率 = 当年折旧额 / 上年固定资产原值 = （当年累计折旧额 - 上年累计折旧额）/ 上年固定资产原值 （4 - 12）

②投入变量：劳动力。采用各行业"年均从业人数"作为代表变量，数据来自各年的中国工业统计年鉴以及中经网统计数据库。

③投入变量：能源。采用各行业年化石能源消费量作为代表变量，数据来自 2013 ~ 2016 年中国能源统计年鉴中"工业分行业能源终端消费量"（包括发电煤耗），各种能源的数据均为折算至标准煤当量的值。

④合意产出：行业工业总产值。2005 年及之前年份的工业总产值数据取自历年的中国工业经济统计年鉴；2006 年及之后年份由于该统计年鉴中不再发布工业总产值数据，故 2006 年及之后年度的总产值数据由作者根据公式计算得到，计算公式如下：

总产值 = 主营业务收入 + （当期产成品 - 上期产成品） （4 - 13）

工业各行业的总产值数据均采用价格指数平减为以 1990 年为基年的可比值，本书所使用的产出价格平减指数为 2016 年中国价格统计年鉴提供的工业分行业的工业品出厂价格指数（上年 = 100），以此构建了 1990 年 = 100 的 2000 ~ 2015 年工业产出的价格平减指数。其中一些缺失数据的处理如下：1992 年前的农副食品加工业、印刷业和普通设备制造业缺失，分别用食品制造业、造纸及纸制品业和专用设备制造业的同期指数代替。

⑤非合意产出：化石能源的碳排放量。本书采用 IPCC（联合国政府间气候变化专门委员会）提供的碳排放量估算方法，以各化石能源的终端消费总量[①]

---

① 数据来源于《中国能源统计年鉴》（2001 ~ 2016 年）。

为基础,估算碳排放的总量,具体的估算方法及公式同上述各国化石能源碳排放的计算方法。

(2)描述统计。

我们对国内的工业行业的原始投入与产出指标进行描述统计分析,得到各个指标的最小值、最大值、平均值与标准偏差(表4-11)。从标准偏差来看,各个指标的标准偏差都比较大,说明数据的离散程度比较大,即各行业在2000~2015年的投入与产出都有比较大的差异,数据所涵盖的各类情况比较广泛。整体来看,数据选取比较合理,适合进行DEA分析。

表4-11　　　　　　　　国内工业行业数据统计描述

	指标	最小值	最大值	平均值	标准偏差
投入	资本存量(1990年=100)/亿元	0.410	571.190	46.052	70.989
	化石能源消费量/toe	103.860	80336.070	5756.902	11582.220
	就业人口/万人	14.540	909.260	220.669	181.573
期望产出	工业总产值(1990年=100)/亿元	8.220	116812.940	12722.335	18150.038
非期望产出	化石能源二氧化碳排放量/t	207.020	160127.650	11474.785	23085.940

资料来源:2001~2016年《中国工业经济统计年鉴》、中经网统计数据库①,以及作者的计算整理。

(3)结果分析。

①时间角度。

将35个工业行业2000~2015年每年的DEA效率值取平均数,可以得到表4-12所示数据。

表4-12　　　　　　2000~2015年35个工业行业效率均值

年份	能源—经济—碳排放综合效率	纯技术效率	规模效率
2000	0.254	0.470	0.651
2001	0.269	0.469	0.668
2002	0.269	0.472	0.662

---

① http://db.cei.cn/page/Default.aspx.

续表

年份	能源—经济—碳排放综合效率	纯技术效率	规模效率
2003	0.283	0.495	0.658
2004	0.343	0.545	0.672
2005	0.403	0.594	0.685
2006	0.354	0.514	0.741
2007	0.394	0.538	0.782
2008	0.401	0.548	0.793
2009	0.394	0.550	0.787
2010	0.396	0.573	0.764
2011	0.392	0.608	0.721
2012	0.379	0.540	0.735
2013	0.353	0.539	0.701
2014	0.345	0.552	0.678
2015	0.338	0.574	0.641
平均值	0.348	0.536	0.709

从能源—经济—碳排放综合效率（也就是技术效率）来看，2000~2015年能源—经济—碳排放综合效率的平均值为0.348，效率值很低，与有效前沿面的差距较大，说明我国各行业的投入产出结构严重不合理，经济增长存在较为严重的资源浪费及高碳排放情况。从图4-4中可以看出，技术效率在2003~2005年呈现波动上升，2005年效率值相对较高，达到0.403，其余的年份效率值都比较低，这与2003年后我国经济经历了一轮上升周期吻合。2007~2015年效率值非常平缓，效率趋于稳定，甚至有一定的下行趋势，说明期间我国工业行业的增长的投入较高而单位产出没有明显的提高，生产过程中的环境损害也较为突出，这与我国经济增长长期依赖重化工产业有密切关系。

从纯技术效率来看，2000~2015年的纯技术效率平均值为0.536，效率值相对较低，但呈现了波动增长的趋势，并且效率高于能源—经济—碳排放综合效率值，说明在这一时期我国工业行业生产技术和管理技术有所提升。2004~2006年为一个波动，2005年效率值最高，达到0.594；2010~2012年

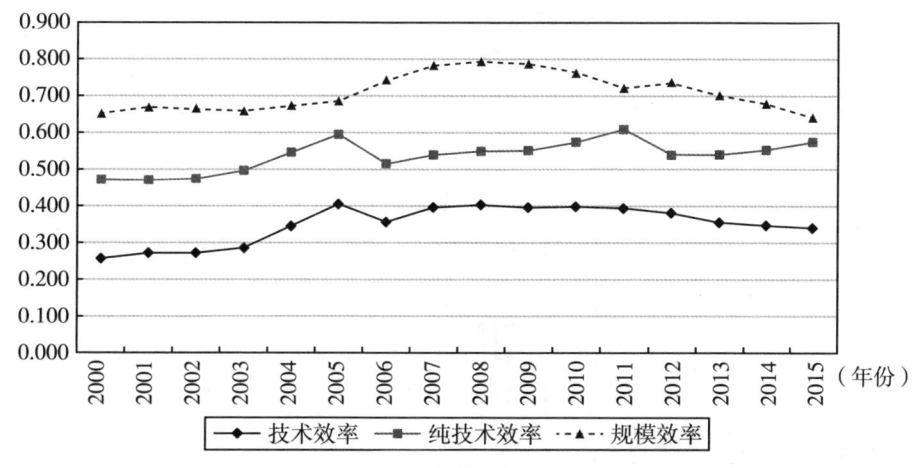

图 4-4　2000~2015 年各行业效率值变化趋势

为另一个波动，2011 年效率值达到 0.608 的新高，但是增长趋势依旧缓慢，说明国内工业各行业整体的技术和管理水平没有大幅提高。

从规模效率来看，2000~2015 年的规模效率平均值为 0.709，没有达到较优的规模水平。然而，规模效率值相对高于纯技术效率值，说明我国的工业行业在企业规模上相对技术发展水平来说较优，对总体经济增长的综合效率有正向贡献，2008 年工业行业的规模效率达到最高值 0.793，但是规模效应自 2008 年之后波动下行趋势明显，这与 2008 年金融危机工业行业受到冲击的情况相吻合。此外，从图 4-4 中可以看出，2008 年之后规模效率的变化趋势与能源—经济—碳排放综合效率的变化趋势近似，说明规模效率是影响中国工业能源效率提高的重要因素，一定程度上影响了能源—经济—碳排放综合效率的提升。

在分行业的时间变化趋势中，大部分工业行业的能源—经济—碳排放综合效率值波动性不大，上升或者下降的幅度都较小。2015 年各行业的能源—经济—碳排效率与 2000 年相比，效率增加的有 26 个行业，占分析样本总数的 74.29%；下降的有 9 个行业，占比 26.71%（表 4-13）。可见大部分的工业行业能源—经济—碳排放综合效率有所提升，说明这些行业的资源配置能力有所增强，在增长的过程中对环境的损害性在降低。

表 4–13　2000～2015 年中国 35 个工业行业能源—经济—碳排放综合效率值

年份 工业行业	2000	2001	2002	2003	2004	2005	2006	2007	2008	2009	2010	2011	2012	2013	2014	2015
煤炭开采和洗选业	0.04	0.04	0.04	0.05	0.08	0.06	0.07	0.09	0.11	0.10	0.10	0.11	0.13	0.13	0.15	0.16
石油和天然气开采业	0.07	0.06	0.06	0.07	0.13	0.08	0.12	0.11	0.09	0.11	0.14	0.10	0.09	0.11	0.13	0.18
黑色金属矿采选业	0.11	0.16	0.15	0.17	0.15	0.09	0.12	0.15	0.16	0.18	0.18	0.18	0.17	0.18	0.25	0.28
有色金属矿采选业	0.17	0.18	0.17	0.16	0.18	0.16	0.16	0.15	0.15	0.14	0.13	0.11	0.10	0.11	0.13	0.17
非金属矿采选业	0.09	0.10	0.10	0.12	0.13	0.10	0.13	0.16	0.18	0.18	0.17	0.16	0.13	0.13	0.13	0.14
农副食品加工业	0.25	0.28	0.29	0.30	0.15	0.00	0.34	0.37	0.40	0.41	0.37	0.37	0.35	0.33	0.32	0.28
食品制造业	0.18	0.20	0.20	0.19	0.57	0.63	0.26	0.30	0.32	0.31	0.29	0.29	0.26	0.24	0.23	0.23
饮料制造业	0.21	0.21	0.20	0.19	0.32	0.30	0.31	0.43	0.49	0.49	0.50	0.53	0.59	0.43	0.34	0.29
烟草制品业	0.55	0.57	0.60	0.60	1.01	0.61	1.03	1.08	1.13	1.14	1.16	1.18	1.20	1.20	1.20	1.20
纺织业	0.30	0.23	0.22	0.19	0.14	0.06	0.23	0.25	0.27	0.27	0.27	0.25	0.26	0.25	0.25	0.23
纺织服装、鞋、帽制造业	0.36	0.40	0.38	0.37	1.00	1.04	0.31	0.34	0.39	0.40	0.39	0.38	0.44	0.44	0.45	0.44
皮革、毛皮、羽绒及其制品业	0.35	0.41	0.41	0.39	0.65	0.68	0.37	0.40	0.42	0.42	0.45	0.46	0.51	0.46	0.44	0.42
木材加工及木、竹、藤、棕、草制品业	0.25	0.31	0.31	0.36	0.59	0.47	0.22	0.25	0.27	0.29	0.28	0.29	0.26	0.24	0.23	0.21
家具制造业	0.30	0.32	0.31	0.32	0.55	0.62	0.28	0.33	0.38	0.39	0.41	0.44	0.48	0.55	0.37	0.37
造纸及纸制品业	0.15	0.15	0.15	0.15	0.11	0.06	0.26	0.30	0.30	0.27	0.28	0.28	0.25	0.22	0.19	0.20
印刷业和记录媒介的复制	0.16	0.17	0.17	0.15	0.39	0.81	0.23	0.26	0.30	0.29	0.30	0.32	0.31	0.38	0.31	0.33
文教体育用品制造业	0.39	0.42	0.39	0.38	0.54	0.61	1.01	1.00	0.79	0.64	0.63	0.55	0.41	0.33	0.26	0.25
石油加工、炼焦及核燃料加工业	0.22	0.23	0.27	0.35	0.23	0.04	0.42	0.41	0.32	0.31	0.39	0.34	0.29	0.35	0.34	0.43

续表

年份 工业行业	2000	2001	2002	2003	2004	2005	2006	2007	2008	2009	2010	2011	2012	2013	2014	2015
化学原料及化学制品制造业	0.18	0.19	0.19	0.20	0.21	0.14	0.30	0.33	0.29	0.28	0.28	0.26	0.23	0.12	0.28	0.29
医药制造业	0.33	0.33	0.29	0.25	1.04	1.10	0.31	0.34	0.37	0.38	0.34	0.34	0.32	0.30	0.28	0.27
化学纤维制造业	0.40	0.34	0.34	0.36	0.64	0.59	0.45	0.47	0.37	0.36	0.40	0.35	0.30	0.28	0.31	0.33
橡胶和塑料制品业	0.27	0.30	0.28	0.25	0.22	0.16	0.49	0.57	0.53	0.46	0.42	0.41	0.47	0.39	0.31	0.27
非金属矿物制品业	0.12	0.14	0.14	0.18	0.10	0.04	0.18	0.22	0.24	0.22	0.21	0.20	0.18	0.17	0.17	0.17
黑色金属冶炼及压延加工业	0.14	0.18	0.21	0.34	0.21	0.06	0.40	0.43	0.39	0.36	0.36	0.34	0.34	0.36	0.40	0.40
有色金属冶炼及压延加工业	0.20	0.21	0.23	0.26	0.37	0.29	0.37	0.37	0.33	0.34	0.35	0.29	0.26	0.27	0.33	0.37
金属制品业	0.29	0.32	0.34	0.39	1.08	1.02	0.25	0.29	0.32	0.30	0.28	0.27	0.27	0.25	0.25	0.23
通用设备制造业	0.22	0.25	0.27	0.31	0.35	0.24	0.28	0.32	0.38	0.38	0.39	0.36	0.33	0.32	0.30	0.29
专用设备制造业	0.23	0.26	0.28	0.29	0.38	0.32	0.26	0.31	0.38	0.39	0.39	0.44	0.41	0.41	0.37	0.37
交通运输设备制造业	0.24	0.31	0.35	0.42	0.49	0.40	0.66	1.07	1.12	1.16	1.18	1.18	1.07	0.70	0.61	0.51
电气机械及器材制造业	0.51	0.51	0.48	0.49	0.41	0.27	0.44	0.48	0.55	0.54	0.54	0.56	0.53	0.55	0.54	0.54
通信设备、计算机及其他电子设备制造业	1.17	1.18	1.19	1.19	1.13	1.00	1.20	1.18	1.14	1.12	1.10	1.11	1.07	1.05	1.01	0.81
仪器仪表及文化、办公用机械制造业	0.28	0.26	0.24	0.28	1.15	1.22	0.37	0.41	0.49	0.50	0.53	0.63	0.68	0.57	0.60	0.58
电力、热力生产和供应业	0.03	0.10	0.10	0.11	0.33	0.28	0.32	0.34	0.36	0.33	0.34	0.35	0.30	0.28	0.29	0.28
燃气生产和供应业	0.06	0.06	0.07	0.08	0.48	0.48	0.22	0.24	0.26	0.27	0.28	0.27	0.22	0.22	0.25	0.29
水的生产和供应业	0.09	0.04	0.03	0.03	0.08	0.08	0.04	0.05	0.05	0.05	0.05	0.06	0.05	0.05	0.06	0.05

能源—经济—碳排放综合效率提升趋势较为明显的行业包括：电力与热力生产和供应业、燃气生产和供应业、煤炭开采和洗选业、黑色金属冶炼及压延加工业、石油和天然气开采业、黑色金属矿采选业、烟草制品业、仪器仪表及文化与办公用机械制造业、交通运输设备制造业、印刷业和记录媒介的复制10个行业，其能源—经济—碳排放综合效率2000~2015年的效率值增幅都超过了100%，电力、热力生产和供应业的效率更是提升了7倍以上。这些行业的共同点是在产值大幅增长的同时，劳动力投入基本保持不变甚至有的行业略有减少，而资本的投入普遍有比较明显的增幅，印证了机械化的发展趋势。说明资本对劳动力的替代是效率提升的一个重要因素。虽然随着机器使用的增加，能源的消耗量必然增长，然而随着节能减排技术的发展，可以看到各行业能源消费量的增幅基本都远低于资本的增长幅度，甚至石油行业和黑色金属矿采选业这样的高能耗行业在近年来能源的消耗量呈现出了稳定或下降的趋势，这也是效率提升的促进因素。这也与2010年国家开始在多个污染严重的工业行业开展进一步加强淘汰落后产能的措施有着密切关系，也从一个侧面体现了政策执行的效应。

有色金属矿采选业，木材加工及木、竹、藤、棕、草制品业，化学纤维制造业，医药制造业，金属制品业，纺织业，通信设备、计算机及其他电子设备制造业，文教体育用品制造业，水的生产和供应业这9个工业行业2015年的能源—经济—碳排放效率与2000年相比有所下降。其中水的生产和供应业的效率下降幅度最大，降幅达到42.10%，主要是由于该行业资本存量的激增所引起，2015年的资本存量是2000年的147倍，而产出仅仅增加了20倍，行业规模扩大迅速，但投入产出比较低。

②空间角度。

求取各工业行业的效率平均值，并根据效率平均值大小进行排名（表4-14）。从能源—经济—碳排放综合效率来看，仅有一个行业的效率值大于1，即通信设备、计算机及其他电子设备制造业，说明此行业的生产过程从经济和环境两个角度综合考虑是有效的，投入和产出结构相对比较合理。烟草制品业的综合效率接近1，为0.965，说明该行业的能源—经济—碳排放综合效率已接近有效。与此同时，有30个行业的效率值小于0.5，占总数的86%，

第 4 章 能源—绿色经济评价模型的构建及作用机理分析

说明绝大部分工业行业经济增长的环境效率比较低，投入产出结构不合理，对环境的负面影响较大。煤炭开采和洗选业、水的生产和供应业的效率值非常低，分别为 0.091、0.054，效率值不足 0.1，亟待进一步优化资源配置，节能减排以减少对环境的损害。

表 4-14   2000~2015 年我国工业 35 个行业 DEA 效率均值

行业	能源—经济—碳排放综合效率	排名	纯技术效率	排名	规模效率	排名
通信设备、计算机及其他电子设备制造业	1.101	1	1.153	3	0.954	1
烟草制品业	0.965	2	1.690	1	0.574	28
交通运输设备制造业	0.717	3	0.803	6	0.905	3
仪器仪表及文化、办公用机械制造业	0.550	4	0.756	7	0.708	24
文教体育用品制造业	0.536	5	1.279	2	0.487	29
电气机械及器材制造业	0.496	6	0.536	11	0.931	2
纺织服装、鞋、帽制造业	0.470	7	0.525	12	0.881	4
皮革、毛皮、羽绒及其制品业	0.452	8	0.583	8	0.784	14
医药制造业	0.411	9	0.486	15	0.824	10
家具制造业	0.401	10	1.076	4	0.439	33
化学纤维制造业	0.393	11	0.463	17	0.859	8
金属制品业	0.384	12	0.456	19	0.820	11
饮料制造业	0.365	13	0.499	13	0.725	22
橡胶和塑料制品业	0.362	14	0.410	22	0.871	6
专用设备制造业	0.342	15	0.396	23	0.868	7
通用设备制造业	0.311	16	0.378	25	0.847	9
石油加工、炼焦及核燃料加工业	0.308	17	0.476	16	0.707	25
黑色金属冶炼及压延加工业	0.308	18	0.497	14	0.749	19
印刷业和记录媒介的复制	0.304	19	0.455	20	0.680	26
有色金属冶炼及压延加工业	0.303	20	0.46	18	0.740	20
木材加工及木、竹、藤、棕、草制品业	0.301	21	0.429	21	0.728	21
农副食品加工业	0.300	22	0.369	26	0.794	12

续表

行业	能源—经济—碳排放综合效率	排名	纯技术效率	排名	规模效率	排名
食品制造业	0.294	23	0.369	27	0.787	13
电力、热力生产和供应业	0.258	24	0.548	10	0.626	27
燃气生产和供应业	0.235	25	0.892	5	0.316	35
化学原料及化学制品制造业	0.234	26	0.356	28	0.759	17
纺织业	0.229	27	0.266	31	0.875	5
造纸及纸制品业	0.208	28	0.284	30	0.720	23
黑色金属矿采选业	0.167	29	0.578	9	0.484	30
非金属矿物制品业	0.167	30	0.243	32	0.751	18
有色金属矿采选业	0.147	31	0.385	24	0.481	31
非金属矿采选业	0.135	32	0.348	29	0.471	32
石油和天然气开采业	0.103	33	0.135	34	0.781	15
煤炭开采和洗选业	0.091	34	0.118	35	0.776	16
水的生产和供应业	0.054	35	0.213	33	0.326	34

资料来源：见数据处理部分，根据前文中对工业各行业 DEA 效率的计算结果整理得出。

从纯技术效率来看，有4个行业的纯技术效率值大于1，分别为烟草制品业，通信设备、计算机及其他电子设备制造业，文教体育用品制造业，家具制造业，其中，烟草制品业的效率值最高，达到了1.690。说明这些行业的技术和管理水平相对较高。此外，有28个行业的纯技术效率值低于0.5，占比80%，说明中国的工业行业大多还处于粗放型的发展模式，缺乏"软实力"带来的价值增值。煤炭开采和洗选业的纯技术效率值最低，为0.118，还需要大力提高科技水平，促进投入的合理利用。

从规模效率来看，所有行业的规模效率值都低于1，但有25个行业的规模效率大于0.7，占总数的71%，说明各行业规模效率相对较高。整体来看，各工业行业的技术和管理水平比较低，规模水平相对较高，有可能是各行业在盲目增加投入和扩大规模，而并非通过提高技术水平来提高效率，因此能源—经济—碳排放综合效率无法得到大幅度的提升。

③绿色经济发展评价。

根据本书构建的绿色经济发展评价理论框架，绿色经济发展是基于经济增长—环境保护—资源可持续的发展模式，且本书采用化石能源采储比指标作为评价化石能源可持续性的指标，而一个经济体内部，化石能源的采储比对于各行业来说是相同的，即各行业所面临的化石能源的可持续性条件是一致的，因此，在进行同一经济体内部各行业的绿色经济发展评价时，本书采用化石能源—经济—碳排放综合效率指标作为评价的依据。鉴于各工业行业投入要素分布的不同，本书根据吴德勋等（2016）对我国资本技术密集型行业与劳动密集型行业划分的结果，对样本工业行业进行分类，结果见表4-15。

表4-15 2015年样本工业行业分类及各行业能源—经济—碳排放综合效率值

序号	资本密集型行业	能源—经济—碳排放综合效率	纯技术效率	规模效率	序号	劳动密集型行业	能源—经济—碳排放综合效率	纯技术效率	规模效率
C1	煤炭开采和洗选业	0.16	0.25	0.62	L1	有色金属矿采选业	0.17	0.20	0.81
C2	石油和天然气开采业	0.18	0.25	0.71	L2	非金属矿采选业	0.14	0.17	0.81
C3	黑色金属矿采选业	0.28	0.37	0.75	L3	农副食品加工业	0.28	0.55	0.51
C4	饮料制造业	0.29	0.42	0.70	L4	食品制造业	0.23	0.38	0.61
C5	烟草制品业	1.20	2.48	0.49	L5	纺织业	0.23	0.40	0.59
C6	造纸及纸制品业	0.20	0.37	0.54	L6	纺织服装、鞋、帽制造业	0.44	0.49	0.89
C7	印刷业和记录媒介的复制	0.33	0.34	0.96	L7	皮革、毛皮、羽绒及其制品业	0.42	0.46	0.91
C8	石油加工、炼焦及核燃料加工业	0.43	1.02	0.42	L8	木材加工及木、竹、藤、棕、草制品业	0.21	0.34	0.62
C9	化学原料及化学制品制造业	0.29	0.82	0.35	L9	家具制造业	0.37	0.38	0.99
C10	医药制造业	0.27	0.48	0.55	L10	文教体育用品制造业	0.25	0.31	0.81
C11	化学纤维制造业	0.33	0.42	0.79	L11	橡胶和塑料制品业	0.27	0.42	0.65
C12	黑色金属冶炼及压延加工业	0.40	1.06	0.38	L12	非金属矿物制品业	0.17	0.42	0.40

续表

序号	资本密集型行业	能源—经济—碳排放综合效率	纯技术效率	规模效率	序号	劳动密集型行业	能源—经济—碳排放综合效率	纯技术效率	规模效率
C13	有色金属冶炼及压延加工业	0.37	1.03	0.36	L13	金属制品业	0.23	0.47	0.49
C14	通用设备制造业	0.29	0.52	0.56					
C15	专用设备制造业	0.37	0.53	0.71					
C16	交通运输设备制造业	0.51	1.00	0.51					
C17	电气机械及器材制造业	0.54	0.70	0.77					
C18	通信设备、计算机及其他电子设备制造业	0.81	1.11	0.73					
C19	仪器仪表及文化、办公用机械制造业	0.58	0.60	0.97					
C20	电力、热力生产和供应业	0.28	0.82	0.34					
C21	燃气生产和供应业	0.29	0.40	0.72					
C22	水的生产和供应业	0.05	0.13	0.43					
	平均值	0.38	0.69	0.61		平均值	0.26	0.38	0.70

从表 4-15 中可以看出，2015 年各工业行业中资本密集型行业的效率均值为 0.38，总体高于劳动力密集型行业，这是由于资本密集型行业的机械化程度较高，技术水平相对较高引起的（资本密集型行业的纯技术效率均值为 0.69，而劳动力密集行业的纯技术效率均值为 0.38）。在 2015 年 35 个样本工业行业中实现了 DEA 有效的只有烟草制品业，其 DEA 有效依靠的是超高的纯技术效率，也就是说该行业的生产技术和管理水平相较于其他企业是非常高的。而其余的 34 个工业行业均未达到资源的有效配置实现合意产出的最大化与碳排放的最小化。在图 4-5 中可以看出，超过各类型行业效率均值的行业

第 4 章 能源—绿色经济评价模型的构建及作用机理分析

是少数,大部分的行业目前都处于效率极低的状况,这是阻碍我国整体经济绿色有效发展的重要因素之一。

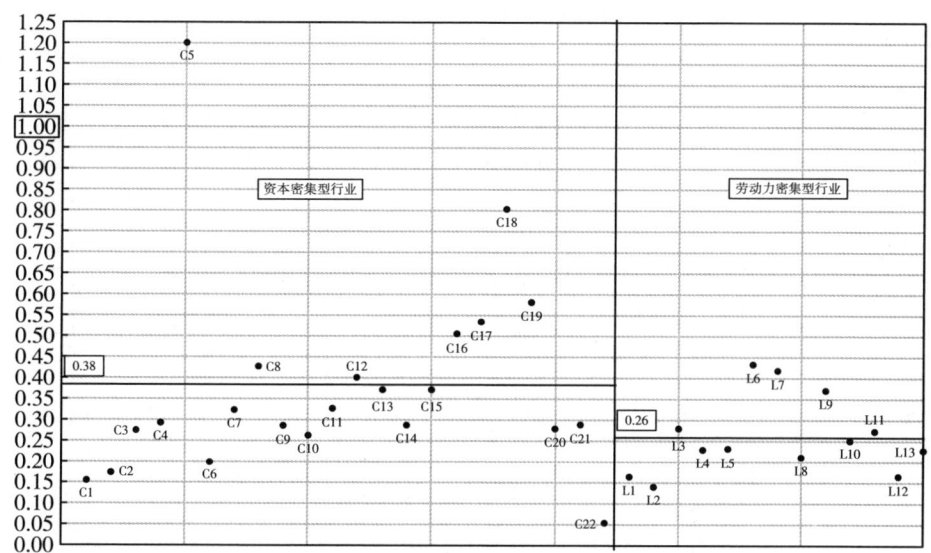

图 4-5 2000~2015 年国内工业分行业绿色发展程度划分图

④投影分析。

从投入的角度来看,资本存量、化石能源消费量、就业人口改进比例分别达到了 -55.79%、-67.83%、-55.65%,且各行业的改进比例都为负值(表 4-16),说明工业各行业都存在大量的投入冗余。其中,通信设备、计算机及其他电子设备制造业的投入改进比例分别为 -5.22%、-0.23%、-6.80%,改进幅度相对小于其他行业,说明此行业的资源利用相对合理。烟草制品业就业人口的改进比例为 0.71%,不存在投入冗余,还可以在原始投入的水平上再增加一定比例的投入。从纯技术效率水平可以看出,烟草制品业的纯技术效率水平为 1.101。表明技术水平的提高,促进了烟草制品行业效率的提高,这从一定程度上减少了资源的浪费。水的生产和供应业的投入改进比例分别为 -94.24%、-94.36%、-89.35%,说明投入存在非常大的资源浪费,因此效率值偏低。整体来看,所有行业的化石能源资源投入都存在冗余浪费的情况,且冗余的比例较高,因此,各行业都需要促进化石能源投入的合理利用。

表4-16　2000~2015年国内工业分行业投入与产出改进比例　　（单位:%）

行业	资本存量	化石能源消费量/吨煤当量	就业人口	工业总产值	化石能源二氧化碳排放量/吨
煤炭开采和洗选业	-75.74	-90.85	-84.76	75.20	-90.85
石油和天然气开采业	-88.65	-94.37	-75.80	72.48	-94.37
黑色金属矿采选业	-62.68	-89.54	-69.15	60.34	-89.54
有色金属矿采选业	-76.93	-88.37	-74.71	72.28	-88.37
非金属矿采选业	-75.33	-90.42	-74.79	71.31	-90.42
农副食品加工业	-47.94	-70.60	-56.87	44.60	-70.60
食品制造业	-57.14	-70.26	-58.53	49.95	-70.26
饮料制造业	-44.02	-69.83	-47.16	33.72	-69.83
烟草制品业	-10.95	-24.23	0.71	-46.35	-24.23
纺织业	-55.65	-80.39	-67.02	54.98	-80.39
纺织服装、鞋、帽制造业	-44.03	-40.74	-66.03	30.42	-40.74
皮革、毛皮、羽绒及其制品业	-34.50	-44.67	-75.41	30.01	-44.67
木材加工及木、竹、藤、棕、草制品业	-57.40	-69.05	-60.20	53.52	-69.05
家具制造业	-65.12	-41.12	-63.65	34.16	-41.12
造纸及纸制品业	-59.33	-88.60	-60.85	55.47	-88.60
印刷业和记录媒介的复制	-62.28	-56.02	-62.40	44.69	-56.02
文教体育用品制造业	-49.43	-40.56	-73.31	27.62	-40.56
石油加工、炼焦及核燃料加工业	-62.42	-96.10	-38.49	32.49	-96.10
化学原料及化学制品制造业	-58.64	-94.51	-53.65	50.25	-94.51
医药制造业	-49.68	-59.49	-47.07	35.26	-59.49
化学纤维制造业	-47.44	-85.92	-33.15	34.23	-85.92
橡胶和塑料制品业	-40.17	-74.12	-58.95	33.65	-74.12
非金属矿物制品业	-65.24	-95.23	-68.01	62.92	-95.23
黑色金属冶炼及压延加工业	-40.19	-96.87	-44.51	33.05	-96.87
有色金属冶炼及压延加工业	-48.37	-92.49	-43.11	40.56	-92.49
金属制品业	-53.66	-66.42	-54.94	46.05	-66.42
通用设备制造业	-58.44	-60.16	-58.76	46.67	-60.16
专用设备制造业	-64.58	-52.86	-57.11	40.13	-52.86
交通运输设备制造业	-17.14	-26.74	-32.55	-8.47	-26.74
电气机械及器材制造业	-44.81	-36.42	-45.64	26.57	-36.42

续表

行业	资本存量	化石能源消费量/吨煤当量	就业人口	工业总产值	化石能源二氧化碳排放量/吨
通信设备、计算机及其他电子设备制造业	-5.22	-0.23	-6.80	-30.72	-0.23
仪器仪表及文化、办公用机械制造业	-70.30	-24.84	-44.30	1.14	-24.84
电力、热力生产和供应业	-81.35	-86.87	-47.47	39.57	-86.87
燃气生产和供应业	-83.63	-80.74	-54.08	47.19	-80.74
水的生产和供应业	-94.24	-94.36	-89.35	87.30	-94.36
平均值	-55.79	-67.83	-55.65	39.49	-67.83

从产出的角度来看，通信设备、计算机及其他电子设备制造业，交通运输设备制造业，烟草制品业的工业总产值改进比例分别为-30.72%、-8.47%、-46.35%，说明这三个行业目前的产出超出目标产出的水平，在一定程度上实现了资源的优化配置。其余行业都出现了产出不足的情况（表4-16）。从各工业行业改进的平均值（39.49%）也可以看出，产出不足程度相对比较高，整体的产出水平比较低。水的生产和供应业的工业总产值改进比例达到了87.30%，产出水平较低，需要进一步优化资源配置。

从非期望产出的角度来看，所有行业的化石能源二氧化碳排放量改进幅度的平均值为-67.83%，需要改进的幅度都比较大，说明各行业的资源浪费和污染程度比较严重。通信设备、计算机及其他电子设备制造业的改进比例相对较低，为-0.23%。说明此行业的能源利用率相对较高，资源利用相对比较合理。其余行业则需要进一步提高资源利用率和技术水平，减少非期望产出，提高能源利用效率，降低碳排放强度，有利于保护环境促进绿色经济发展。

4.2 能源对绿色经济发展的影响分析

能源消费与经济增长之间是既相辅相成，又相互制约的关系，能源消费促进了经济的增长，经济的增长又不断提升能源开发和利用的技术水平，并为大规模的能源开发提供物质基础,同时能源资源的短缺以及能源消费过程中产生的废气、废渣对环境造成了严重污染,抵消了经济增长的效益。

在现代社会,能源是一国经济发展的命脉。人类社会对经济增长的需求很大程度地反映在其对能源的需求上。能源对经济增长的重要意义,表现在其能够为所有机器化生产活动提供不可或缺的动力,通过为所有行业的正常运行提供保证,从而支撑了国民经济的增长。能源对经济的支撑作用在能源供应充足时表现得并不明显,然而一旦能源供应滞后,各个行业便会因为动力不足而陷入发展停滞状态,因此,在工业化社会,能源供应已经成为经济增长的重要的制约因素之一。由此可见,能源问题与经济、社会、国家乃至人类文明等都有着非常紧密的关系,能源可以推动或制约一国的经济增长。

(1) 能源对经济发展的推动作用。

能源的开发与利用始终贯穿于人类文明发展的历史,尤其到了工业化时代,人类对能源利用技术的突破更是极大地推动了人类社会的经济增长。在18世纪之前,人类对能源的利用大部分是为了满足生活需要,但瓦特的蒸汽机发明促进了能源在生产领域的大量使用。由于煤炭相比柴薪具有更高效的能量,且更便于运输,煤炭在蒸汽机中大量使用,极大地提高了人类的劳动生产率,并由此开始引发资本主义的产业革命,极大地促进了人类文明的发展。而随着19世纪中叶石油资源的发展,人类对能源的利用进入了又一个全新的时代。人类社会的这场由柴草到煤炭再到石油的能源消费结构转变,极大地促进了世界经济的繁荣与发展。随着天然气及石油资源的不断开发利用,这两种能源有着比煤炭更高的热值,能够为生产提供比煤炭更高效的能量输出,且可以通过管道更加便捷地运输到各地。世界上的工业化国家通过对石油和天然气的利用在短短的几十年时间创造出了人类历史上前所未有的物质文明和精神文明。尤其是19世纪末电气化的普及,蒸汽机被电动机取代,油灯和蜡烛被电灯取代,社会生产力更是大幅增长,人类社会的面貌焕然一新。自从人类社会进入化石能源的时代后,机器代替人力进行生产,劳动生产效率进一步大幅提升,社会经济效益增长明显。

(2) 能源对经济规模的提升作用。

在经济增长的理论回顾中我们可以看出,劳动、资本、技术以及资源等要素的投入是经济增长的前提条件,而要素顺利转化为产出,需要通过能源的消费提供动力支持。能源的供应很大程度上制约着人类生产活动的规模和水平。换句话说,在经济增长的过程中,即便是具备了其他所用的要素,如果没有能源为其提供动力支持,也基本上不能发挥其实际作用。能源对经济的支撑作用在能源供应充足时表现得并不明显,然而一旦能源供应滞后,其对经济增长的约束作用比其他任何要素都表现得更加强烈和明显。1973年的世界石油危机便是一个很好的例证,美国由能源短缺导致的GNP减少达到了930亿美元,而据有关研究结果来看,能源短缺对一个国家GDP的损失,大致为能源短缺量价值的20~60倍[①]。

(3) 能源对技术进步的推动作用。

由前文的分析可以看出,每一次改变人类文明的重要技术发明实质上是人类对能源利用方式的转变。蒸汽机的发明是人类对煤炭利用方式的重大转变,电动机的使用过程的背后是人类首先将热能转化为电能的过程,交通工具的演变背后也与人类对煤炭、石油、电力的利用直接相关。同时,由于各个国家、地区能源资源禀赋的不同,经济发展在一定程度上受到本地能源资源的限制,这促进了不同国家、地区对于能源开发利用效率提高的新技术、新设备和新工艺的研发,因此能源在开发利用过程中也不断推动着人类技术水平的提升。煤炭化工、石油化工等以矿石能源为原材料的能源工业的崛起,也带动了与之密切相关的一批新兴产业的兴起,为传统工业的技术进步以及生产规模扩大提供了充足的动力支持。此外,在经济不断发展、人们对环境质量诉求的提升,以及经济全球化的背景下,能源在生产和使用过程中所产生的环境、大气污染越来越受到重视,促使人们进行研发投入对污染物排放的处理、生产工艺的改进提升、生产设备的升级换代,以及新清洁能源的开发利用,从而实现了对技术进步的推动。

(4) 能源对人民生活水平的推动作用。

能源是人类生活不可或缺的物质基础,人类生活水平越高,其对能源的需求和依赖也就越高。自从人类学会利用火以后,能源就和人类生活紧密联

---

① 吴明明:"中国能源消费与经济增长关系研究",华中科技大学2011年论文。

系。人类生活与能源的联系表现在以下两个方面：一是能源为人类日常生活提供热量支持。人类在日常生活中要依靠能源生火做饭、取暖，现代社会中人类依赖的交通工具需要能源提供动力支持。能源从柴薪到化石能源，再到新清洁能源的使用，逐渐改变人们的生活方式，并将不断改善人们的生活环境。二是能源促进了工业文明的发展，为人类生活水平的进一步提高提供了更加丰富的物质和精神产品。

（5）能源对绿色经济发展的负面影响。

在能源资源的开发和利用过程中，会产生大量的废气、废水以及固体废弃物。废气的大量排放严重污染了大气环境，如温室效应、臭氧层破坏、酸沉降和雾霾等。废水和固体废弃物又会对地球的水循环系统和土壤造成严重污染。总之，能源的大量开发利用，一方面推动了经济的高速发展，另一方面其产生的污染，又部分地抵消了经济发展的成果，人类在享受经济增长带来的物质文明的同时，不得不付出巨大代价来治理环境污染以及承担由环境污染引发的自然灾害所带来的严重后果，这就是能源消费所产生的负外部性，这与经济社会发展的目标相悖，损害了经济的绿色发展，需要采取有效的手段进行管理与控制。

4.3 能源价格影响绿色经济发展的路径分析

本书以能源—经济—碳排放综合效率来衡量绿色经济发展程度，基于以上实证验证，能源价格能够作用于绿色经济发展，但能源价格的变动对宏观经济层面能源—经济—碳排放综合效率的影响具有间接性的特点，其通过引导产业结构调整、改变能源消费结构、促进节能减排技术发展以及激发要素间的替代效应而间接影响能源—经济—碳排放综合效率（图4-6）。

（1）能源价格引导产业结构调整。

其作用机理为：由于不同产业类型之间存在着较为显著的能源效率差异，工业产业尤其是是重化工业行业，属于典型的能源密集型行业（Ramirez et al.，2005），其在经济结构中的比例越大，能源要素的投入量就越大，能源生

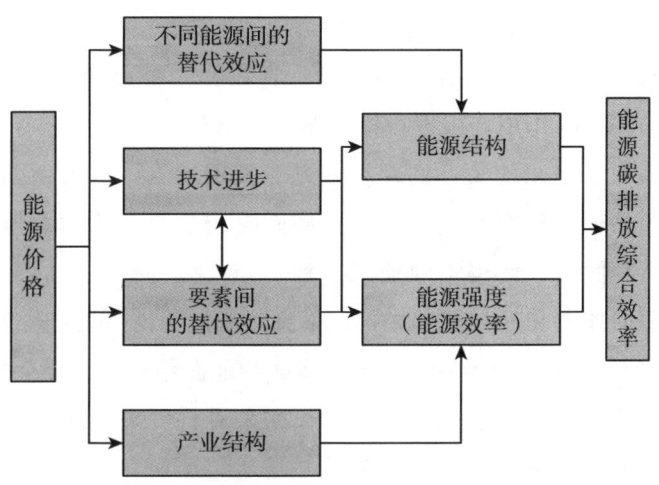

图 4-6　能源价格对绿色经济发展的作用路径

产及耗用所产生的碳排放就越多，导致能源—经济—碳排放综合效率就越低；而第三产业尤其是现代服务业对能源的依赖性则小得多，其发展过程的能源强度非常低，由此带来的污染减少能够在整体上提升经济发展的绿色性。能源价格的长期偏低将导致高耗能行业中本应被淘汰的落后产能仍然有利可图，这将在一定程度上阻碍产业的转型与升级，从而形成对粗放型发展模式的锁定效应。

（2）能源价格提升能够促进节能减排技术的开发和应用，同时激发能源与其他生产要素之间的替代效应。

其作用路径为：在竞争性市场条件下的相同行业中，能源价格的高低将在一定程度上决定企业生产技术的选择，相对于资本与劳动力而言，较高的能源价格将驱使生产者倾向于选择开发和使用能源节约型生产技术。在技术节能化改进的过程中，一方面体现的是资本要素对能源的替代，例如，增加技术研发的投入，开发更加节能的生产技术和工艺，购买更加先进的机器设备提高生产中能量的转化效率以减少能耗等；另一方面，也可以体现为劳动力投入对能源的替代，例如，雇用更多的工人而减少机器设备的使用率等。因此，基于能源价格提高所引起的节能减排技术进步最终将使能源—经济—碳排放综合效率提高（Birol and Keppler，2000）。

（3）能源价格改变将引起能源消费结构的变化。

其作用路径为：不同能源价格波动，将改变能源品种之间的比价关系，从而起到引导消费的作用。根据价格机制的调节作用，在一个有效的市场中，随着各能源品种之间比价关系的动态变化，长期来看，将促使消费者选择更加经济的能源品种和相应的生产技术，从而改变能源消费的总体结构向比价偏低的能源品种倾斜，使得不同能源品种之间产生替代效应，同时对新能源替代常规能源的速度和种类产生影响，最终降低能源消耗所产生的碳排放。

（4）能源价格的改变将通过技术进步影响能源结构与能源效率。

比如，能源价格一定程度地提高，长期来看将促进经济运行过程中能源节约技术和新能源开发利用技术的研发与进步，从而对现阶段常规能源的消费（生产）比例产生影响，或者是提升未来新能源的消耗（生产）占比。与此同时，技术的进步还将提高能源使用效率，使得相同的能耗下产生更多的经济效益，从而降低单位经济增长的能源消耗强度，提高绿色经济发展的效率。

综上，能源价格与以能源碳排放综合效率为代表的绿色经济发展之间存在着间接的作用关系，具体的两条作用路径通过能源的替代效应、要素的替代效应、产业结构的调整以及技术进步四个要素连接，要素之间也存在相互作用的关系，其通过价格杠杆的作用机制对绿色经济发展产生一定程度的影响。

4.4 本章小结

能源消费对绿色经济发展的影响，具体表现为随着不同能源的大量利用，能源消费对生产发展起到了推动作用。同时随着人们对能源利用能力的提升，能源消费对经济规模的提升起到了较大的推动作用，也对生产技术尤其是工业生产技术的进步起到了推动作用，还对人们的生活水平提高产生了积极作用。然而，能源消费所产生的污染是其重要的负外部性，也是威胁绿色经济发展的重要因素。

由于绿色经济发展的内涵十分丰富，包括了经济、社会，甚至政治、文化的方方面面，为了分析能源价格与绿色经济发展之间的作用机理，本书先从化石能源的视角出发，构建了一个绿色经济发展评价模型，以 DEA 方法计算得到的化石能源碳排放经济效率代表能源—经济—环境协同发展的评价指标，同时联合以化石能源加权采储比为代表的化石能源资源可持续性指标，构建了一个二维评价体系，将体系中处于不同位置的经济体进行划分，区分出强绿色经济发展、弱绿色经济发展和非绿色经济发展三种主要的发展模式，为有针对性地分析不同发展模式下能源价格对绿色经济发展的影响打下了基础。同时，通过分析发现中国目前绿色经济发展水平非常低，工业行业的绿色经济发展水平也基本处于非常低的水平，绿色经济发展的程度亟待提高。

基于本章实证部分的验证，进一步确认了现阶段我国能源价格能够对绿色经济发展起到调节杠杆的作用。4.2 节对两者之间的作用机制到底是如何发挥作用的进行了分析，发现能源价格与以能源碳排放综合效率为代表的绿色经济发展之间存在着间接的作用关系，具体的两条作用路径通过能源的替代效应、要素的替代效应、产业结构的调整以及技术进步四个要素连接，要素之间也存在相互作用的关系，其通过价格杠杆的作用机制对绿色经济发展产生一定程度的影响。

第5章　国际能源价格嬗变及对绿色经济发展的影响

能源价格影响绿色经济发展，已经在国际上得到广泛验证。本章在分析国际能源供需状况、能源价格走势的基础上，实证检验能源价格机制对绿色经济发展产生的影响。

5.1　国际能源供需状况及变化趋势

根据英国石油公司 2019 年的统计数据，世界主要能源：石油、天然气、煤炭的探明储量仍然可以满足未来几十年人类发展的需求，但是全球能源的可持续发展状况并不乐观。随着能源资源的持续耗用，其剩余的储量正在越来越显著地向主要资源国集中。近年来，非欧佩克成员国的油气生产量不断上升，而欧佩克成员国的产量则较为稳定，这使得欧佩克成员国的总体储量占据了越来越大的比重，从而影响了其他国家对其在国际能源市场中制衡的能力，并且，欧佩克成员国的这种优势地位在未来将会越来越明显。

根据 2019 年《BP 世界能源统计年鉴（2019 年）》提供的数据，全球一次能源消费增长在 2018 年为 2.9%，相对于 2017 年 2.2% 增长高出了 0.7 个百分点，是 2010 年以来的最快增长。从图 5-1 可以看到，能源消费的基本结构没有发生本质性的改变，仍然是以化石能源为主。但值得注意的是，天然气消费近年来增长速度很快，2018 年的消费增长更是超过了 5%，直接推动了全球能源消费量的上升。与此同时，2018 年全球碳排放增长速度达到 2%，创下了 2012 年以来的碳排放增速新高，能源消费所带来的环境挑战也十分严峻。

第 5 章　国际能源价格嬗变及对绿色经济发展的影响

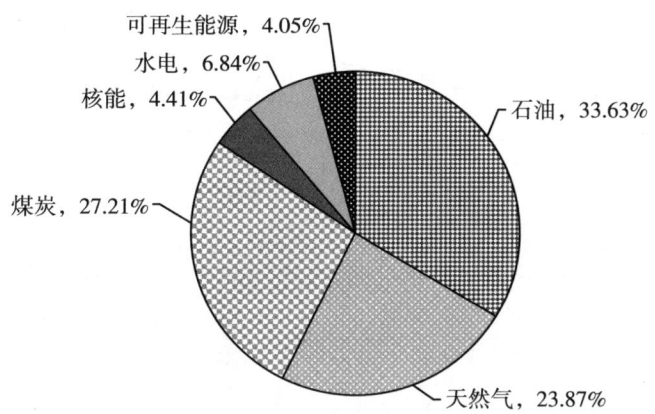

图 5-1　2018 年全球一次能源消费量分布

资料来源：BPstats：《BP 世界能源统计年鉴（2019）》。

从图 5-2 可以看出，2008~2018 年除了亚太地区能源的消费量呈现持续上升的趋势外，世界其他地区的能源消费量均趋于稳定，同时，2018 年亚太地区的年能源消费总量占到世界消费总量的 43.17%，是能源消费量最大的区域，并且呈现不断增长的趋势。其中，由于近年来经济的快速发展，以孟加拉国、印度、菲律宾、巴基斯坦、越南的能源消费增幅居前，均超过了年 5% 的增幅，而能源消费量最大的国家仍然是中国。世界能源消费量前两位的国家是中国和美国，2018 年一次能源的消费量分别占到了世界总量的 23.61% 和 16.59%，合计占比超 40%。两国尤其是中国，所负世界能源消费减排的责任是重大的，这也客观上要求中国进一步提升绿色经济发展的水平。根据世界银行网站的统计数据，1995~2014 年十年间世界平均单位 GDP 能耗是持续增加的，从这个角度来看，世界经济的发展对能源的依赖仍然在不断增加，绿色经济发展的压力较高。与此同时，根据 BP 能源 2008~2018 年的统计数据，随着亚太地区国家经济的高速发展，消耗能源量的 2008~2018 年十年平均增幅达到 3.2%，中东地区为 3.8%，中南美地区为 1.8%，非洲为 2.7%，均大幅超过了全球同时期的平均增幅 1.5%，北美与欧洲及欧亚地区能源 2008~2018 年十年平均消费表现为下降，降幅分别为 0.2% 和 0.6%，一定程度上体现了发展中国家所面临的节能减排与经济发展互相矛盾的严峻形势，也说明了这些地区的绿色经济发展水平是较低的。

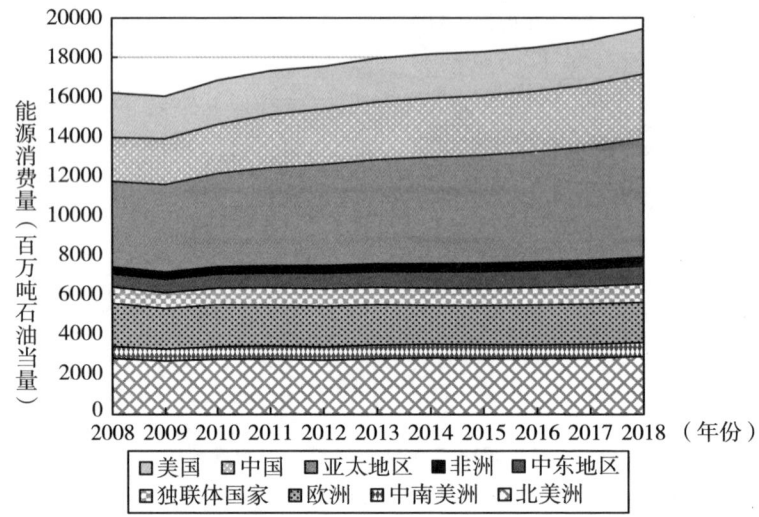

图 5 – 2　2008 ~ 2018 年世界分地区一次能源消费量变化趋势图

资料来源：BPstats：《BP 世界能源统计年鉴 (2019)》。

5.1.1　世界石油的供求与变化趋势

世界石油资源供需分布失衡，石油在世界能源结构中还将延续主体能源地位，国际油价的金融和经济属性日益增强。

(1) 世界石油资源储量充足。

根据 2019 年 BP 能源发布的统计数据，截至 2018 年末，全球探明的常规石油储量为 17297 亿桶，探明储量居世界前十位的国家见表 5 – 1。随着勘探技术的进步，相比 2017 年世界石油探明储量总体增加了 22 亿桶，足以满足全球约 50 年的生产需求。欧佩克国家继续占据全球探明储量的最大份额 71.8%。从区域分布上看，南美和中美洲具有最高的储采比 (136 年)，远远高于世界平均储采比 50 年。中东地区仍然是世界上常规石油储量最高的区域，占到总储量的 48.3%，也是最主要的石油输出地区，2018 年的石油生产量占到了全世界的 33.5%，在全球石油供应中的主导地位也决定了沙特对石油价格拥有较强的话语权。

表 5-1　　　　　2018 年底世界石油探明储量排名前十的国家

排名	国家	探明储量/10 亿吨	占世界总量（%）	储采比（年）
1	委内瑞拉	303.3	17.53	*超过 500 年
2	沙特阿拉伯	297.7	17.21	66.4
3	加拿大	167.8	9.70	88.3
4	伊朗	155.6	9.00	90.4
5	伊拉克	147.2	8.51	87.4
6	俄罗斯	106.2	6.14	25.4
7	科威特	101.5	5.87	91.2
8	阿联酋	97.8	5.65	68.0
9	美国	61.2	3.54	11.0
10	利比亚	48.4	2.80	131.3
	合计	1486.7	85.95	

资料来源：BPstats：《BP 世界能源统计年鉴（2019）》。

此外，随着技术的发展进步，对非常规石油资源的利用量也不断提高。据预测，全球致密油、重油、天然沥青、油页岩油资源量超过 4000 亿吨，其中重油可采资源量超过千亿吨，南美和中东区域储量最高；天然沥青（或称油砂）可采资源量同样超过千亿吨，加拿大的储量最高；致密油可采资源量接近 500 亿吨，美国、俄罗斯和亚太地区是主要的储藏地；页岩油可采资源量超过 1500 亿吨，美国、俄罗斯和中国是最主要的分布国家[①]。这在一定程度上将对未来世界石油资源的布局和制衡关系产生影响，非石油资源大国可以利用这一资源优势增加自己在国际石油市场的话语权。

（2）世界石油供求结构悄然变化。

近年来，世界石油的供给较为充足，绝大多数产油国每年均持续提高石油的生产供应量。根据英国石油公司 2019 年的统计数据，全球石油生产供应持续增加，2018 年世界石油生产增幅为 2.4%（增加量为 221.6 万桶/日），继续超过石油消费的增长。其中北美地区的产量增长最快，增幅达到 12.1%。

---

① 邹才能、翟光明、张光亚、王红军、张国生、李建忠、王兆明、温志新、马锋、梁英波、杨智、李欣、梁坤：“全球常规-非常规油气形成分布、资源潜力及趋势预测”，《石油勘探与开发》，2015 年第 1 期。

OPEC 不断缩减石油生产的增长量，2007~2017 年间产量的平均增速只有 0.9%，2018 年更是出现了 0.8% 的负增长。与此同时，美国则不断加大石油的生产供应量，2007~2017 年间产量的平均增幅为 6.7%，2018 年则达到 16.6% 的高速增长，供应了当年全球 16.2% 的石油，持续成为世界上最大的石油生产国。委内瑞拉作为全球石油探明储量做多的国家，2007~2017 的近十年间一直采取减产的策略，2018 年减产高达 27.8%，此外，伊朗减产 6.1%，也是石油资源大国中减幅较大的国家之一。全球石油生产供应的格局正在悄然从 OPEC 一家独大，转变为美国与 OPEC 的二元制衡结构。

根据英国石油公司 2019 年的统计分析，由于受到 2016 年 "OPEC+" 协议的延续影响，OPEC 2018 年继续实施减产策略，同时还受到委内瑞拉石油产量大幅缩减的影响，"OPEC+" 减产策略或将进一步持续，使得目前的全球石油产量水平低于目标水平，因此未来有可能迅速增长，如图 5-3 所示，2018 年美国继续大幅增产，并保持全球最大的产油国地位，同时美国与伊朗等 OPEC 国家之间的政治关系仍然对国际油市的供应格局产生着重要的影响，美国不断提升自己在国际油市的话语权，然而 OPEC 国家也通过成员国之间的产量调整维护着自己在国际油市的地位。2018 年中国虽然是世界前十大产油国之一，但仍

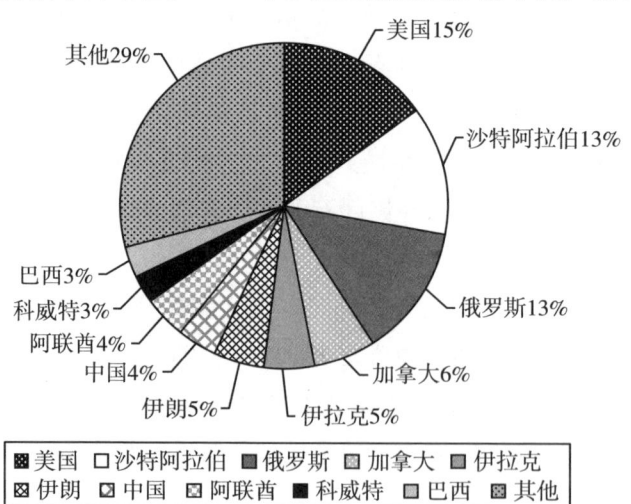

图 5-3 2018 年世界前十大产油国产油量占比

资料来源：BPstats：《BP 世界能源统计年鉴（2019）》。

第 5 章　国际能源价格嬗变及对绿色经济发展的影响

然也是石油进口的大国,国内油价受到国际油市供给波动的影响非常大。

此外,独联体国家与北美地区总体呈现石油消费的正增长,而其他区域均是基本持平的零增长甚至负增长状况,作为消费占比最高的一次能源,石油的消费变化也在一定程度上反映了全球各个区域经济 2018 年的增长形势。

根据 2019 年 BP 能源统计公布的数据,2018 年全球石油的消费总量日增加量为 143.7 万桶,增幅为 1.5%,超过 2007~2017 年十年来 1.2% 的平均增幅水平。亚太地区的石油消费增幅最大,2018 年为 3%,2007~2017 年十年的增幅也是最高的,为 2.9%,主要源于以中国为首的,包括印度、越南等国在内的新兴经济体经济高速增长。从图 5-4 可以看出,2018 年前十大石油消费国家的消费总量占到了当年全球石油消费总量的 60.7%,石油消费需求非常集中,美国既是产油大国也是石油消费需求最大的国家,消费量增幅为 6.3%[增加量为 77 万桶/日（b/d）],再次成为石油消费量最大的国家,中国再次成为全球石油消费总量仅次于美国的第二大石油消费国,也是 2018 年消费量增加最多的国家,这两个国家的消费量就达到了总量的 36%。同时印度 2018 年的石油消费量增幅为 5.9%,继续保持世界第三大石油消费国的地位。而在其他国家和地区则呈现出,世界石油的主要产油供应国并非主要的

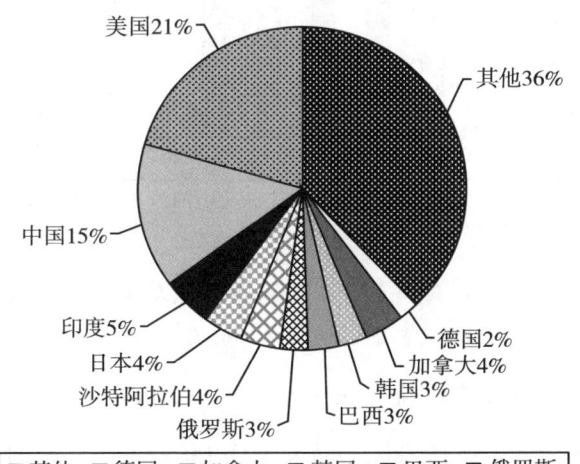

图 5-4　2018 年世界前十大石油消费国消费量占比

资料来源:BPstats:《BP 世界能源统计年鉴（2019）》。

消费需求国,主要石油生产国的消费需求却一直保持较低的增长,产油国与消费国的错位使得国际石油市场存在着明显的制衡关系,这也是影响石油价格重要因素之一。

从图5-5和图5-6中可以看到除了2009年受到金融危机的影响出现短暂的下行之外,2006~2015年世界石油的生产供应量与消费量均呈现逐年增长的趋势。然而,从每年的增幅上看,生产供应量的增幅相较于消费的增幅增长得更快(从增长率趋势线表现出的不同斜率可以看出),同时产量的变化波动性更强,反映出石油供求关系的不平衡,尤其是石油供应,由于受到经济、政治等多种复杂因素的影响,表现出其不稳定的特性,供应的增长长期与消费的增长不同步,不利于国际石油价格的稳定。

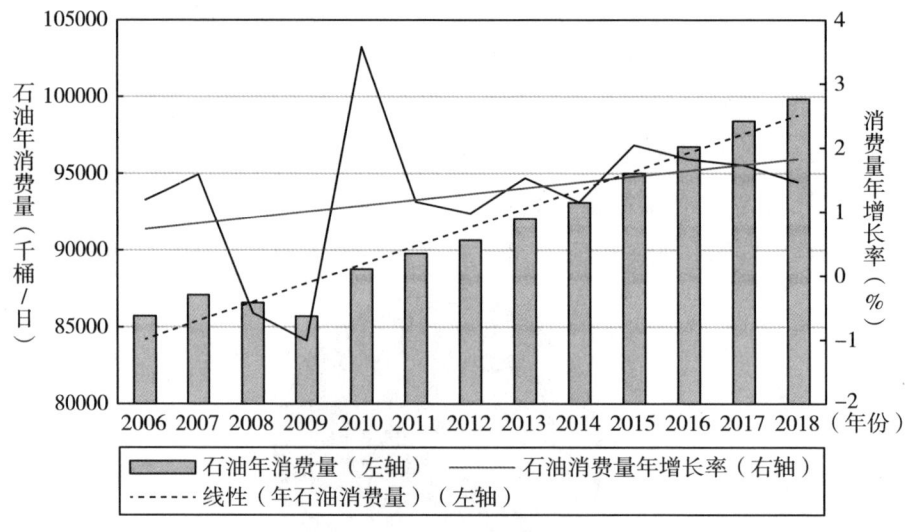

图5-5　2006~2018年世界石油年消费量及其增长率变化趋势

资料来源:BPstats;《BP世界能源统计年鉴(2016-2019)》。

近年来,石油市场持续供大于求,但由于OPEC为了保住油价,在2016年达成了8年来的首份减产协议,以及非OPEC产油国的共同减产,市场上的供应过剩的情况逐渐改善,油价走势呈现止跌回升的状态,但油价是否会持续回升,还将同时取决于最大产油国美国的生产供给量。

近年来,美国页岩油的生产和使用的高效性成为世界石油市场的主导驱动力,

第 5 章　国际能源价格嬗变及对绿色经济发展的影响

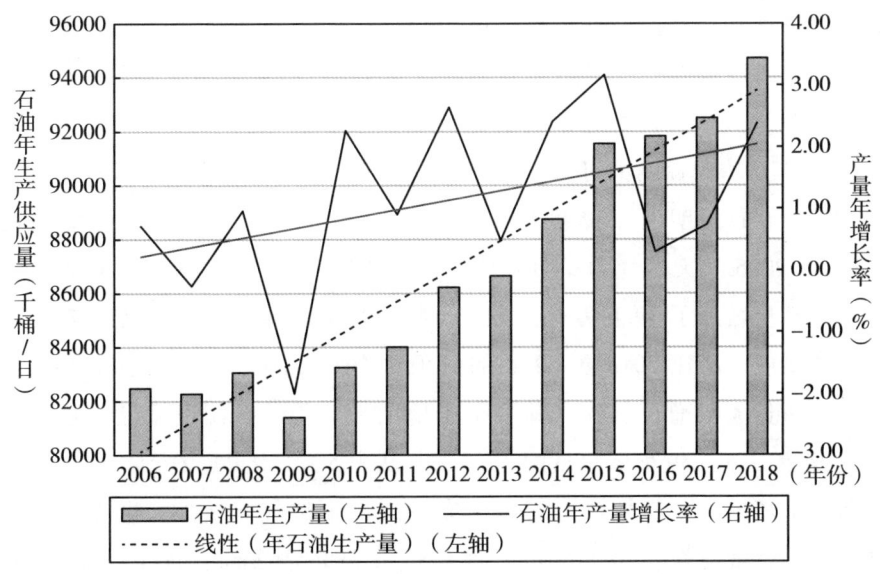

图 5-6　2006~2018 年世界石油年生产供应及其增长率变化趋势

资料来源：BPstats：《BP 世界能源统计年鉴（2016-2019）》。

市场从由沙特所占领开始向由美国和沙特两方共同占领的形势发展。美国和沙特之间所展开的竞争会给以后的页岩油市场发展带来较大的冲击力。相关信息表明①，随着科技水平提高和石油领域的服务产值降低，美国页岩油的开采效率也得到了大幅提升，每桶原油的单位开采成本已经被降低到了 30 美元甚至更低的水平，美国油价降到每桶 30~40 美元。在 OPEC 协议取得一致意见的背景下，在短时间内油价会保持相对稳定，更多的页岩油生产商会进一步对其展开生产②。

5.1.2　世界天然气的供求与变化趋势

天然气燃烧的产物不会产生小颗粒物和二氧化硫等物质，因此属于较为清洁的能源产品。世界各国都在积极推进天然气成为主体能源，其勘探、开

---

①　汇金网："石油繁荣推动美国经济高速增长［EB/OL］"，http://www.gold678.com/C/201807311609481700.

②　中国石油新闻中心："在变动中寻求再平衡，2016 年国际油气市场回眸［EB/OL］"，http:.news.cnpc.com.cn/system/2017/01/05/001628735.shtml，2017-01-05.

采和使用进程不断推进,天然气也成为目前仅次于石油消费量的世界第二大一次能源,2018年全球天然气消耗占到了世界23.87%的一次能源消耗[①]。

(1) 世界天然气资源分布较为集中。

2018年全球已探明的可采天然气储量略微增加(增加了约0.8万亿立方米),2018年的探明可采储量为196.9万亿立方米,可采储量的增幅约为0.4%,而2005年天然气的探明可采储量是157.3万亿立方米,在过去的十年中,可采储量增加了39.6万亿立方米。按照目前的开采速度,足以满足50.9年的生产供应,相比2015年52.8的储采比有些下降,主要是由于近年来天然气的使用量大幅增长所致。其中中东地区天然气的探明可采储量最大,为75.5万亿立方米,占全球总量的38.4%。从表5-2中可以看到,除中东地区的伊朗、卡塔尔、土库曼斯坦等国拥有较大的天然气储量外,世界最大的天然气资源国是俄罗斯,2018年其探明储量占到世界总储量的近20%,同时,全球前十大天然气资源国的总探明储量已超全球总量的80%,天然气资源的发布主要集中在中东和俄罗斯地区。

表5-2　　2018年底世界天然气探明可采储量排名前十的国家

排名	国家	探明储量(万亿立方米)	占世界总量比例(%)	储采比(年)
1	俄罗斯	38.9	19.80	58.2
2	伊朗	31.9	16.20	133.3
3	卡塔尔	24.7	12.50	140.7
4	土库曼斯坦	19.5	9.90	316.8
5	美国	11.9	6.00	14.3
6	委内瑞拉	8.2	4.20	46.3
7	中国	6.3	3.20	190.7
8	沙特阿拉伯	6.1	3.10	37.6
9	阿联酋	5.9	3.00	52.6
10	尼日利亚	5.9	3.00	91.8
	合计	159.3	80.90	

资料来源:BPstats:《BP世界能源统计年鉴(2019)》。

① BPstats:《BP世界能源统计年鉴(2019)》,https://www.bp.com/zh_cn/china/reports-and-publications/_bp_2019-html,2019年6月。

此外，随着技术的进步和各国相应政策的出台，全球非常规天然气的勘探和开采成了各国研究和实践的热点。非常规天然气的分布同样十分集中，主要分布于北美、拉美、俄罗斯及亚太地区。俄罗斯是常规及非常规天然气资源都非常丰富的国家。相较于常规天然气资源主要集中于中东不同，根据统计，全致密气主要分布在北美、拉丁美洲和亚太地区；煤层气普遍存在于俄罗斯和北美等地，分布极为集中；页岩气主要分布在北美和亚太地区。因此，非常规天然气的利用将对未来国际天然气市场的供求产生一定的影响，一定程度上会对中东地区在天然气市场的地位产生制衡。

（2）世界天然气的供求现状。

近年来，天然气的供应与消费量增长较快，2018年天然气产销都快速增长，较2017年产量增长了5.3%，消费量也增长了5.3%，均是1988年以来的最快速度[①]。

从区域上看，北美与欧洲及欧亚大陆地区是世界主要的天然气生产供应地，其2018年的天然气生产供应量合计占到了世界总供应量的56%，超过其他区域产气量的总和。其中，美国与俄罗斯近年来一直是世界天然气最大的生产供应国。从图5-7可以看到，全球前十大产气国2018年的总产量超过全球总量的60%，其中美国由于页岩气的技术不断成熟，其天然气的产量遥遥领先，2018年生产了占全球总产量21%的天然气，俄罗斯则生产了12%。全球天然气的供应十分集中。我国与俄罗斯的东线天然气运输管道预计2019年年底建成，我国从俄罗斯进口的天然气量逐年快速增长，若西线项目能够商谈达成协议，则至2024年我国每年将从俄罗斯进口超700亿立方米的天然气[②]，占到2018年我国全年天然气消费量的约1/4。

美国与俄罗斯在天然气的消费量上也同样位列全球前两位，从图5-8可以看到，2018年两个国家的消费量就占到了世界总消费量的33%。从区域上看，消费量较大的地区主要是北美（26.6%）、欧洲与独联体国家（29.4%）和亚太地区（21.4%），2018年三个地区的总消费占比达到77.4%。日本作

---

① 人民日报海外网：" 中俄推进天然气商谈，俄或成中国进口气最大供应国 "，https://baijiahao.baidu.com/s?id=1606575849851518958&wfr=spider&for=pc，2018-07-21。

② 同上。

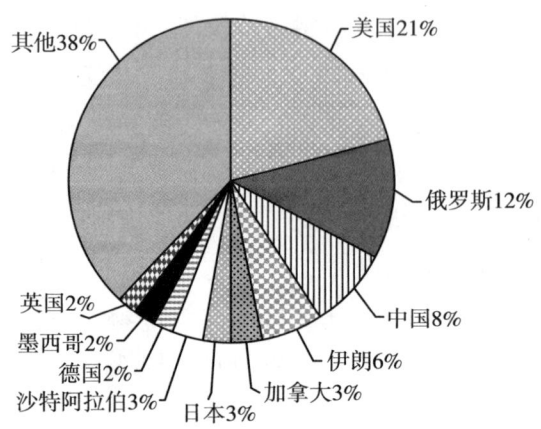

图 5-7 2018 年世界前十大天然气生产国产气量占比

资料来源：BPstats：《BP 世界能源统计年鉴（2019）》。

为没有天然气资源的国家，因为在后福岛时代政府大力推进天然气的使用，虽然天然气全部依靠进口，却仍然达到了近年来每年 1000 亿立方米以上的年消费量，位列世界消费量第六。可以看到，美国和俄罗斯既是天然气的生产大国也是消费大国，这也是美国绿色经济发展程度较高的重要原因之一。

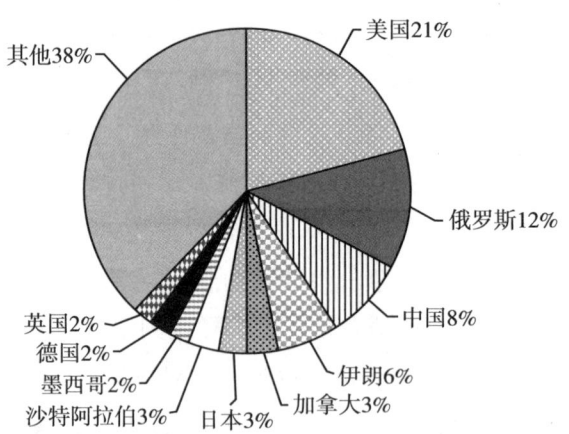

图 5-8 2018 年世界前十大天然气消费国消费量占比

资料来源：BPstats：《BP 世界能源统计年鉴（2019）》。

由于美国大量关停煤电厂，改用天然气发电，加上气候变化导致空调用电的大幅增加，美国天然气消费量 2018 年增加了 780 亿立方米。2018 年中国则增加了430亿立方米的天然气消费量，增速高达18%[①]，主要是由于中国"煤改气"政策的持续推进，以及工业快速增长所致。

可以看出，近年来除2009年天然气消费量下降外，每年的天然气消费均有所增加，但相较于石油的消费，天然气的消费量增幅呈现逐年下降的趋势。2014年全球的天然气消费疲软，2015年消费量的增长率由2006年的3.01%下降为1.71%，但比2014年有了较好的回升势头。2015年全球天然气的需求增长呈现逐渐放缓的态势，然而相对于2014年0.6%的极弱增长，却是大幅上升了，同时仍然低于近十年来的平均增长率水平2.3%。与石油相同，经合组织以外的国家天然气消费增长率（1.9%）低于十年来的平均增长率水平，但其消费量占到全球的53.5%，并且增长率高于经合组织国家1.5%的十年平均增长率水平。在新兴经济体中，2015年伊朗的天然气消费增长了6.2%，中国增长了4.7%，是全球当年消费增幅最大的两个国家。即使中国的天然气消费量增长率低于10%，但十年的平均增长率却高达15.1%。与此同时，俄罗斯是天然气资源最为丰富的国家之一，2015年消费量是世界第二大，但其消费相对于2014年却是下降了5%，抵消了欧盟当年消费量的增长，其次是乌克兰，其消费量下降了22.8%，这是当年全球消费量降幅最大的两个国家。在经合组织国家中，2015年美国的天然气消费量增长幅度最大，达到3%，而欧盟的消费也在2014年大幅下跌后反弹至增加了4.6%。随后，2016～2018年的天然气消费量均不断增长，尤其是2018年，如图5-9所示，天然气的消费量大幅增加。由于天然气清洁环保的特性，以中国为首的国家未来必将进一步推进天然气的使用，导致天然气消费的增长势头在之后的年份中将持续下去。

由于天然气需求增速的放缓趋势，如图5-10所示，全球天然气的生产供应也呈现出增速放缓的相同趋势。2015年全球天然气生产供应量的增长率由2006年的3.59%下降到了2.18%，比消费量的增长率高，但仍是低于近十年的消费增长率平均值2.4%。虽然增幅缩减，2015年产量总体却增加了754

---

① BPstats：《BP世界能源统计年鉴（2019）》，https://www.bp.com/zh_cn/china/reports-and-publications/_bp_2019-html，2019年6月。

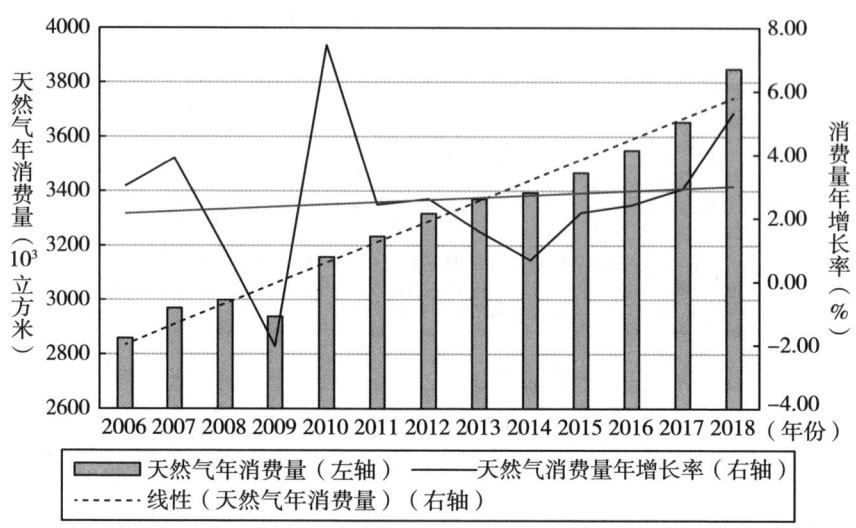

图 5–9　2006~2018 年世界天然气年消费量及其增长率变化趋势

资料来源：BPstats：《BP 世界能源统计年鉴（2019）》。

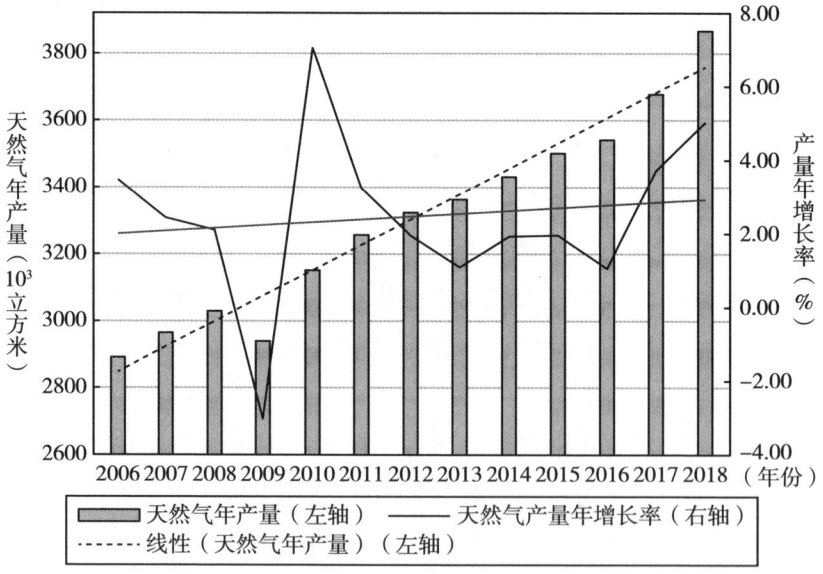

图 5–10　2006~2018 年世界天然气年生产供应量及其增长率变化趋势

资料来源：BPstats：《BP 世界能源统计年鉴（2019）》。

亿立方米，相当于满足德国整年的消费量。其中，美国、伊朗和挪威的生产供应量增幅最大，分别达到了 5.4%、5.7% 和 7.7% 的高增长率。亚太地区的生产供应量增长率（4.1%）高于全球平均水平，也高于拉美地区（0.7%）、非洲（1.8%）、中东（3.1%）和北美地区（3.9%）。而欧盟再次大幅削减天然气的生产供应量，降幅达 8%，其中荷兰的降幅最高，达到 -22.8%。与此同时，俄罗斯削减了 1.5% 的天然气产量，也门则削减了 71.5% 的产量，成为降幅最大的国家[①]。随着天然气近年来的消费量增长趋势不断增强，天然气的年产量也出现了较大幅度的增长，2018 年全球天然气的供应量增长了 5.2%[②]，随着消费量的持续增加，可以预见产量在未来也将继续快速增长。

从非常规天然气对常规天然气的接替角度来看，进入 21 世纪以来，由于科技水平的不断提高，美国页岩气产量也在不断的增加，在 2000～2011 年的这 11 年，其页岩气产量实现了飞跃式的增加。到 2013 年页岩气产量接近 3000 亿立方米，分别相当于我国天然气消费量和生产量的 1.8 倍和 2.5 倍。页岩气的广泛开采进一步增加了美国的天然气储存量，还增加了美国的石油储存量，美国的能源自给自足水平得到了很大的增强（李强等，2014）。2013 年美国一次能源自给率达到了 83.7%。IEA 预测至 2035 年，美国将成为天然气净出口国，石油进口可能降低到 30% 以内。我国是世界上页岩气储量最丰富的国家，分析美国页岩气的发展规律和经验教训对指导我国页岩气产业发展有很大的借鉴意义。

此外，天然气的管道布局也直接影响到天然气的供应，全球约 75% 的天然气是采取管道形式进行输送，约有 25% 是采取 LNG 形式进行输送[③]。随着天然气应用的不断推进，世界天然气管道建设快速发展，加拿大和俄罗斯等国家都主动加快布局自身的油气管道，运行中的长距离油气管道主要在亚太和俄罗斯、中亚地区，在建管道主要来自亚太和拉美地区。俄罗斯除继续跟进传统西方市场外，还积极发展向中国等东亚国家出口天然气的管道建设，

[①] BPstats：《BP 世界能源统计年鉴（2016）》，https://www.bp.com/zh_cn/china/reports-and-publications/_bp_2016-html，2016 年 6 月。

[②③] BPstats：《BP 世界能源统计年鉴（2019）》，https://www.bp.com/zh_cn/china/reports-and-publications/_bp_2019-html，2019 年 6 月。

为天然气的供应提供了设施上的基础。

根据《BP 世界能源展望（2010 年）》的预测，未来页岩气开发会在很大程度上促进世界天然气产量的增加，到 2030 年世界天然气产量预计会超过 4590 亿立方英尺/日。其在很大程度上是非经合组织成员国所贡献的，其贡献比占 73%；而经合组织成员国的年平均增长量为 1.5%，其中欧洲的产量在减低，北美等国家的产量在持续增加。2011～2030 年，页岩气年平均产量将会扩大到 7%，由 2011 年 540 亿立方英尺/日的产量值增加到 2030 年 740 亿立方英尺/日的产量值。2020 年之前，页岩气产量的提高在很大程度上是北美地区贡献的，其后北美地区的产量增速将变慢。世界页岩气产量增速预计在 2020 年后将趋于稳定，而中国对其增长有着较大的贡献（李向阳，2013）。

由于天然气贸易运输的特殊性，使得天然气贸易需要巨额的基础设施投资，造成其贸易的特殊性，通常贸易双方需签订长期的合作协议，预定天然气。因此，天然气的贸易也给国家间长期战略关系的建立提出了要求、提供了机遇，在世界天然气市场全球化趋势不断深入发展的背景下，建立良好的贸易合作关系能够有效地提高一国在国际天然气市场的定价话语权，也有利于本国天然气供应和价格的稳定。

5.1.3　世界煤炭的供求与变化趋势

（1）世界煤炭资源分布集中。

煤炭是人类使用较早的能源资源，世界煤炭产业在工业革命后迅速发展，经历了一个先上升后有所下降的过程。在经济发展和能源消费增长的过程中，煤炭在能源消费结构中的作用不断变迁。随着蒸汽机在第一次工业革命之后的大规模应用，煤炭渐渐发展成市场中的主导资源。煤炭是第一次工业革命最核心的基本能源。近些年，煤炭在世界能源消费结构中的比例有所回升，目前的比重基本保持稳定。现今煤炭仍然是仅次于石油的世界消费量占比第二大的一次能源，2018 年占到了一次能源总消费量的 27.21%，相比 2015 年占比下降了约 2 个百分点，全球每年消耗的煤炭接近 40 亿吨石油当量，比

2005 年增加了约 23%，是最重要的能源资源产品之一①。

如表 5-3 所示，世界煤炭资源的分布非常集中，前十位的国家拥有了世界近 91% 的煤炭资源，其中前四位的美国、俄罗斯、澳大利亚和中国的储量总和就达到了 66%，世界一半以上的煤炭集中在这四个国家的土地中，但由于每年巨大的开采使用量使得中国的采储比（38 年）远低于其他国家以及世界平均采储比（132 年），从而说明中国的煤炭资源可持续性相对不足。

表 5-3　　　　2018 年底世界探明煤炭储量前十位的国家

排名	国家	探明储量（百万吨）	占世界总量（%）	储采比（年）
1	美国	250219	23.72	365
2	俄罗斯	160364	15.20	364
3	澳大利亚	147435	13.98	304
4	中国	138819	13.16	38
5	印度	101363	9.61	132
6	印度尼西亚	37000	3.51	67
7	德国	36103	3.42	214
8	乌克兰	34375	3.26	超过 500 年
9	波兰	26479	2.51	216
10	哈萨克斯坦	25605	2.43	217
	合计	957762	90.80	

资料来源：BPstats：《BP 世界能源统计年鉴（2019）》。

(2) 世界煤炭的供求现状。

从图 5-11 中可以看出，世界煤炭的生产供应大国——中国，一年的煤炭生产供应量就占到了世界总量的近一半。虽然中国不是煤炭资源最为丰富的国家，但由于其能源结构中煤炭一直占据绝对的主体地位，以及过去依靠资源出口拉动经济增长的遗留效应直接导致了每年巨大的煤炭开采生产量。同时，由于煤炭资源分布集中的特点，世界煤炭的生产供应也非常集中，前十位的产煤国就包揽了世界 93% 的煤炭生产供应量。

---

① BP stats：《BP 世界能源统计年鉴（2019）》，https：//www.bp.com/zh_cn/china/reports-and-publications/_bp_2019-html，2019 年 6 月。

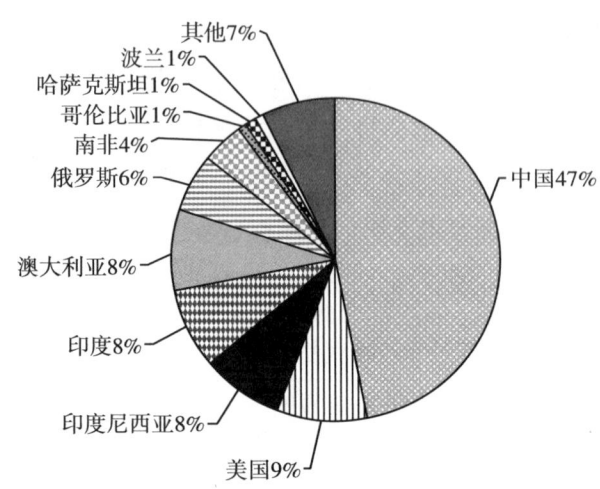

图 5-11 2018 年世界煤炭年生产供应量前十位的国家

资料来源：BPstats：《BP 世界能源统计年鉴（2019）》。

在煤炭的消费方面，煤炭的成本受其运输费用的影响很大，因此煤炭的消费具有较强的区域性，直接与煤炭的产地相关，在图 5-12 中前十位的煤炭消费量国家中，除了日本和韩国是煤炭资源小国，加上对本国本身并不丰富的资源不愿大量开采使用，从而大量依靠进口之外，大部分的煤炭消费大国本身都是产煤的大国。其中，中国的煤炭消费量更是连年达到世界消费量的 50% 左右，其消费的煤炭资源相当于全球其他国家消耗量的总和，这一方

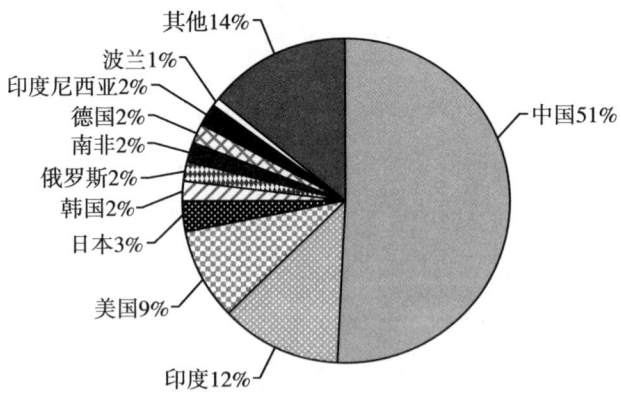

图 5-12 2018 年世界煤炭消费量前十位的国家

资料来源：BPstats：《BP 世界能源统计年鉴（2019）》。

面是由于中国本身是产煤大国,另一方面也是由中国现阶段的能源消费结构所决定的。

从图 5-13 中可以看到,世界煤炭的产量在 2014 年达到峰值 3988.9 百万吨油当量后,在 2015 年开始大幅减少,2016 年降幅达到了 5.18%,当年缩减了约 200 百万吨油当量的生产供应量,2014 年是世界煤炭生产自 1998 年以来首次下降,2015 年开始产量的降幅进一步扩大,其中亚太地区出现大幅下滑,降幅达到 2.9%,北美地区的产量降幅更是达到了 10.3%,世界绝大多数的国家和地区煤炭的生产供应量都出现了不同程度的削减。产量大幅下降国家主要是美国、印度尼西亚和中国。这与其他能源资源的表现大为不同,原因是在全球环保低碳减排的背景下,由于煤炭的燃烧使用所产生的二氧化硫、硫化物、粉尘等污染物较多,对大气环境产生非常大的负面影响,世界各国(尤其是几个煤炭消费大国)均在采取措施控制和替代煤炭的生产和消费。2015 年尽管产量下降了 2%,中国仍然是世界上最大的生产国。然而可以看到的是,自 2017 年开始,煤炭的生产又出现了反弹上升的趋势,主要原因是新兴经济体经济发展导致能源需求的增长促使的生产增加。

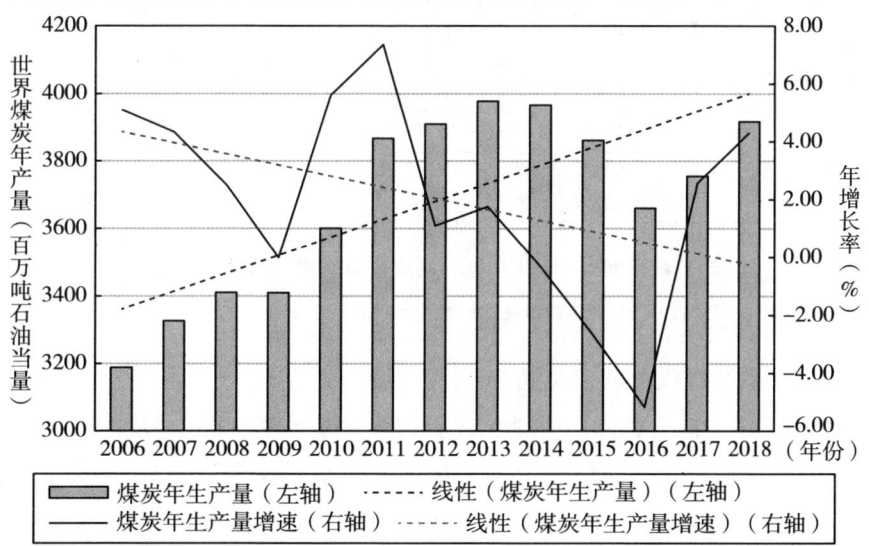

图 5-13 2006~2018 年世界煤炭年产量及其增长率趋势

资料来源:BPstats:《BP 世界能源统计年鉴(2019)》。

2019年BP的统计数据显示（图5-14），2016年全球煤炭的消费量为2011年以来的最低点。而2007~2017年近十年煤炭消费量的年平均增幅已经下降到了0.7%，这个数字在2004~2014年间则是2.1%，2015年下降的幅度是非常大的，其中，美国的煤炭消费量下降了12.7%，中国作为占据世界半壁江山的最大煤炭消费国也在当年下降了1.5%的消费量，印度的煤炭消费量则持续呈现上升，2018年增长了8.7%，印度尼西亚也是同样，上升了7.7%。2018年煤炭在世界一次能源市场中被使用的比例减小到了27.21%，是2005年之后的最小占比。在全球绿色经济发展的背景下，煤炭消费的占比在未来进一步降低也是必然的趋势。

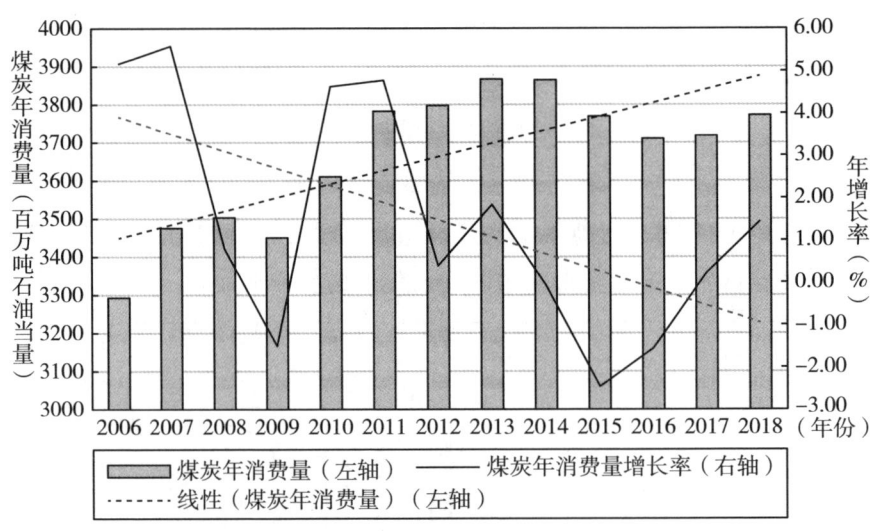

图5-14 2006~2018年世界煤炭年消费量及其增长率趋势

资料来源：BPstats：《BP世界能源统计年鉴（2019）》。

（3）未来煤炭供求的变化趋势。

在2011年之前，日本一直是世界上最大的煤炭进口国，其主要的进口来源包括中国、澳大利亚、加拿大和美国。韩国是主要的动力煤进口国，其主要向中国和印尼两国进口动力煤。1984年，澳大利亚在煤炭出口上超过了美国而成为全球最大的出口国。随着我国煤炭消费的快速增长，2011年中国赶超日本成为最大的煤炭进口国，欧洲国家煤炭消费有逐渐回升的势头，而最大的煤炭出口国变为印尼和澳大利亚。由于印度等新兴市场国家的电力、钢铁、建材等行业发展规模还将逐步增大，未来将成为主要煤炭消费国。相对于消费量而言，国际煤炭贸易量规模很小，2017年世界煤炭产量为75.49亿吨，2017年世界煤炭生产消费总量为78.96亿吨，而世界煤炭国际贸易量只有13亿吨左右[①]。国际煤炭市场的格局是由煤炭资源的分布和煤炭消费状况决定的：煤炭储量最多的是美国，其产量相对稳定；俄罗斯煤炭资源丰富，但煤炭消费量较少，贸易主要通过远洋运输进行。随着远洋航运市场的发展以及世界煤炭生产消费格局的变化，逐渐形成了太平洋和大西洋两大区域市场。

5.2 国际能源价格走势及其特点

5.2.1 石油

经过2008年金融危机后，全球油价自2009年2月以来的最低谷开始渐趋增长，之后油价稳定在每桶70~80美元。2010年的石油价格延续了2009年的上涨态势，在2011年4月时，最高涨至125美元/桶。此后，国际油价开始高位震荡的格局，在100元/桶上下徘徊（图5-15）。但随着美国页岩油产能的迅速增长，全球石油市场开始出现供过于求的状况。在此供求失衡的背景下，2014年油价出现大幅下跌。然而，根据有关研究的数据显示，美国70%左右的页岩油生产企业其平均成本为58.1~72.9美元/桶，也就是说，油价如果跌破这个成本价格，将把绝大部分的页岩油企业挤出市场。此时的OPEC采取的策略是不减产，以牺牲部分产油国的利益，来实现对美国页岩油的打击。因此这一阶段的油价下跌非常快，并且持续到2016年上半年，油价下跌3/4左右。随后由于全球石油需求的增长，以及OPEC与俄罗斯的减产，目前

---

① BP stats：《BP世界能源统计年鉴（2019）》，https：//www.bp.com/zh_cn/china/reports-and-publications/_bp_2019-html，2019年6月。

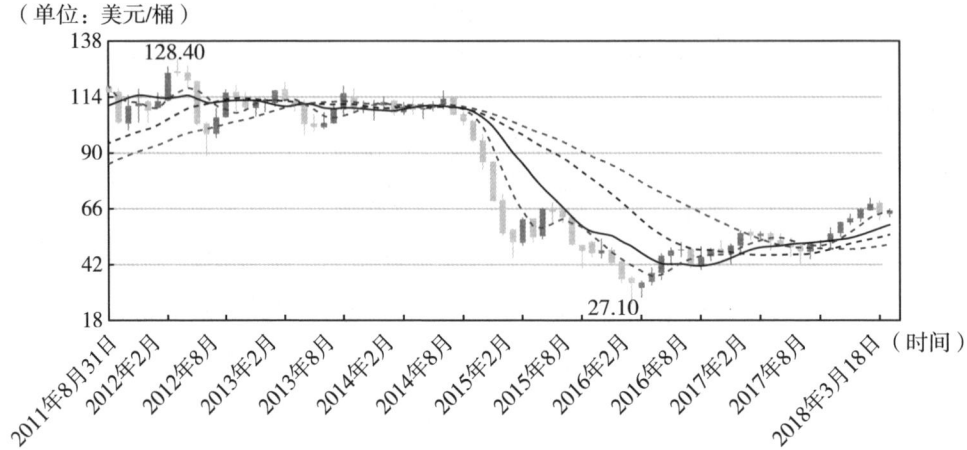

图 5-15　2011 年 8 月至 2018 年 3 月布伦特原油期货价格走势网络截屏图

资料来源：新浪财经，http：//finance.sina.com.cn/futures/quotes/OIL.shtml，2018 年 3 月 18 日。

的油价处于温和回升中，在 65 美元/桶附近。然而，受到实际目前最大储油国委内瑞拉政治局势动荡的影响，未来油价还可能继续波动。

5.2.2　天然气

现阶段全球市场上的天然气价格受到了油价变化的影响也呈现出不稳定的变化趋势，天然气价格随着石油价格的增加而增加。然而天然气价格的增长速度要低于石油价格的增长速度。液化天然气（LNG）国际贸易协议价格始终在全球石油价格之下，在天然气价格之上。但是，近年来随着欧盟碳排放权交易市场的建立和温室气体减排活动的推进，整个欧洲市场对天然气的需求迅速增长，加上来自俄罗斯的管道天然气供应存在不稳定造成对 LNG 调峰的需求，欧盟的管道天然气价格逐渐超过了 LNG 的价格。2008 年的金融危机不仅造成了全球经济走向低谷以及市场水平的急剧下跌，还给全球天然气市场带来了较大的不良影响。但是危机过后，天然气价格又重新恢复上涨。此外，由于全球气候变化和节能减排受到了越来越多人的重视，天然气能源依靠环保无污染的优势在全球能源市场中的受欢迎程度越来越高，相应的其价格也会慢慢增加，但从 2013 年之后，随着天然气产量的增加和开采成本的

第 5 章　国际能源价格嬗变及对绿色经济发展的影响

优化，天然气价格出现了下行趋势，见图 5-16。

在全球能源市场中，天然气和石油的价格不但会受到自身成本的极大影响，还会由于外界的客观条件如地理位置、供需情况等的变化而变化。相较于天然气，石油产业链不是很长，其出现沉没成本的可能性较小，而其价格会更多地受到非成本条件的影响。对于天然气而言，其开采生产主要涉及净化、输送和管理等操作，而 LNG 还有液化和船运、管运等额外操作，所以天然气的产业链较长，发生沉没成本的可能性明显大于石油。同时，天然气贸易所需的基础设施投入巨大，通常贸易双方签订的都是"预定"合同，合作的期限也较长，对天然气的价格形成了一定的锁定功能，所以外界市场条件的作用不会对其价格带来较大的影响（林伯强和黄光晓，2014）。

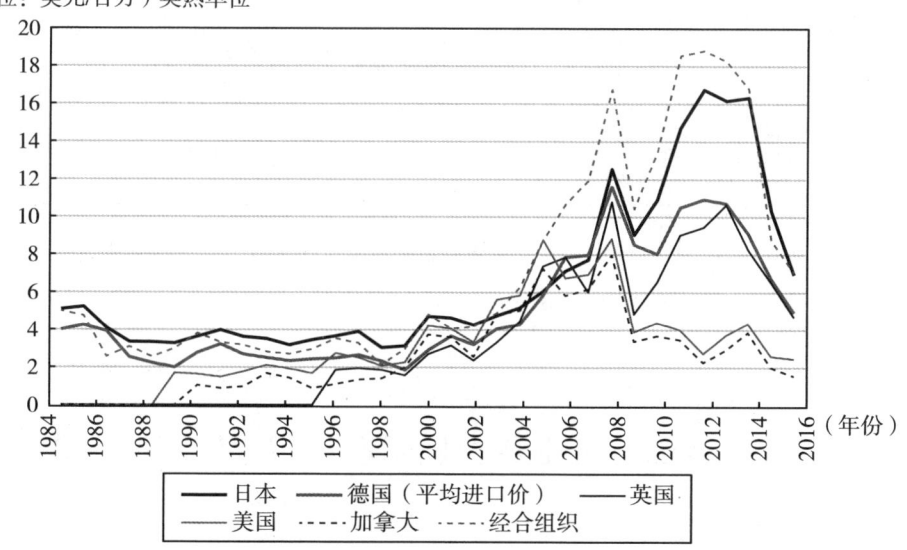

图 5-16　1984~2016 年全球天然气贸易价格的历史走势

资料来源：BPstats：《BP 世界能源统计年鉴（2017）》。

5.2.3　煤炭

总体而言，自 2003 年以来，国际煤炭市场价格的稳定性开始受到影响，波动加剧、波幅加大，并且呈现不断上扬的趋势，到 2012 年左右达到峰值后开始下跌（图 5-17），目前处于比较稳定的水平。由于煤炭和石油之间存在比较强的替代关系，所以油价和煤炭价格之间有着较大的联系。它们发展到现今，两者之间的热量之比始终在 1∶2，且价格变化趋势也较为一致。进入 21 世纪以来，该变化趋势渐渐趋于不稳定，由于国际原油价格的不断增加，煤炭和原油的价格之比也在呈现出增加的趋势。

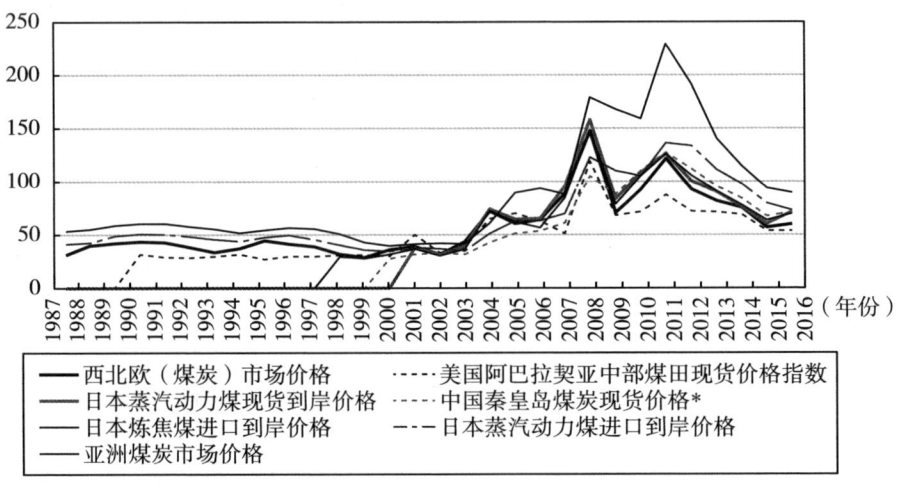

图 5-17　1987~2016 年国际主要煤炭价格比较（美元/吨）①

资料来源：BPstats：《BP 世界能源统计年鉴（2017）》。

5.3　国际能源价格主要影响因素及定价机制的主要特征

5.3.1　原油价格影响因素分析

（1）供给与需求。

国际原油市场的供给与需求关系是影响原油价格最重要的因素。然而，国际市场中原油的供给又受到了许多复杂因素的影响，主要包括三个方面。

---

① 价格为 0 的年份代表数据缺失。

一是政治因素。地缘政治冲突，一方面会直接导致原油供给量一定程度的下滑，另一方面会带来原油市场供给减少方面的担忧，从而在一定程度上引起原油市场供给波动。从当今国际形势看，中东地区依然是政治动荡的敏感地带，对原油市场产生了很大的影响，呈现了战争强度与原油供应受影响程度正向相关的规律。不仅近些年爆发的伊拉克战争、乌克兰危机及叙利亚危机等对石油供应市场造成影响，西亚、北非等地制造恐怖袭击引起了人们的心理恐慌，也间接影响了石油供应安全。此外，世界上影响力较大的石油消费大国会通过政治或经济手段对国际原油进行调控，引起石油出口国和消费国之间矛盾频发，在一定程度上影响了国际原油市场的稳定。二是石油输出国组织的相关干预，OPEC 在国际原油市场占据着绝对的优势地位，在很大程度上控制着原油的剩余产能。OPEC 主要通过实施限产保价及限价保产等措施来保护成员国利益不受侵害。国际原油供应出现过剩时，为了确保维持利润不下降，各成员国必须缩减产量，并严格遵守生产上限，即为了自身利益不受影响，OPEC 成员国会调整对国际原油市场的供应量，进而影响原油市场的成本变化。三是非常规能源产能提升的影响，随着美国页岩油生产能力的提高，对国际原油的供应格局产生了重要影响。

从需求方面来看，随着全球经济的进一步回暖，全球石油消费量将会随着经济的复苏而出现新的增长，从而导致原油价格有进一步上涨的趋势。近期，国际原油价格出现了小幅度的下降趋势，这主要受美国在页岩油提炼技术方面取得重大突破及沙特阿拉伯等国的原油产量大幅增加两个方面的影响。原油价格出现了大幅度下降是暂时的，依然有继续上涨的长期趋势。从需求状况来看，经济社会的稳定发展也会推动石油消费的进一步增加（林伯强，2017）。

（2）国家政策性税费因素。

政府通过税收政策来影响石油市场，导致石油市场的消耗曲线发生改变，如凸向未来或现在。在上游开采等环节，在跨期的原油开采模式中税收效应受税收时间现值的影响。如果税收的时间现值减少会导致原油开采顺序的变化。与不征税的情况相比，任意时间点上的净收益都会由于税收而减少，必然会对原油开采的积极性产生负面影响，最终导致成品油在供给和需求方面的矛盾。另外，税收也会导致新发现原油储量投资收益的减少。只有开采成本比较合理，这些成本相对较高的油气资源才具有开采利用的价值，或者说才能够成为国家或者石油公司重要的战略资源。然而原油成本是由开采成本、通货膨胀率、财税模式及石油公司的利润基准等因素共同决定的，其中，财税模式具有非常大的作用。在原油下游的批发零售环节，税收政策具有非常明显的杠杆效应，税收对成品油的现值价值具有较为直接的影响。

（3）石油企业生产成本因素。

石油企业的利润大小决定着其对产业的开发程度。为了追逐更多的利益及石油行业自身的垄断性特征，石油企业的生产成本通常较高。在中国，随着国家对石油企业节能减排重视程度的增加，企业的生产设备不断更新，在一定程度上增加了油气田企业的生产成本，也直接导致了国内原油成本不断上升，在不同程度上给石油产品的价格带来了或多或少的影响。石油加工经过一些工艺处理过程，将原油从最初形态加工为成品油及相关附属产品。

除了以上影响因素之外，原油价格还会受到美元汇率波动等其他一些因素的共同作用。

5.3.2　天然气价格影响因素

（1）供给与需求。

天然气的供给对其价格有显著影响。影响一国天然气供给的因素有天然气资源禀赋、基础设施建设、天然气开采技术等。社会经济发展与科学技术进步推动着天然气勘探开发技术水平的持续提高，不断有新的天然气田被发现，天然气的供给水平也一直在提高。科学技术的进步促使人类把油气勘探的范围从陆地扩大到海洋，从常规天然气转向非常规天然气，扩大了天然气的来源。与天然气配套的基础设施建设也有利于增加天然气的供给量。如果有新的天然气存储被开发，首先其产量会变大，然后天然气的供应就会更多，受到供求关系的影响，这时，天然气的价格理论上会有所下降。

天然气需求是影响天然气价格最重要的因素之一，不同国家的城市化率、工业化水平、人口增长、经济发展水平、家庭收入状况及政府政策等都会对天然气需求产生很大的影响。当社会经济处于快速增长时期时，商业和居民等用户对天然气消费的需求就会极大地增加，进而导致其价格上升；反之，当经济萎靡不振时，天然气消费需求会减少，气价也会随之下降。天然气消费需求一般与国内生产总值呈正相关关系，但相关系数在不同时间以及不同国家或地区会有所不同。

（2）可替代能源的价格。

各能源品种在一定程度上可以相互替代，煤炭、石油与电力等都可以替代天然气，进入生产生活领域供人们使用。天然气与这些能源在某种程度上存在相互替代的关系，它们之间应存在比较合理的比价关系，因此在研究制定天然气价格的过程中，应该从全球能源结构发展变化的视角考虑。在这些能源中，对天然气价格影响最大的是石油价格，当石油价格有所提高时，天然气价格也会紧跟市场变化随之上升，反之亦然。研究分析天然气与其他能源品种的合理比价关系，对调整能源结构，推动天然气工业和其他能源工业的发展与进步，促进产业结构调整升级有积极作用。

（3）成本因素。

①开采成本。

在天然气价格的制定中，开采成本是其基础，它包括前期投资进行勘探开发费用，还包括生产运作的费用。在一般情况下，与开发生产的成本相比，用于勘探的费用要高得多。相对而言，周期长、规模大是天然气工业投资的典型特征。从勘探开发至成品气供应，短则几年，长则十几年，甚至更久。因此，天然气工业领域相关企业能否持续经营生产，首要的是看天然气销售收入能否收回资本投入。只有天然气销售总收入大于勘探开采的总成本，企业才能有利可图并创造效益。如果入不敷出，企业将会停止投资和生产，直到收益大于成本，能赚取利润，企业才会继续投资生产。在制定天然气价格的过程中，要考虑开采成本，也要考虑企业利润。天然气开发生产工业与其他一般的社会行业不同，随着天然气的持续开采，天然气资源将会呈现逐渐递减的趋势。在天然气开发生产过程中，由于天然气不断地被开采出来，剩余天然气的开采难度就会不断增大，同时天然气开采设备也会磨损与老化，同一气田的开采成本有随时间上升而逐步抬高的趋势。

②管道运输成本。

管道运输成本是天然气价格不可或缺的组成部分。长距离运输管道是连接天气生产商与终端用户的桥梁，管道运输成本对天然气的城市门站价格有着直接影响。

（4）国家政策与税收。

税收政策和政府对价格的干预也是影响天然气价格制定的重要因素。对世界上任何一个国家来说，能源都是经济发展必需的物质基础，也是二氧化碳排放的主要来源，因此，全球几乎每个国家都很重视能源问题。天然气消费在能源消费结构中所占的比例随着时代的发展而持续增加。世界各国，尤其是天然气资源比较丰富的国家，对市场上天然气产品的生产、分配、交换与消费的重视程度都越来越高，为了维护自身利益，制定了很多直接影响到天然气价格形成的政策。

除此之外，还有很多其他因素会影响天然气价格的确定，如开发天然气田及其生产运营风险、全球经济发展的不确定性、世界政治军事变化等。

5.3.3 煤炭价格的影响因素分析

在市场经济条件下，煤炭价格反映了煤炭供求关系的变化，因此，与其他能源相同的是，煤炭价格最主要的影响因素之一便是煤炭市场的供给与需求状况。我国是煤炭资源丰富的国家，更是每年煤炭生产供应量世界排名第一的国家，同时也是年煤炭消费量最大的国家。但由于我国的煤炭主要为国内生产供应国内消费，进出口占比都较其他国家小[①]，在煤炭价格的形成过程中，我国煤炭市场的供需状况对国际煤价的影响作用有限。

从长期来看，国际煤炭价格的波动主要受到经济周期、能源消费结构、国际能源市场状况、环境政策几个方面的影响。由于各国日趋重视绿色经济发展，现阶段绿色环保能源渐渐超越煤炭而占据市场的主导地位，导致煤炭价格在市场中走下坡路。大型的煤炭市场大多分布在亚太地区，包括中国、

---

① 2018 年中国能源局的统计数据显示，2017 年度进口量占消费总量约为 6%。

韩国、日本和澳大利亚等国家。其中，中国的煤炭进出口消费对该市场有着很大的推动作用，澳大利亚作为亚太地区主要的煤炭供应国，在亚太地区煤炭市场中的地位举足轻重。另外，俄罗斯作为目前亚太煤炭市场的主导国，其对市场的发展并未发挥出较大的作用。在后续过程中煤炭市场结构的变化，也会给煤炭价格的长期变化带来非常大的作用。这主要是由于国际大型煤炭出产国的生产费用较为悬殊，若还包括海上运费，那么生产费用之间的悬殊水平将会被进一步拉大。

从短期来看，煤炭价格还将受到石油价格、运输成本、气候变化、汇率以及煤炭库存变化的影响。

5.3.4 世界能源定价机制的主要特征

（1）世界石油定价机制。

第一次世界大战以前的石油市场价格基本由供求关系决定。经历两次世界大战的石油短缺，英、美等国对石油供给高度重视，通过跨国公司控制了主要产油国资源。20世纪20~60年代，以"石油七姐妹"为代表的跨国石油公司形成了国际卡特尔（陈德胜等，2015），操纵原油开采和定价。在1928年，英国石油公司、艾克森石油公司以及壳牌石油公司一起签订了《"按现状"协定》。这份协定规定无论任何地方的石油，其价格都为墨西哥湾离岸价（由美国市场决定）加上墨西哥到交割地的运费。其他主要的石油公司也采用了这一规定；1947年对此方式进行了微调，石油价格可以是墨西哥湾的离岸价加上波斯湾到交割地的运费。

20世纪70年代开始，石油输出国组织（OPEC）力量不断发展壮大，产油国将石油资源国有化，逐步控制了世界石油市场和定价权。此时的油价由OPEC官方进行定价，规定石油价格为波斯湾的离岸价与波斯湾到交割地的运费之和，西得克萨斯的中质原油不再作为标杆，而以阿拉伯的轻质原油取代。

进入20世纪80年代之后，欧洲、美洲和亚洲几大石油市场逐渐形成。世界石油现货和期货市场快速发展，石油定价机制从OPEC官价发展成"7种原油一揽子参考价"。市场参与主体增加，各方竞争激烈，石油定价权主体开始多元化，影响因素不断复杂化，形成了相互影响、互相制衡的利益格局。期货市场逐渐替代现货市场的价格发现功能，石油定价机制从"参考价"转变为"期货价格"。目前世界上最主要的具有定价权的石油价格是纽约商品交易所的西得克萨斯原油价格，伦敦商品交易所的北海布伦特原油价格、迪拜商品交易所的迪拜原油价格等。

①国际原油定价机制。

现在，大多数的原油贸易合同都是根据公式计算法签订的，选取一种或者多种油价作为基准油价，然后在这个基准上加上升贴水。也就是"原油结算价格＝基准油价＋升贴水"（陈明敏，2006）。基础油价是通过对现货价格、期货价格或者是报价机构的报价进行计算后得出的，不是一个特定时间点的具体价格。一般来说，出口到欧洲或从欧洲出口的基准油为伦敦商品交易所的北海布伦特原油，出口到北美地区或从北美地区出口的基准油为纽约商品交易所的西得克萨斯中质原油。中东进行石油贸易，如果是出口到欧洲就以布伦特原油为标准，出口到北美就以西得克萨斯原油为标准，出口到远东地区就以阿曼与迪拜原油为标准。

②国际成品油定价机制。

成品油市场起步晚，国际化程度相对较低，现在的成品油市场主要是荷兰鹿特丹、美国纽约以及新加坡。不同地区的成品油价格由本地区的市场决定，日本东京市场对远东地区的贸易也有一定参考意义。以新加坡市场为例，新加坡成品油市场报价机构普氏每天公布一次价格。对汽油进行报价时，以石脑油或者92#汽油为基本标准，有的交易也会用95#汽油或者97#汽油进行报价；柴油进行报价时大多都是以0.5%含硫柴油为标准，也可以用其他不同等级的柴油作为标准对柴油进行报价，买方和卖方也可以以某一固定价格作为合同结算价，称为"死价作价"。

（2）世界天然气价格形成机制。

现如今，世界上共有四种不同的天然气定价机制：北美和英国通过各种气源的竞争定价；欧洲的天然气价格与油价直接挂钩；东北亚的天然气价格与日本进口原油的加权平均数（JCC）直接挂钩；俄罗斯采取双边垄断的定价方式。

①市场化定价机制。

北美与英国的天然气价格由市场决定，充分尊重市场的供需关系。北美以亨利枢纽（Henry hub）为定价系统的核心，英国的定价系统则是虚拟平衡点（NBP）。这两个地区采取相同的定价机制，但是其市场却相互独立，没有互通。

②与油价挂钩的定价机制。

欧洲大陆的天然气价格与油价挂钩。三种石油燃料的市场价格以百分比的形式组成天然气的价格，并通过"传递要素"调整，以此来降低风险。这个模式后来被应用到出口合同里，也因此影响了东北亚的LNG定价。欧盟曾经颁布过众多天然气法令，希望对其天然气市场进行统一，但是欧盟众多国家之间以及企业与企业之间存在不可避免的分割现象，所以到现在还没有做到天然气的自由准入。

③与日本进口原油加权平均价格（JCC）挂钩的定价机制。

东北亚的LNG贸易定价体系最初来自日本。当初日本引进LNG的主要目的是替代原油发电，所以就以与JCC挂钩的定价方式来签订长期合同。这种方法随着时间的发展已经不再符合东北亚国家的市场状况，但是到目前为止，还没有一种双方都能接收的方式来进行定价，所以为了降低风险，东北亚国家对JCC的上限和下限进行了一定限制（北京国际能源专家俱乐部，2011）。

④双边垄断的定价机制。

俄罗斯的定价方式就是双边垄断。其以国家层面的谈判方式来对供给给非欧盟国家的天然气进行定价。

现在全球不同地区的天然气定价机制不一，世界天然气统一市场尚未形成。天然气市场还存在地域分割的情况下，各区域天然气价格相差很大。

5.4 基于部分国家面板数据的实证分析

通过第4章对33个样本国家绿色经济发展程度的分析和评价发现，我国与其他样本国家相比,绿色经济发展的程度非常低,其中最重要的原因是化石能源资源要素投入的低效率利用,以及经济增长的碳排放效率较低。目前我国的经济增长模式仍然维持在高能耗、高排放阶段,绿色经济发展的基础并未形成,这样的发展模式必然与人民对美好生活的向往背道而驰;同时,通过对工业分行业绿色经济发展现状的分析发现,我国除了烟草制品业实现了相对 DEA 有效的绿色经济发展之外,其他行业均处于十分低效的非绿色经济发展状况。基于以上判断,本书运用 Tobit 回归方法,从能源价格的角度来寻找其与绿色经济发展之间的关系,并期望通过这样的联系寻找促进绿色经济发展的手段。

由于 DEA 效率值都是大于 0 的截断数据,因此需要使用 Tobit 回归进行影响因素分析。Tobit 模型是处理被解释变量为截断的数据或者受限时的回归模型。模型如下:

$$Y = \begin{cases} Y^* = \alpha + \beta X + \varepsilon, & Y^* > 0 \\ 0 & Y^* \leq 0 \end{cases} \quad (5-1)$$

其中,Y 为截断的被解释变量;X 为解释变量;α 为截距项;β 为回归参数;ε 为随机扰动项,并使用最大似然估计法估计 Tobit 模型的参数。选取影响因素作为解释变量,以效率值为被解释变量,建立回归模型。其中本研究以技术效率、纯技术效率、规模效率为被解释变量。建立如下估计方程:

$$\begin{pmatrix} E1_{i,t} \\ E2_{i,t} \\ E3_{i,t} \end{pmatrix} = \begin{pmatrix} \alpha_1 \\ \alpha_2 \\ \alpha_3 \end{pmatrix} + \begin{pmatrix} \beta_1 \\ \beta_2 \\ \beta_3 \end{pmatrix} \begin{pmatrix} groupF_{i,t} \\ groupF_{i,t} \\ groupF_{i,t} \end{pmatrix} + \begin{pmatrix} \varepsilon_{i,1t} \\ \varepsilon_{i,2t} \\ \varepsilon_{i,3t} \end{pmatrix} \quad i = 1, 2, \cdots, n \quad (5-2)$$

其中,$E1_{i,t}$ 为技术效率;$E2_{i,t}$ 为纯技术效率;$E3_{i,t}$ 为规模效率;$groupF_{i,t}$ 为影响因素变量。

(1) 研究方法。

现有文献对能源效率影响因素的研究大多聚焦于技术进步、产业结构调整、对外贸易等因素(魏楚和沈满洪,2008;林伯强和杜克锐,2013;Li and Lin,2014;林伯强和刘泓汛,2015)。在这些研究基础上,本书选取各国的能源价格、研发支出、开放程度、产业结构作为影响因素,分别以能源—经济—碳排放综合效率、纯技术效率、规模效率作为因变量，建立模型1、模型2、模型3，分别做 Tobit 回归分析。

（2）数据处理。

由于研发支出缺少1993~1995年的数据，因此本书采用1995~2015年的数据进行回归。

①研发支出。

技术进步是能源效率持续提高的关键（林伯强和杜克锐，2013）。经验表明，节能措施的实施，对提高能源环境效率具有重要的促进作用。吴延兵（2006）验证了节能措施的实施对我国全要素生产率确实存在显著的正向影响。衡量研发支出的指标一般采用科技活动经费内部支出在其销售产值中的比重（邵敏和包群，2012），本书采用研发支出占当年 GDP 的比重作为研发支出的代表指标。数据来源于联合国教科文组织（UNESCO）统计研究所的统计数据。

②开放程度。

开放程度指的是经济体的对外贸易程度，出口贸易可以通过规模经济和"出口中学"提高能源环境效率（Meilitz，2003），增加对外贸易的程度有利于促进能源—经济—碳排放综合效率的提升（林伯强和刘泓汛，2015）。本书采用出口额占 GDP 的百分比作为开放程度的代表变量，数据来源于世界银行统计数据。

③产业结构。

由于工业产业对能源的依赖程度较高，能源的消耗量和强度都较其他产业更高，因此一个经济体工业产业所占的比重，即产业结构的状况也直接影响到该经济体的能源—经济—碳排放综合效率。本书采用工业增加值占 GDP 的比重作为产业结构的代表指标，数据来源于世界银行数据库。

④能源价格。

大量研究表明，能源价格上涨有助于提高能效（李世祥和成金华，2008；林伯强和杜克锐，2013），因为能源价格上涨有助于提高企业的节能意识，激发企业减少能源浪费。本书采用各年的能源消费价格指数（2010年 = 100）作为能源价格的代表指标，数据来源于世界银行统计数据及中经网统计数据库。

从回归结果可以看出（表 5-4），能源价格对能源—经济—碳排放综合效率、纯技术效率、规模效率的的回归系数分别为 0.1119、0.0384、0.0892，都为正数，对能源—经济—碳排放综合效率和规模效率的回归系数的 P 值达到了 0.01% 的显著性水平，说明能源价格对能源—经济—碳排放综合效率和规模效率都有显著的正向影响，能源价格指数每提高 1%，能源—经济—碳排放综合效率提高 0.1119，同时规模效率提高 0.0892。证实了本书提出的能源价格对能源—经济—碳排放综合效率有正向影响的假设。换言之，能源价格的提高对绿色经济发展有正面的影响作用。能源价格对纯技术效率虽然没有达到显著性水平，但系数为正，表明也存在一定程度上的正向影响，这说明能源价格提高，会在一定程度上促进能源—经济—碳排放综合效率、纯技术效率和规模效率的提高。

表 5-4　能源—经济—碳排放综合效率影响因素 Tobit 回归分析结果

模型	因变量	自变量	回归系数	标准差	Z 值	P 值
模型 1	能源—经济—碳排放综合效率	能源价格	0.111900***	0.000269	4.156565	0.000
		研发支出	-0.008540	0.006410	-1.331575	0.183
		开放程度	-0.001361***	0.000360	-3.784944	0.000
		产业结构	-0.002116***	0.000802	-2.636522	0.008
		常数项	0.734366***	0.034185	21.482310	0.000
模型 2	纯技术效率	能源价格	0.038400	0.000321	1.194724	0.232
		研发支出	0.001930	0.007650	0.251957	0.801
		开放程度	-0.001426***	0.000429	-3.321836	0.001
		产业结构	-0.002864***	0.000958	-2.991475	0.003
		常数项	0.942184***	0.040792	23.097550	0.000
模型 3	规模效率	能源价格	0.089200***	0.000238	3.747460	0.000
		研发支出	-0.008780	0.005670	-1.548611	0.122
		开放程度	-0.008700	0.000318	-0.273453	0.785
		产业结构	0.000835	0.000710	1.177111	0.239
		常数项	0.770751***	0.030235	25.492390	0.000

注：*** 表示显著性（双侧）达到 0.01 的水平。

研发支出对技术效率、纯技术效率、规模效率的回归系数分别为 -0.00854、0.00193、-0.00878，回归系数都非常小，也都没有达到显著性水平。从系数值看，研发支出对纯技术效率存在一定程度的正向影响，说明研发支出的提高会促进生产技术水平和管理水平的提高，但可能会忽视规模上的因素，没有合理地控制生产规模，可能会导致规模效率下降，进而导致能源—经济—碳排放综合效率下降。开放程度对技术效率、纯技术效率、规模效率的回归系数都为负数，并且对技术效率和纯技术效率都达到了 0.01% 的显著性水平，说明开放程度对能源效率有显著的负向影响。产业结构对技术效率、纯技术效率、规模效率的回归系数都为负数，并且对技术效率和纯技术效率都达到了 0.01% 的显著性水平，说明产业结构对能源效率有显著的负向影响。

从产业结构上看，其对能源—经济—碳排放综合效率和纯技术效率的回归系数分别是 -0.002116、-0.002864，且都达到了 0.01% 的显著性水平，而对规模效率的回归系数则为正数且未达到显著性水平，说明产业结构主要通过影响工业行业经济发展的技术水平以影响能源碳排放的综合效率，并且它们之间的影响关系是负相关关系，也就是说，随着工业占比的增加，经济体整体的生产技术和管理水平较低，并且能源—经济—碳排放综合效率的水平也会下降，绿色经济发展的程度会降低。这是由于经济越发达、效率越高的经济体，其工业的占比越低，技术管理的水平就相对越高，得到这样的结论与现实情况是相符的。

从开放程度上看，其对能源—经济—碳排放综合效率和纯技术效率的回归系数分别是 -0.001361、-0.001426，达到了 0.01 的显著性水平，但影响却是负面的，也就是说，随着出口的增加，绿色经济发展的程度将会下降，而主要的原因是随着出口的增长，经济体的生产技术和管理技术水平将会受到减损，但由于系数较小，这种负面影响的程度不高。这与一些学者的研究结论相悖（林伯强和刘泓汛，2015；朱德进和杜克锐，2013），主要是由于本书选取的样本经济体除中国、印度和俄罗斯外，均为较发达的经济体，其本身的技术水平较高，出口的产品主要为非初级加工的高技术附加值产品，并不存在在"出口中学习"的生产和管理技术提升效应，反而是增加了能源等资源的消耗，因此有降低效率的影响。

5.5 本章小结

  从全球的角度来看，世界主要能源资源的供给状况是：化石能源资源的储量比较丰富，但是储量从区域分布上看较为集中，从而导致了产量的集中。经济社会的发展对于能源的消耗需求是巨大的，并且逐年增长，全球能源需求的增长点集中于以美国为主的发达国家，以及中国、印度等新兴经济体。全球能源的绿色经济发展状况并不乐观，随着化石能源资源的持续大量耗用，其剩余的储量正在越来越显著地向主要资源国集中，因此化石能源的供给并不平衡。新兴的非常规能源，如页岩油、页岩气的勘探和开发技术发展迅速，投资增长也非常快，供给能力不断增强，并且其中大多是清洁能源，在绿色经济发展的理念下，这些能源都将成为未来能源替代的趋势产品，未来能源的消费结构向清洁化发展是必然趋势。在需求方面，包括中国在内的新兴经济体是能源消耗的主要地区，也是消费量增速最快的地区。世界石油市场目前是由沙特与美国占据主导地位的二元结构，中国的石油年产量虽然较高，但年消费量更高，石油对外依存度连年增长，因而在国际石油市场缺乏话语权，对于石油价格只能是接受方。而化石能源的价格还受到了能源消费结构、经济发展周期、政治、气候变化、可替代能源的价格、非常规能源的利用技术等多方面的综合影响。

  在世界石油定价方面，由于石油供应的集中性，很长一段时间以来石油价格的话语权主要掌握在以石油输出国为主的组织手里；原油期货市场的价格发现功能也在较大程度上影响原油价格，主要通过市场行情及政治因素决定石油的价格。天然气的定价机制在国际上主要有市场化机制、与油价挂钩的机制和与JCC挂钩的机制及双边垄断几种定价机制。

  本章运用Tobit模型用包括能源价格在内的自变量对以化石能源—经济—碳排放为因变量进行回归分析，结果显示，能源价格对能源—经济—碳排放综合效率、纯技术效率、规模效率的的回归系数分别为0.1119、0.0384、

0.0892，对能源—经济—碳排放综合效率和规模效率的回归系数的 P 值达到了 0.01% 的显著性水平，说明能源价格对能源—经济—碳排放综合效率和规模效率都有显著的正向影响，证实了本书关于能源价格对能源—经济—碳排放综合效率具有正向影响的假设。

第 6 章　中国能源价格机制及对绿色经济发展的影响

我国的能源供需结构、能源价格形成机制等有自身的特点。本章在分析这些特点及成因的基础上，实证检验能源价格机制对我国绿色经济发展的影响。

6.1　中国能源总体供需结构及特征

6.1.1　中国能源供给的特点

（1）能源资源总量较丰富、人均占有量低，分布不均。

据 BP 能源 2017 年的统计数据①，2016 年我国煤炭探明储量（proved reserves）1145 亿吨，占世界探明总储量的 12.8%，储采比为 31 年，低于世界平均水平 113 年以及印度（100 年），远低于美国（266 年）和俄罗斯（452 年）。煤炭主要分布在西北和华北地区。2016 年我国石油探明储量为 181 亿桶，占世界探明总量的 1.1%，储采比为 11.9 年，与美国相当（12.1 年），低于俄罗斯（23.6 年），远低于世界平均水平（53.3 年）和中东地区（78.1 年）。待探明石油资源主要分布在七个盆地：渤海湾、鄂尔多斯、松辽、塔里木、准格尔、柴达木和珠江口。2016 年我国天然气探明储量 3.3 万亿立方米，

---

① BP stats：《BP 世界能源统计年鉴（2017）》，https：//www.bp.com/zh_cn/china/reports - and - publications/_bp_2017 - html，2017 年 6 月。

占世界探明总量的 1.8%，储采比为 28 年，略高于巴西（21.2 年），远低于世界平均水平（55.1 年）以及俄罗斯（51.7 年）等国，但高于美国（13.6 年）。待探明天然气资源主要分布在塔里木、四川、鄂尔多斯、东海、莺歌海以及琼东南盆地。

我国的水电、风电以及太阳能等非化石能源资源较丰富。水力资源方面，无论在理论蕴藏量上，还是在技术可开发量以及经济可开发量上，我国的水力资源均居世界首位。根据近年中国气象局风能太阳能资源评估中心的初步结论，我国可开发的风能总储量为 7 亿~12 亿千瓦，如果按陆上风电年等效负荷 2000 小时，近海风电 2500 小时计，年发电量约 2 万亿千瓦时，相当于 2004 年的全国用电量①。风电有望成为我国未来能源结构中的重要组成部分。我国风能资源丰富的地区主要分布在东南沿海及附近岛屿以及北部（东北、华北、西北）。我国太阳能资源丰富，在全国范围内，年日照总时长超过 2000 小时的地区占全国的总面积的 2/3，在地球上的同纬度地区，只有美国与我国相近，远高于日本和欧洲地区。

（2）能源生产供给量增速下降，供应结构品质优化。

随着我国能源强度的下降，能源生产的投资增速逐渐放缓，我国的电力及热力生产和供应业、煤炭开采和洗选业、石油和天然气开采业、石油加工及炼焦业的固定资产投资完成额的环比增速，由 2005 年的 36.13% 下降到了 2016 年的 2%，能源生产总量的环比增速在 2015 年开始转为负增长，能源生产的弹性系数自 2005 年开始小于 1，并且逐年降低②。这些数据均表明，我国能源的总体供给稳中有降。

节能环保等绿色能源、新兴能源产业则迎来了较好的政策发展环境。《可再生能源发展"十二五"规划》（发改能源〔2012〕1207 号）中，将水电、风电、太阳能以及生物质能作为四个专题规划发布，标志着可再生能源发展进入了一个新阶段。2014 年发布的《煤电节能减排升级与改造行动计划（2014~2020 年）》（发改能源〔2014〕2093 号），明确提出了国内燃煤机组

---

① 关璞："风力发电经济分析"，《知识经济》，2011 年第 5 期。
② 中华人民共和国国家统计局：《2016 年中国统计年鉴》，中国统计出版社 2016 年版。

节能减排的路线图。2013年节能环保产业全年财政投入累计3383亿元，同比增长14%，延续了快速增长的发展态势（陈德胜等，2015）。

（3）能源供给安全形势严峻。

"十二五"期间中国一次能源生产总量连续五年居世界第一，但是近年来中国能源生产量与消费量之间的缺口却维持在3亿吨标准煤左右，不足部分就要依赖进口。2016年，中国煤炭进口量为2.8亿吨、石油进口量为2.84亿吨、天然气进口量为425亿立方米，对外依存度均创历史新高。其中，煤炭对外依存度在14%以上，石油对外依存度达58%，天然气对外依存度近29%。在此严峻局面下，中国在能源的生产和进口供应上都存在着比较大的风险。从能源自产能力看，由于煤炭和石油的储采比远低于世界平均水平，随着中国能源资源开采量的逐步增加，开采难度会越来越大，能源开采成本也会显著增加，使得中国能源生产面临着较大风险。从能源对外依赖情况看，中国石油天然气对外依赖度较高，其进口的安全程度直接影响到中国能源供给的安全程度。但由于中国石油天然气进口存在来源地集中风险以及海洋运输风险，这使得中国海外能源供应的稳定性容易受到巨大冲击。

6.1.2 中国能源消费需求的特点

（1）能源消费需求总量不断上升，增速放缓。

在工业化、信息化、城镇化、农业现代化的带动下，中国的能源消费总量不断上升，年能源消费量增长率在2003年一度达到了16.88%的峰值，自此开始逐渐增速放缓。中央在"九五"规划中提出了"资源开发与节约并举，把节约放在首位，提高资源利用效率"的方针政策，随后，我国开始逐步加强能源管理工作。"十五"期间，党中央提出了坚持"可持续发展战略"，对能源的使用和保护提出了更高要求。依据该战略精神，经济发展的模式将发生重大改变，以节约资源、保护生态环境为前提的经济发展模式将逐渐取代我国长期执行的"一切为经济发展让路"的发展模式，这就要求政府部门以及社会组织正确处理好资源与环境的关系。"十一五"规划更加强调对生态环境的保护，要求各政府部门、各社会组织以节约资源为理念进行发展，同时，积极开发更多的新能源，确保能源的稳定供应，促进我国经济社会可持续发展。"十二五"规划继续关注能源浪费严重问题，提出并强调提高能源的使用效率，通过能源开发转化，达到高效、安全的能源使用效应。同时，大力推进新能源产业体系构建，开发更多"经济、清洁的现代能源"，既要保障我国能源的供应，又要实现生态环境的保护。2004～2014年中国能源消费的年平均增长率为5.63%，2009～2014年能源消费量的年平均增长速度则下降到了3.8%[①]。

2020年前中国继续推进工业化和城镇化进程，能源需求还将保持增长，但增速较前期放缓，能源产业结构面临多维度的调整和优化，企业股权改革和管理体制改革有望加快推进。

传统能源投资领域将经历"去产能化"阶段。随着中国经济增长方式的变化和社会经济进入转型期，2012年后国内能源消费量增速快速回落。根据BP统计，2013年中国一次能源消费总量为28.52亿吨油当量。前期粗放式扩张所导致的产能过剩、结构失衡等问题正在逐一暴露，煤炭、炼油和能源化工等能源传统投资领域产能均将经历"去产能化"阶段。

能源消费重心逐步转移，输送重心从长距离运煤转为长距离输电和输气。东部地区一直引领中国经济自20世纪八九十年代到21世纪前十年的发展，在工业化、城镇化进程以及能源消费水平上远远超过中西部地区。随着东部地区人工成本、土地成本、环境成本以及能源成本的日益提高，我国的高耗能产业、高污染产业已经出现向以内蒙古、新疆为代表的西部能源主产区转移，西部地区能源资源就地转化率提高的同时，东部地区能源需求增速将出现大幅下降。随着超/特高压电力输送网和干/支线天然气管网布局的完善，国内能源输送重点将从目前的运煤转向输电和输气。

前20多年中国经济处于重化工化阶段，国内能源消费保持较高速度增长，现已经接近S形曲线的上拐点。发达国家经验表明，一国在重化工化结束后能源消费增速都有明显回落，能源消费呈类S形曲线。中国20世纪末进入重化工化阶段，电力、冶金、建材、有色、化工等高耗能产业快速扩张，

---

① 国家统计局能源统计司：《中国能源统计年鉴（2015）》，中国统计出版社2015年版。

对能源的需求也处于高速增长期。根据2013~2019年BP公布的数据,2001~2012年中国的能源消费年均复合增速达到8.6%,明显高出前一个十年3.5%的复合增速水平。2009年中国能源消费总量超过美国成为世界第一。随着中国经济重化工化走向尾声,2013年能源消费量增速快速回落至4.4%,逼近S曲线的上拐点。随着新常态下我国经济增速放缓,加上节能减排政策的不断推进实施,2016年中国能源消费增速降至最低点1.25%,2007~2017年消费年均复合增速则下降到了3.9%。但2017年和2018年全国一次能源消费总量的增速再次回升反弹,分别达到3.02%和4.28%,主要是由我国居民消费升级以及产业发展的影响所致,未来这些因素将是继续推动能源消费在一定时期内增长的主要动力。

(2) 能源消费结构仍然以煤炭为主,能源消费弹性下降。

从能源需求的构成看,中国的能源消费结构仍然是以煤炭为主,但天然气、电力以及其他新能源的占比呈现了不断增长的趋势。中国2017年的能源消费总量约为45亿吨标准煤,其中,煤炭消费量占比60.4%、石油消费量占比18.8%、天然气消费量占比7%、电力(水电、风电、核电)消费量占比13.8%(图6-1)。可以看出,在今后相当长的时间内虽然新能源技术会不断发展,但总体上看一次能源消费结构中仍然以化石能源为主,至少能占到80%以上的比例。而且未来中国经济发展对能源的需求仍然相当巨大,因此,

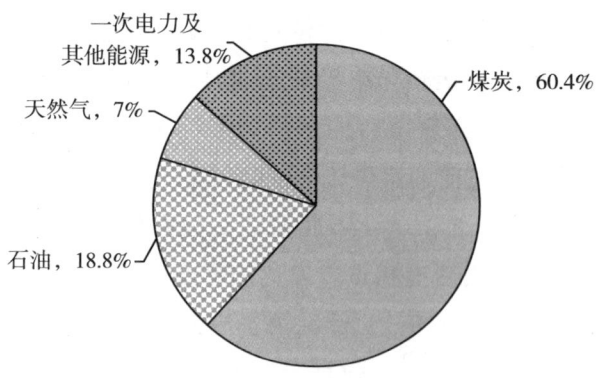

图6-1 2017年能源消费结构

资料来源:《中国能源统计年鉴(2018)》。

化石能源的长期稳定供应特别是煤炭资源的长期稳定供应是保持中国经济持续稳定增长的重要制约条件。

煤炭仍是我国的主体能源,但在能源结构中的占比呈逐步下降趋势,而绿色能源在能源消费结构中的占比将随之提升。多元化、清洁化和高效利用成为能源产业投资的主题。能源产业投资热点将从资源开采环节向中下游的精加工、深加工环节转移,从黑色能源(煤炭、石油)向绿色能源(天然气及可再生能源)转移,从能源生产领域向节能环保领域转移。整个产业向横向规模化、纵向一体化、集团多元化以及流程精细化方向发展。随着产业并购重组的深入,煤、电、油、气多元化布局的大型能源集团将成为能源产业的主导者。

从图6-2中可以看出,我国仅2003~2005年的能源消费弹性系数超过1,能源的消费增速超过经济总量的增速,主要是由于高能耗产业的高速增长、工业比重的增加和居民消费的快速增长导致(施发启,2005)。我国2015年的能源消费弹性系数已降至0.13,2016年的能源消费的弹性系数为0.21,处于历史低位水平,这是近年来节能降耗政策的施行、生产技术的不断提高以及产业结构升级综合作用效应的体现。然而,2017年能源消费弹性系数再次出现回升至0.43。与此同时,每种能源的消费弹性系数差异较大,如2015年石油的消费弹性系数为0.54、天然气的消费弹性系数为2.92。这也可以从历年能源消费结构的变化中得到印证。1980~2017年我国天然气、电力和其他清洁能源的消费占比不断增加,石油的消费占比稳定在17%左右,煤炭仍然保持绝对的主要能源品种地位,其消费的占比稳中有降,从1995年的74.6%下降到2015年的63.7%,这与我国钢铁和电力等高能耗产业的发展有直接关系,也与我国拥有丰富的煤炭资源有关。

(3)能源强度逐渐下降,总体强度仍然偏高。

我国能源消费强度正逐年下降。"十一五"期间单位GDP能耗下降19.1%,"十二五"期间单位GDP能耗下降18.2%,即由2010的0.88吨标准煤/万元降至2016年的0.68吨标准煤/万元。预计"十三五"期间,单位GDP能耗还将下降15%,则2020年我国单位GDP能耗约为0.58吨标准煤/

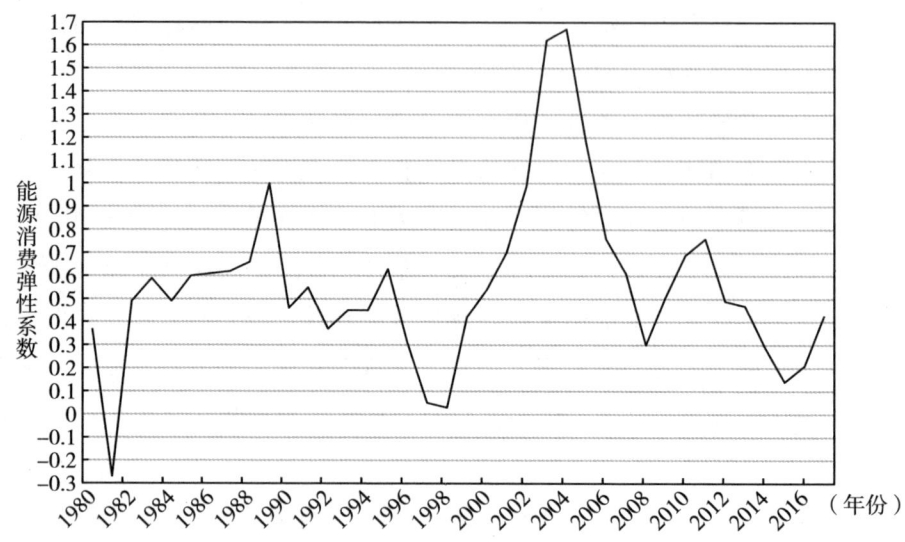

图 6-2 1980~2017 年中国能源消费弹性系数①

资料来源：《中国能源统计年鉴（2018）》。

万元。从能耗强度的横向比较看，我国的单位 GDP 能耗远高于世界平均水平。以 2015 年的美元价格和汇率计算，2016 年我国单位 GDP 能耗为 3.7 吨标准煤/万美元，能耗强度是 2015 年世界平均水平的 1.4 倍，与发达国家相比高出更多，分别为英、德、日、美的 3.9 倍、2.7 倍、2.4 倍和 2 倍②。可见，降低能耗强度依然任重而道远。

（4）能源的对外依存度不断增加。

我国能源的生产量与消费量随着经济总量的增长呈现不断增长的趋势，但"十一五"后期和"十二五"期间能源生产和消费增长的趋势相较经济的高速增长明显放缓，尤其是一次能源生产量在"十二五"末期甚至出现了生产总量的下降，2014 年和 2015 年一次能源的生产总量环比分别下降了 0.09% 和 0.79%。从中国 2001~2015 年油气消费经济指标的变化可以发现（图 6-3），

---

① 《中国能源统计年鉴》中缺失 1986~1989 年中国能源消费弹性系数的数据。
② 新疆维吾尔自治区发展与改革委："2010-2016 年我国单位 GDP 能耗情况"，https://www.baidu.com/link？url＝MARBhX2XRcWdbnQMgn1N_GFu0woSfas0iVLnfl UgYr2YqZpxhkCQByNLI-v3XjnaEJdUcWt8vD7AlNvr0mV31a&wd＝&eqid＝d3bf39d9004a245f000000065d9ffd42. 2017-3-31.

能源消费总量的平均增速有所下降，为 7.5%，同期一次能源生产总量的平均增速是 6.7%，均低于同期国内生产总值 9.6% 的平均增速。一方面，能源生产和消费总量的变化趋势显示出单位能源产出的提高，这源于政府自"十一五"时期开始着力推行实施的各项节能减排措施，能源利用的效率不断提升。另一方面，我国的能源消费与能源生产之间的缺口不断扩大，意味着能源的对外依存度必然不断增加。根据相关数据（缪琦，2016），2005 年，我国能源的对外依存度为 6%，之后就保持着较快的增速，2012 年超过了 15%，并且仍然在逐年增长，2015 年达到 16.3%。其中，2001~2015 年传统能源的消费与生产平均增速情况如下：电力，两者的平均增速均为 10.3%；煤炭，两者分别为 7.07%、6.69%；石油，两者分别为 6.22%、1.87%；天然气，两者分别为 14.68%、11.28%。可以看出，电力、煤炭生产与消费的各年增幅基本持平，而天然气的供求存在着较大缺口，石油供求缺口更大，处于失衡的状态，导致我国原油进口量逐年增加。

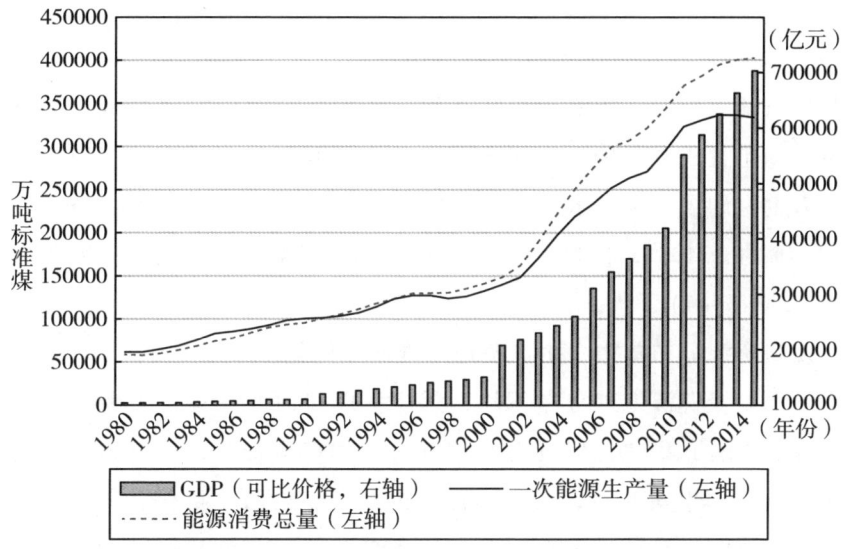

图 6-3　1980~2015 年中国能源生产与消费量变化、GDP 变化趋势

资料来源：中经网统计数据库，2017 年 1 月。

在一个国家的能源消费总量中，能源净进口量的占比叫作"能源对外依存度"。人们通常用这个指标来对该国的能源供应情况进行评估，以得出其能源供应安全值。就我国而言,在主要传统能源中,原油和天然气的对外依存度十分高。数据显示,2005~2018年,原油的对外依存度从近40%增长到69.8%[①],而天然气在这段时期内从出口国转变为一个进口大国,从6.4%增长到约40%[②]。此外,煤炭的依存度也从2005年的1.9%上升到了4.9%,但和2013年7.5%的峰值相比,已经略有下降。

我国是全球第一大石油进口和消费国,在原油进口量方面,2014年和2015年,我国原油净进口量分别为3.08亿吨、3.311亿吨,年增长率为8.4%;2018年进口原油4.619亿吨,较2017年增长9.16%,进口量的增速不断提高。从原油进口地区来看,年度变动较小,中东地区占比超过五成,约有两成从非洲进口,其余从欧盟和美国进口等。具体进口国有沙特阿拉伯、安哥拉、俄罗斯、委内瑞拉等。

6.1.3 主要化石能源的供需结构及特征

(1)煤炭。

相比石油、天然气等其他化石能源,我国煤炭资源的储量最为丰富。受益于供给稳定且成本低廉,煤炭产业也一直是我国经济的支柱产业之一。同时,随着勘探的投入和技术的发展,我国煤炭资源的查明储量也在逐年上升,从2010年的13408.3亿吨到2016年的15663.1亿吨,查明储量增加了19.18%(图6-4)。

①煤炭资源分布集中,生产基地助推产业优化。

我国的煤炭资源地理分布不均,总体呈现"西北富集,东南贫乏"的格局。从地区上看,华北地区拥有我国近一半的煤炭资源,西北地区合计集中了我国近八成的煤炭储量,其中山西、内蒙古、陕西、新疆、贵州和宁夏六省区的煤炭资源保有储量占全国总量的80%以上,华北地区的山西、陕西和

---

① 界面新闻:"中国石油对外依存度升至70%", https://baijiahao.baidu.com/s?id=1622796874415341134&wfr=spider&for=pc, 2019-1-16。
② 中国产业信息网:"2018年中国天然气消费量预测分析", http://gas.in-en.com/html/gas-2853901.shtml. 2018-06-12。

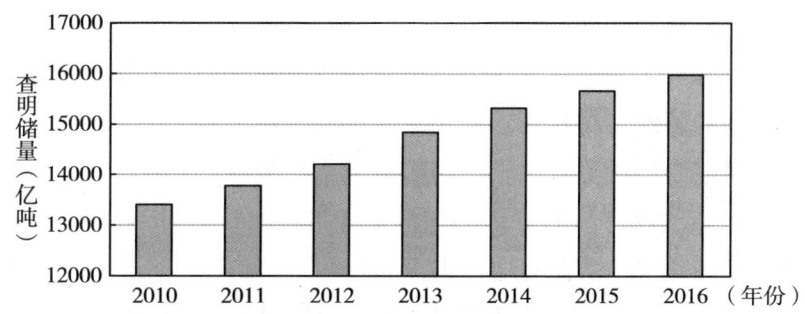

图 6-4 2010~2016 年中国煤炭资源查明储量趋势图

资料来源：中国国土资源部网站，2017 年 1 月。

内蒙古分别占有总量的 25.7%、22.%和 16.2%，合计占比超过了 60%，是煤炭资源集中的区域。目前我国重点建设的 14 个亿吨级煤炭生产基地的煤炭产量已达到全国总产量的 90% 以上。由于煤炭产业资本密集的特性，大型的煤炭生产基地可以最大限度地实现规模经济，煤矿的采煤机械化程度、掘进机械化程度、原煤的深加工效率等均得到了有效提升，煤炭产品的质量显著提高，清洁煤电加快发展，煤矿安全水平进一步提升。

②煤炭消费占比下降，增速转负。

我国煤炭的年消费量占能源消费总量的比重一直在 70% 以上，2014 年首次低于 70%，2016 年的占比降低到 66.7%，但仍然保持着我国最主要的能源消费品种的地位。1981~2007 年煤炭消费量的复合增长速度高达 6.3%，然而在 2012~2016 年煤炭消费的复合增速则降低到了 0.61%，煤炭消费量与我国的经济增长高度相关，煤炭的高量投入保证了近年来中国经济的高速发展。随着我国经济增速的回落、结构优化调整、经济发展质量提升和可持续发展、绿色经济发展成为新常态，能源消费领域与煤炭产业自身都迎来了新的调整，煤炭与煤电企业落后产能的淘汰不断深入。我国的煤炭市场经历几年高位运行期后于 2012 年开始回落，自 2014 年开始，煤炭消费量的增速不增反降，增幅已转为负数，2014 年、2015 年和 2016 年的消费量环比增速分别为 0.74%、1.98% 和 1.33%，其下降趋势不断扩大①。

---

① 国家统计局能源统计司：《中国能源统计年鉴（2016）》，中国统计出版社 2016 年版。

③煤炭不断被其他能源替代。

天然气和煤炭之间形成替代关系主要在直燃和煤制气领域。随着天然气进口通道建设，天然气在我国能源消费领域的占比不断上升。随着中俄天然气通道的建成，中国进口天然气的四大通道格局形成，有力支撑了我国天然气需求的增长。1999年后我国天然气消费量年均增长达到14.69%，2015年天然气消费量占能源消费总量的比重为6.2%，预计2020年天然气消费量将占能源总消费量的10%左右。天然气对煤炭的替代年均达到3000万吨左右。

同时，在电力生产方面，煤炭的耗用下降也是必然的趋势。由于煤电成本相对较低，与核电成本相当，略高于水电，我国的电力生产主要依靠煤炭，煤电占比一直在70%以上，2015年的煤电占比为73.84%，相比2000年下降了近10个百分点。但在节能减排和能源供给改革作用下，煤电占比下降，水电、风电、核电等可再生清洁能源发电量比例上升是必然趋势。

（2）石油。

①石油资源缺乏，对外依存度不断攀升。

根据BP能源统计数据，截至2016年，中国石油的剩余技术可采储量为35亿吨，占世界总储量的1.5%，采储比仅为17.5年；同期世界原油探明总储量为2407亿吨，采储比为50.6年，因此从资源禀赋上看，我国是一个石油资源相对缺乏的国家。我国的石油资源主要分布在八大盆地：渤海湾盆地、松辽盆地、塔里木盆地、鄂尔多斯盆地、准噶尔盆地、珠江口盆地、柴达木盆地和东海陆架盆地。

石油消费增速大于国内产量增速，对外依存度还将持续攀升。我国原油对外依存度从2003年的35%升至2018年的69.8%。我国的资源禀赋与生产能力不足以支撑国民经济发展对原油的需求，进口增长在这种情况下成为必然趋势。

②石油供给能力有所提升。

对于油气勘探规划，我国能源管理部门充分依据油气资源的分布情况，结合我国的技术勘探力量以及政府对能源的宏观规划理念，确立了"深化东部、强化中西部、加快海上、开拓新区"的整体框架。东北地区的一些主力老油田，如大庆油田、胜利油田等，由于采出程度较高，油田质量下降严重，产量已经逐渐递减。而目前对准噶尔盆地、塔里木盆地等盆地及渤海领域等的勘探程度比较低,仍有发现较大油田的潜力,西部与海上石油的勘探前景广阔。

2016 年,虽然中国的石油产量下降了 7.2%[①],为历史最大降幅,但我国石油企业一直积极参与国际油气资源开发,加快海外资源布局,中石油、中石化、中海油等国内大型油企积极开拓国际油、气市场,展开勘探开发工作,与国外以及当地油企展开合作,逐渐构建起以非洲和中东地区为主的六大油气开采合作区。未来中国石油企业还将进一步加大海外资源的投资规模,海外原油供给将不断提高。

③石油储运能力持续提升。

制约我国能源供应安全的一个关键问题就是运输安全问题。我国的石油运输严重依赖马六甲海峡。如果通过马六甲海峡的石油运输受阻,将对我国能源供应安全产生重大影响。所以减少对马六甲海峡的依赖,巩固和完善西北、东北、西南和海上四大油气进口通道,建立多元化的原油进口通道,并发展国家战略储备和商业储备是未来我国石油运输的发展趋势。

截至 2017 年年中我国已建成舟山、舟山扩建、镇海、大连、黄岛、独山子、兰州、天津及黄岛国家石油储备洞库共 9 个国家石油储备基地,利用这些储备库及部分社会企业库,储备原油 3325 万吨,较 2015 年增加了 27.4%,但仍未达到国际能源署确定的 90 天的安全储备水平[②]。充足的原油储备可以平抑油价的大起大落,减少油价波动对国家经济、企业和居民生活的影响,所以原油战略储备、商业储备体系是我国实现合理调价的一个关键因素。"十三五"时期将启动三期国家战略石油储备工程,建立企业义务储备,鼓励发展商业储备,保障我国石油供应的安全和稳定。

④石油需求量占比及增速均有回升。

2000~2015 年我国石油消费量的平均环比增速为 6.27%。近 20 年来,石

---

① 经济日报:"2016 年我国石油产量保持在 2 亿吨水平",http://www.cec.org.cn/xiangguanhangye/2017-07-12/170772.html,2017-07-12。

② 每经网-每日经济新闻:"中国石油储备一年猛增近三成 仍远未达 90 天'安全线'",http://finance.ce.cn/rolling/201705/02/t20170502_22473485.shtml,2017 年 05 月 02 日。

油消费量的占比一直维持在17%~23%,在1999~2002年达到消费量占比的高峰期,平均年消费量占比超过22%;2002年之后消费量占比缓慢回落,2009年之后随着我国汽车保有和使用量的大幅上升,石油消费量占比也开始逐渐升高,2015年的消费量占比已经回升至19.6%。消费的增速也开始提高,增幅由2011年的3.61%提高至2015年的6.44%,可见,近年来我国对石油的需求正在加速增长。但根据《石油蓝皮书:中国石油产业发展报告(2018)》[①] 的预测,中长期来看,由于中国宏观经济的增速放缓、人口逐步达到峰值、天然气和新能源等替代能源不断增加等因素的共同影响,中国成品油市场需求增长速度在未来将逐步放缓。

(3)天然气。

目前我国天然气产业处于快速发展期。供求方面,常规储量不足,非常规开发尚处早期阶段,产量平稳增长,但不足以支撑社会经济高速发展的消费需求,进口量逐年增加,对外依存度持续攀升。运输方面,天然气管网与LNG接收站建设加速,已形成东北、西北、西南和海上四大天然气进口通道和国内纵横的干线网络。

①国内常规天然气资源储量不足,非常规天然气潜力巨大。

根据BP能源统计数据,截至2016年我国天然气探明可采储量为189.5万亿立方米,探明储量有较大的增加,天然气资源勘探工作成效显著。我国的天然气资源主要分布在陆上的鄂尔多斯盆地、塔里木盆地、四川盆地、柴达木盆地、准噶尔盆地、松辽盆地和渤海湾盆地,以及海上的莺琼盆地、东海盆地和珠江口盆地。西部、东部和海上分别占80%、8%和12%。

我国的页岩气储量居世界第一。据2017年国土资源部统计数据,我国页岩气探明地质储量高达5441.29亿立方米,主要分布在西南地区、华北地区和新疆塔里木盆地等。其中四川盆地、准噶尔盆地、吐哈盆地、鄂尔多斯盆地、渤海湾盆地和松辽盆地相对集中。目前的勘探地区主要集中在三个盆地:鄂尔多斯盆地、四川盆地及其周缘、西北主要盆地。

---

① 由中国石油化工集团经济技术研究院、中国国际石油化工联合有限责任公司、中国社会科学院数量经济与技术经济研究所等单位于2018年2月1日共同发布。

我国煤层气资源丰富，预测资源量达37万亿立方米，世界排名第三。但由于勘探技术比较落后，我国煤层气的勘查程度较低。数据显示，"十二五"期间，我国新增煤层气探明地质储量约3616亿立方米，仅占能源资源总量的0.74%，未来还有巨大的开发空间。山西省有着全国2000米以下1/3的煤层气资源，总量达到10万亿立方米，有着巨大的开发潜力。

近年来，我国每年新增致密气探明地质储量约3000亿立方米。根据国家能源局公布的数据，到2015年12月，致密气探明地质储量约为2万亿立方米，其中，鄂尔多斯盆地和四川盆地有近1.8万亿立方米。我国在非常规天然气的开发上具有较大的潜力，这为煤改气、能源消费结构调整、能源绿色化提供了资源基础。

②国内天然气供给能力不断增强。

2015年我国常规天然气生产量为1346.1亿立方米，2011~2015年的生产量平均增速超过7%，加上当年进口的天然气，天然气的供应量达到1925亿立方米，基本满足了近年来较快增长的天然气消费需求。陆上常规天然气主要生产地区是西南部的四川省（四川盆地）、西北部的新疆和青海（塔里木盆地、准噶尔盆地、柴达木盆地），以及北部地区的陕西（鄂尔多斯盆地）。另外，正在开发渤海盆地、珠江口盆地番禺低隆起（南海）等海洋气田。2014年，我国发布了《能源发展战略行动计划（2014—2020年）》（国办发〔2014〕31号），要求能源管理部门重视天然气的勘探开发工作，在继续做好传统的陆地开采的基础上，积极向海洋进军；对常规天然气要加快提升产储量，对于非常规天然气要组织技术力量展开开发技术的研究突破，以克服技术障碍，实现产储增加。在开采地区上，应确立重点地区，以传统的天然气含量丰富的地区为主，如四川盆地、鄂尔多斯盆地、塔里木盆地等，依据东部、西部、海上三个区域气田的不同特点展开技术攻关，增加勘探和开采的投入，以发现更多更有价值的气田，并在开采技术上有所突破。同时，该行动计划还提出了要积极推进大型天然气生产基地的建设目标，确保在近阶段建立起8个百亿立方米级的气田。在勘探储量和产量方面，要力争到2020年实现探明地质储量5.5万亿立方米和产量1850亿立方米的目标。

此外，在非常规天然气供应方面，我国近年来不断加强页岩气地质调查研究，同时，积极推进相关技术的研发和应用，以形成规模化的生产方式，提高开采效率，力求在勘探开发技术模式和商业模式上有所创新。到 2020 年，要实现页岩气产量 300 亿立方米的目标；确定两个地区为重点勘探开发地区：一个是沁水盆地，另一个是鄂尔多斯盆地东部边缘地区。截至 2016 年我国页岩气产量达到了 78.82 亿立方米，是 2013 年产量的近 40 倍，跃居世界第三大页岩气生产国[1]。随着页岩气、致密气、煤层气等非常规天然气探明储量的不断增加，非常规天然气的生产投资逐步完成，供应能力迅速提升。2015 年年底，中国石化在礁石坝建起了一个年产量为 50 亿立方米的页岩气田以及配套设施，通过管道网络，这里开采出来的页岩气主要供应长江中下游地区。由此宣告中国成为继美国、加拿大之后，又一个实现页岩气商业开发的国家。截至 2017 年，我国致密气的生产量已超过 300 亿立方米，占当年天然气总产量的约 23%；同年的煤层气（煤矿瓦斯）产量达到约 50 亿立方米，产量占比超过天然气总产量的 3%；页岩气产量 91 亿立方米，产量占比超过天然气总产量的 6%[2]。

天然气进口方面，到 2018 年中国的天然气进口总量已经达到 1262 亿立方米，中俄、中亚、中缅天然气进口管道总输气能力 1100 亿立方米，是保证中国能源安全的重要管道天然气通道。LNG 进口量不断增长，到 2017 年 LNG 的进口量已经超过了天然气总进口量的一半。截至 2018 年中国的天然气进口国已经增加至 26 个，进一步提升了进口天然气供应的安全和稳定性[3]。依据国家能源局的规划，"十三五"期间要完成西气东输三四线建设，同时，开工建设五线。而且国家能源局还计划在广东和浙江两省之间建设一条运输管道，以专门输送天然气。内外衔接，海陆并举。到 2020 年，要建立天然气输送主干道 12 万千米，实现年输送天然气 4800 亿立方米的目标。同时，加强天然气储备建设工作，包括储气库、加气站及配套管网等。随着我国天然气自主

---

[1] 证券时报网："2016 年中国页岩气产量 78.82 亿立方米 位居世界第三"，https://m.hexun.com/stock/2017-08-15/190453078.html? from = rss, 2017-08-15.

[2] 中国产业信息："致密气将纳入中央财政补贴范围，2020 年致密气产量有望达到 800 亿立方米"，http://www.chyxx.com/industry/201901/703910.html, 2019 年 01 月 02 日.

[3] 国际商报："中国天然气进口气源更加多元"，http://www.sohu.com/a/331351502_174505, 2019-08-04.

勘探、开采、生产、输送和储备能力的增强，天然气的供给能力将不断提升，这也给我国进一步探索完善天然气的价格机制以及能源的绿色经济发展提供了较好的市场供给基础。

③国内天然气需求持续增长。

20世纪，我国天然气消费增长十分缓慢，1995～1999年年均增速仅为4%。进入21世纪以来，随着我国经济的持续高速增长，以及城市化、工业化进程的加快，加之西气东输等一大批输送管道建设、能源结构调整、"煤改气"政策引导等的推动，我国天然气消费高速增长，年均增速达16%，超过了同时期的世界平均增速水平。2015年我国的天然气消费量约为1931.7亿立方米，占能源消费总量的比重从2000年的2.3%上升至6.2%，成为世界第三大天然气消费国。2016年国家发展改革委发布的《天然气发展"十三五"规划》（发改能源〔2016〕2743号）中，进一步强调了天然气的重要作用，将其提升到主体能源地位。数据显示，"十二五"期间，在一次性能源消费总量中，天然气占5.9%；而依照《天然气发展"十三五"规划》要求，到"十三五"期间，该项比重要达到10%，相应消费量为4000亿立方米。天然气作为一种清洁且燃烧率较高的化石能源，对绿色经济发展有着积极的促进作用，扩大天然气的消费比重势必有助于降低碳排放，提高能源的使用效率。在一系列投资及政策的引导之下，天然气消费对经济发展的影响作用也将提升。然而随着"市场的还给市场"，天然气价格的合理制定和管控显得更为重要。

6.2 中国能源价格机制的形成与演变

中国能源价格形成机制的发展过程一路伴随着我国经济体制的演进，融合了计划经济与市场经济两种特点。中华人民共和国成立至今，我国能源价格经历了多次改革，主要分为以下几个阶段。

（1）计划定价时期。

中华人民共和国成立之初，革命尚未完成，物资匮乏，国家建设和人民生活的各个方面百废待兴，经费需求巨大，国家只有通过发行大量的货币解燃眉之急。然而随着货币的持续超发，物价飞涨，根本无暇顾及所谓的价格机制，一系列价格的乱象此起彼伏。为了协调当时国营商业系统内部货品调拨价格的混乱，疏通商品流通的渠道，1951年6月，中央贸易部印发了《各专业公司系统内部调拨作价办法》（姚已字62号），其中明确制定了煤炭等主要商品的内部调拨价格，本着上一级供应单位保本、下一级采购单位获利的原则，将有限的价格调整空间留给下一级单位，从而使其通过小幅的调价实现市场稳定和物价平稳。这一时期的能源价格可以说完全是由政府制定的计划定价机制，不受市场供需的影响，并且价格的波动和调整非常小，各种能源几乎维持着一个稳定不变的价格水平。

1955年我国开始建立和发展自己的石油工业，这一时期政府为了扶持石油产业，将石油价格一直按照高于国际油价的标准制定。然而，当时的国家工业处于起步阶段，石油的需求水平不高，供给相对宽松，因此这样的政府定价对当时的石油产业发展产生了一定的促进作用。1955~1980年我国原油产量快速增加，产量几乎翻了100倍。与此同时的天然气价格，为了支持国家的建设和发展，鼓励和促进天然气的使用，政府定价采取的是低价优惠策略，这在一定程度上制约了天然气行业的发展。在电力价格方面，这一时期的电价一直处于政府的严格规制中，1953~1979年的电价几乎保持不变，维持在0.065~0.075元/千瓦时，不能反映任何市场的实际变化。

计划经济下的能源价格体制呈现出诸多问题，包括价格通过计划手段制定并发布，行政色彩浓郁，价格固定，缺乏浮动空间，无法反映市场状况。中央集权定价，价格无法反映各地不同的能源生产销售特点，价格机制功能缺失，仅仅作为计划经济核算的手段存在，完全无法发挥调节能源资源配置的作用等，这些问题的存在，造成了这一时期我国能源价格机制的畸形和严重的不合理状况，影响了当时的经济发展。

（2）市场机制初现时期。

该阶段是我国改革开放的初期，市场经济体制还未确立，新旧体制处于交锋更替状态，但市场调节机制刚刚萌芽，计划经济体制仍然占据着主导地位。这个时期的能源价格仍然采用政府统一定价的形式，只是对计划外生产的商品进行适当的加价，提升能源价格。这一时期的定价更加合理，减轻了政府的财政负担。1981年7月,国务院决定成立国务院价格研究中心,负责研究、测算理论价格,提出价格改革总体方案。1982年,在党的十二大报告中,"计划经济为主、市场调节为辅"的经济思想被正式确立。开始对计划价格尝试做出一些小的修改。这一时期实行的是"以调为主,以放为辅"价格改革措施,具体的执行主要体现为提价。例如,为了解决煤炭价格严重偏低的问题,统配煤矿的煤炭出厂价格平均提高32%,初步扭转了当时煤炭部门亏损的局面,之后又执行了多次超产部分价格加成的政策,显著提高了煤炭价格,扩大了煤炭企业的利润空间,刺激了煤炭生产企业的积极性,有效提升了煤炭生产的效率。随着煤炭价格的上涨,电力价格却没有及时、合理地联动调整,1979~1984年我国的电力价格一直维持在偏低位置,电力企业利润被压缩,融资能力减弱,电力建设投资减少,直接制约了我国电力行业的发展。

1982年,面对天然气产量的急剧下降,我国政府采用提价的方式进行解决,以提高天然气生产单位的生产积极性。1988年,面对天然气生产成本上涨、生产企业利益快速下降的态势,能源部批准四川省采用向用户额外收费的方式对生产企业进行经济补偿,同时,还出台了多项促进生产的政策,如超产天然气可以提高市场销售价格等办法。

1982年8月,国务院发布《物价管理暂行条例》以及相关配套文件,为我国建立合理价格体系提供了法律基础,以促进价格管理体制改革的顺利进行。1983年,为了切实推进价格改革,国务院决定成立国务院物价小组,专门负责全国价格改革工作,为建立合理价格体系提供了组织保障。之后,依据理论价格的计算方式,我国逐渐建立起了一套完善的价格体系,对各类产品进行定价。这一阶段能源价格体制改革的主要内容是,改变原先的价格管理制度,稳步推进权力下放,放松价格管制,允许多种价格形式并存。

1984年,党中央出台了《中共中央关于经济体制改革的决定》,对中华人民共和国成立以来采用的价格体系给予了全面否定,并指出这种价格体系给社会发展带来的负面影响,即价格紊乱,价与值不相当,其反映供求关系的功能也无法体现。这就凸显了当前价格改革的重要性和必要性,以保障市场上的物资供求,对企业的生产经营效益进行科学评价,消除技术进步的障碍，调整整个社会的生产与消费结构，节约社会劳动，从而我国政府提倡的按劳分配原则得以真正落实。此外，随着我国私营经济的发展，企业向着更加独立自主经营的方向发展，价格作为企业利润的重要影响因素，直接决定着企业生产经营活动行为。赋予企业以自主定价权是顺应时代和社会发展潮流的一项重要工作（王学庆和杨娟，2008），也是我国价格双轨制确立的开端。

（3）全面"双轨制"定价时期。

长期以来，中国能源实行以计划价格为主导的定价机制，在价格上，能源处于严重的价值不当情形，价格无法体现出能源自身的实际价值。为了解决这个问题，消除计划经济造成的不良影响，我国政府在能源领域逐步推进市场调节价格机制，形成两种价格机制并存的局面。

1985年我国全面推开价格改革，国家物价局和国家物资局联合发出《关于放开工业生产资料超产自销产品价格的通知》，要求各地政府以及各行政职能管理部门，自接到通即日起，放开工业品生产资料等价格的管制，撤销了原先执行的生产企业只能对产品加价20%的规定。该政策在激活经济发展方面固然有着积极的作用，但带来了令人意想不到的不良后果，即工业生产资料价格失控，市场价格呈现出不断快速上涨的现象。加之工业品生产资料产量偏低，供应不足，进一步推高了市场价格，导致我国进入了严重的通货膨胀阶段，经济出现了泡沫现象。尽管政府也适当地上调了部分计划内价格，但与市场价格相比，上涨的幅度很小，差价日益加大，形成了双轨价差。此外，在计划内的同类产品也逐渐出现价格不统一的现象，导致价格混乱的情况更加严重。如煤炭价格，物资部门在调查中，发现煤炭的价格形式多样，包括了计划高价、计划低价、合同价格、市场价格等十几种价格（佚名，1999）。1985年政府对于统配煤矿实行投入—产出承包制度，以上年的计划产量设定包干的产量基础，基数内的平价，超过基数在国家计划产量内的加价50%，超过国家计划产量并纳入社会分配的加价100%，不参加社会分配的自行销售。与此同时，为调动油田和炼厂超产的积极性，国家决定对石化行业超产的计划外油品实行市场调节价格，由企业根据市场供求情况自主定价。于是成品油价格出现了计划内平价、计划内高价和市场议价三价并存的局面。

1986年和1987年，国内油品市场供不应求，供需矛盾加剧，价格不断上扬。计划外油品价格日益暴露的弊端，成品油倒卖、走私日益猖獗。为了控制这种现象，国家对炼油企业实行限价政策，重点针对销售价格和计划外出厂价格，该项政策同时适用于所有大中城市。

1981年我国的原油产量首次出现下降，政府十分关注。同年4月，国家计委、国家能委、财政部和石油部联合提交了关于稳定下一年原油产量的报告，提出了原油1亿吨的产量由石油部包干并按照计划价格销售，超出部分的产量由石油部按照计划内的高价在国内销售或者按照国际价格出口，其差价收入作为石油勘探开发基金。原油价格也相应划分为两类：一类是计划内价格，低于市场销售价格，即平价原油；另一类是计划外价格，采用的是市场销售价格，被称为"高价油"。自此，原油价格"双轨制"在我国出现。这一举措开启了原油市场价格的大门，改变了过去国家统购统销的单一计划模式，是成品油价格"双轨制"的开端。1982年左右，按照国家的定价，大庆油田和胜利油田计划内生产的原油价格为每吨100元，而超产原油价大庆油田为每吨644元和胜利油田为每吨532元。原油就出现了计划内平价与超产高价两种价格。高价油与平价油的价差收入，作为"勘探开发基金"用于弥补石油勘探开发资金的不足。1983年，为了缓和国内市场成品油矛盾，解决油田勘探开发基金不足的问题，国家决定将国务院煤代油办公室专项出口的高价原油和石油部用于解决石油勘探开发基金专项出口的高价原油全部留在国内加工，其产品也在国内按照国际市场价格销售，形成了所谓的"以出顶进"。成品油价格出现"双轨制"，为石油行业竞争机制的引入提供了土壤，在一定程度上起到了促进行业生产效率提高的作用，但也引发了一些意料之外的问题。

对于能源价格"双轨制"的政策效果评价不一。部分学者对"双轨制"持反对意见，认为其不符合价值规律，将会给投机倒把行为以可乘之机，从而导致国家计划分配的混乱，因此，应予以取消。但有些事务界人士则表示"双轨制"有其积极的意义，其作为两种体制之间的过渡体制，为商品由国家定价向市场定价转变选择了一种必要的过渡形式。实行"双轨制"带来的种种弊端是进行价格改革不可避免的代价（刘伟，2011）。然而，由于前期计划经济价格机制的长期作用下形成了巨大的供需矛盾，这种矛盾也进一步地加剧了"双轨制"价格的价差，激化了"双轨制"下的市场乱象。我们不能片面地否定这一时期的价格机制，其在一定程度上对能源企业生产积极性的调动和生产效率的提高是有促进作用的，而其带来的问题正是下一阶段能源价格机制改革的着手点。

(4) "双轨制"价格并轨时期。

1989~1992年，我国的定价机制逐步摆脱了政府定价体制，转以市场调节为主。1990年以后，国内经济市场发生了较大的变化，商品的供求基本处于平衡状态，计划外商品也难以维持原先的高价，呈现逐渐下降的趋势，与计划内产品价格逐渐持平。1992年9月，我国政府取消了571种生产资料产品定价管制，之后将由企业自行定价，国家积极推进能源价格并轨。1994年，率先在煤炭和原油两类能源领域进行价格并轨，并相继放开了其他能源产品价格，采用市场价格体制，逐渐形成了以市场为导向的能源产品价格机制（佚名，1999）。

在此期间，我国对原油生产销售也进行了改革，采用"平转高"政策，下放部分定价权，并对生产分配计划进行了调整，减少计划内平价油占比，原油平均价格显著提高。1993年10月，我国政府批准石油生产企业以546元/吨的价格对外销售计划外超产原油，比1978年的价格提高了4.4倍。1994年5月1日，国家对原油价格作了大幅度调整，实行两档五类价格，调整后原油平均价格水平为860元/吨，缩小了与国际油价的差距，原油价格的质量和地区差价也趋于合理，为最终原油价格并轨创造了条件。原油价格调整后，成品油价格也相应提高。1994年原油调价后，汽油、0号柴油、重油价格分别提高到每吨2350元、1900元、800元，对抑制石油消费和促进石油加工发展起到了积极作用。为消除价格双轨制弊端，国家对原油价格重新进行了统一的政府定价，并加强对成品油价格的监管。1994年，为进一步推进价格改革，扶持石油工业的发展，国家对原油价格进行了较大调整，确定从1994年5月1日起国产陆上原油全部实行国家定价。原油价格根据油田的具体情况分为两档，按照原油的质量和地区差别，第一档原油分为两类，第二档原油分为三类。1996年，国家对一、二档原油价格进行了调整，在提高一档原油价格的同时，降低了二档原油价格，缩小了一、二档原油价差，并将原油价格统一归并为四类。调整后，全国原油综合平均价为每吨 935 元，比 1978 年上涨了 8.2 倍。但这一时期的成品油价格相较于国际油价处于较低水平，石油工业企业利益得不到保障，发展受阻，进一步的价格改革酝酿在即。

这一时期的能源价格机制改革主要围绕解决"双轨制"价格机制所带来的种种市场乱象，使能源价格重新回归到一个体系中，能源价格在不同渠道形成的巨大分歧和非正常上涨的现象得到改善，为下一步市场的价格机制引入提供了基础。

(5) 市场机制引入能源定价的时期。

在此阶段，能源价格处于稳步、小幅提高的状态。随着放开比重的上升，市场调节作用日益显现，改变了政府统一定价的模式，成效初步显现。1997 年 12 月《中华人民共和国价格法》通过了全国人大常务委员会议的审议，并于 1998 年 5 月 1 日起施行。价格法明确：国家实行并逐步完善宏观经济调控下主要由市场形成价格的机制；提出经营者定价的基本依据是生产经营成本和市场供求状况，使市场机制定价纳入了法律的轨道，有了法律的依据和保障。

随着市场经济体制改革的进一步深化，能源价格的形成机制矛盾突出，尤其是近年来在能源需求不断上升的情况下，能源价格没有反映出调节供给与需求的杠杆作用。能源供求矛盾在政府不能很好调控的情况下交由市场那只"看不见的手"来解决，这种措施推进了能源价格市场化的进程，以及与国际油价接轨的石油价格市场化改革。从 1998 年 6 月《原油成品油价格改革方案》（计〔1998〕52 号）出台至 2008 年，我国的石油价格改革经历了以下两个阶段。

第一阶段：1998～2005 年，尝试与国际油价挂钩。《原油成品油价格改革方案》明确了建立与国际市场联动的油价机制，形成原油的基准价格，在此基础上加上油价的升贴水，而升贴水可以在一定程度上反映当前市场的供需；成品油价格则由政府定价转换为政府指导价，当国际油价波动超过 5% 时政府启动价格调整，调整的最短间隔时间为两个月。2000 年国内油价与新加坡的成品油价格挂钩，实行每月调整；2001 年，国内市场上汽、柴油价格与国际原油市场挂钩的情况也发生了变化：之前，我国只与新加坡一个市场挂钩，而自此之后挂钩的市场又增加了纽约和鹿特丹。以新加坡、鹿特丹和纽约三地市场汽、柴油离岸价为基础，计算进口到岸完税成本作为国内汽、柴油出厂环节的接轨价格。当新加坡、鹿特丹和纽约市场的汽、柴油月加权平均价格变动超过8%时，国内成品油价格也要进行相应的调整。此时汽、柴油零售价仍实行政府指导价，由国家计委制定并公布零售中准价；中石油、中石化两大集团最终确定市场零售价，并制定了一定的价格浮动幅度，之前规定上下浮动幅度不得超过5%，现调整为8%。此外，设定了国内成品油涨（降）价区间，稳定成品油价格。具体操作规定为：保持在国际原油价每桶14～28美元的区间不调整成品油市场价格，在此区间之外进行相应的价格调整（彭森，2010）。但由于油价传导机制不完善，价格批零倒挂的现象依然存在。

第二阶段：2006～2008年，进一步完善与国际接轨的价格机制。以2006年《完善石油定价形成机制综合配套改革和有关意见的通知》（国办发〔2006〕16号）的发布为标志，以布伦特、迪拜、米纳斯三地原油的加权平均价格为基数，加上炼油成本和企业利润的国内成品油定价机制，同时对与国际接轨的市场价格机制配套机制进行了完善，调高成品油价格调控区间至每桶25～50美元（彭森，2010），成品油调价的界线更改为国际市场原油一段时间移动平均价格变化超过4%时。建立四个配套机制，实行综合配套改革。主要内容包括：一是建立石油企业内部上、下游利益调节机制。当国家调控汽、柴油价格时，中石油、中石化两公司可以采取油田企业盈利弥补炼油企业亏损，以及调整对炼油销售业务实现利润的考核指标等办法，平衡内部利益关系，调动炼油企业生产积极性，保证市场供应。二是建立相关行业价格联动机制。对于航空业采用以煤油价格的变动对运输价格进行调整的制度，同样，该制度也应用在各类陆路运输形式上。三是实行对公益性行业以及弱势行业给予适当补贴的制度，包括农、渔、林等从业者，以及农村道路客运用油增支，由财政给予补贴。城市出租车用油也纳入补贴范围。四是建立石油涨价收入的财政调节机制。当国际市场原油价格超过每桶40美元时，对国产原油的涨价收入部分开征特别收益金，并执行超额累进从价定率征收，征收比率为20%～40%。

2007年，胡锦涛总书记在党的十七大报告中指出：加快形成统一开放、竞争有序的现代市场体系，发展各类生产要素市场，完善资源定价机制，以充分反映资源的价值以及市场供求关系，发挥价格的市场调整作用。同时，还应关注到资源开发中的环境损害成本。当时资源性产品价格机制主要存在的问题表现为：资源性产品定价机制未考虑资源开采地环境治理的外部性成本，资源价值被严重低估；煤炭和天然气出矿（厂）价格偏低，能源比价不合理，不利于能源结构的优化；能源定价机制、调控机制改革相对滞后，不利于有效发挥价格杠杆作用；深化资源性产品价格改革与低收入群体利益保障的关系需要统筹兼顾（贺刚，2013）。2008年国务院发布的《关地实施成品油价格和税费改革的通知》（国发〔2008〕37号）进一步调整了成品油零售和批发环节的市场定价机制的细节。2009年出台的《石油价格管理办法（试行）》（发改价格〔2009〕1198号），进一步明确了原油市场的定价机制。成品油价格与国际市场联动挂钩机制改革非常成功，很好地反映了市场供求关系，未来还要进一步朝着市场化方向改革，要择机放开成品油价格。成品油价格改革按照市场化的要求已经取得了重大进展，2013年进一步完善了价格机制，缩短了调价期限，变成了10个工作日，取消了4%的幅度限制，已经完全建立起与国际市场联动挂钩机制，并完全按机制执行。

在煤炭价格方面，2002年之后，国家仅在煤炭的交易会上发布煤炭和电力企业交易的参考价格，放松了对煤炭交易价格的管制。2005年起，政府则不再直接调控煤炭价格，政府只负责发布煤炭交易的框架、原则，企业从自身的生产经营状况和市场行情出发，自主订立合同。同年，天然气定价机制进行改革，取消了政府对出厂价格的直接定价，采取政府指导价格。2006年后，除了特殊情况下对电煤价格的上涨幅度进行限制外，煤炭价格基本实现了市场化的定价机制。2008年进一步深化和完善了市场化的定价机制，提出了考虑资源稀缺性和环境影响的能源产品成本构成体系。

这一时期的能源定价机制从引入市场化定价机制的实践到逐步调整政策规定和配套制度，逐步发挥市场的自主调节作用参与能源价格的形成过程，各方面的经济关系渐渐理顺，市场的运行更加有效。但由于市场化定价机制的完善仍然有很长的路要走，各种新生的问题也亟待市场化机制解决。

（6）当今能源市场化定价机制改革深入的时期。

2015年10月中共中央、国务院发布的《关于推进价格机制改革的若干意见》（中发〔2015〕28号）进一步对价格机制的作用进行了明确，指出其是市场机制的核心，两者之间存在着重要的关联性。在资源配置中市场价格是关键的影响因素。因此，各地政府要严格遵照"管住中间、放开两头"的原则，注重电力、天然气等能源价格的开放，利用市场调节作用，促进其实现完全的市场化。积极探索价格改革途径，对于油气能源要实行全放开的方式，形成多元化竞争的市场格局；对于补贴政策应采用审慎的态度，关注交叉补贴问题，原则上要取消这类补贴，使能源充分依照市场供求进行定价，体现出自身的商品属性。对于电价，除了公益性用电以及一些特殊用电外，其余要采用稳步放开的方式。要区分输配电价与发售电价两类价格，形成各自独立的价格机制。对于电网、天然气管网输配价格的确定，应遵循我国政府提出的"准许成本加合理收益"的原则。对于输配电价的制定，要积极探索改革的机制，采用试点的方式，并逐步推广到更多地区，最终将全国所有电网都纳入其中。对于电网企业的监管方式也要进行改进，逐步建立起一个独立、完善的输配电价体系，并制定明确的制度和监管的措施，以确保定价水平科学、合理，形成标杆效应，使得电价成为市场需求和成本变化的外在体现。同时，关注电力生产企业的节能环保措施是否到位，如脱硫、脱硝、除尘等环保措施，并将由此产生的环境治理成本反映在价格体系中。在电力供应上，要通过宣传指导，使得各地政府能够依据自身的经济结构以及发展状况，本着抑制"两高一剩"行业发展的理念，对其实行差别电价制度，提高高能耗企业的用电电价，以达到淘汰落后产能，优化本地产业结构的目的[①]。

同时，要关注如草原、矿山、森林等自然资源及其产品的定价机制改革，实行有偿使用制度和生态补偿制度，完善收费政策，以实现保护和修复生态环境的目标。对于目前我国地下水开采过度的情况，要采用征收水资源税的方式，该项工作可以采用试点的方式逐步推进，在试点地区的选择上要以地下水超量开采地区为主。对于农用水价要进行改革，以增强农民的水资源保

---

① 内容整理自：中共中央国务院关于推进价格机制改革的若干意见。

护意识，形成节约用水的理念。

2001年经国务院批准并公布的《国家计委和国务院有关部门定价目录》（国家计委2001年第11号令）中规定，13类商品的价格由国家发展计划委员会制定，其中能源类商品的政府定价包括：天然气出厂价格，定价范围为陆上油气田天然气；电力未实行竞价的上网电价。电力体制改革后，上网电价在市场竞争中形成，政府不再审批销售电价。国家计委定价范围为省级及省级以上电网销售电量，主要监管高压输电价格和低压配电价格。2015年对《国家计委和国务院有关部门定价目录》进行了全面梳理和修订，形成了《中央定价目录》（国家发改委2005年第29号令）：将政府定价的13类商品调整为7类，包括各省（自治区、直辖市）天然气门站价格，国务院价格主管部门定价范围为国产陆上天然气和2014年年底前投产的进口管道天然气，直供用户（不含化肥企业）用气除外。

2008年12月5号国家发展改革委、财政部、交通运输部、国家税务总局联合发布的《成品油价税费改革方案（征求意稿）》中提出从2009年1月1日起，实行新成品油价格机制。其核心是价格改革、公路收费改革和成品油消费税改革三位一体。依据该方案规定，国内成品油价格的调整，要与国际市场原油价格挂钩，以22个工作日为一个考察周期，即在此期间原油价格变化平均值要大于4%（贺刚，2008）。2013年成品油调价的周期缩短为10个工作日，同时还进行了两项调整：一是对前述4%的变化幅度限制予以取消；二是改变挂钩的国际原油品种。2016年为了提升油品质量，确保石油供应，国家发展改革委出台了《关于进一步完善成品油定价机制有关问题的通知》（发改价格〔2016〕64号）：一是设定成品油价格调控下限。下限水平定为每桶40美元，即当国内成品油价格挂靠的国际市场原油价格低于每桶40美元时，国内成品油价格不再下调。二是建立油价调控风险准备金。当国际市场原油价格低于40美元/桶调控下限时，成品油价格未调金额全部纳入风险准备金，设立专项账户存储，经国家批准后使用，主要用于节能减排、提升油品质量及保障石油供应安全等方面。三是放开液化石油气出厂价格。液化石油气出厂价格由供需双方协商确定。四是简化成品油调价操作方式。国家发展改革委不再印发成品油价格调整文件，改为以信息稿形式发布调价信息。

在天然气价格机制改革方面，2011年年底，国家发展改革委选择了两广地区为试点地区，采取"市场净回值"方法确定气价。该方法的定价机制为：用可以替代天然气的能源商品价格扣除管道运输费等成本部分，然后采用倒推的方法遵循终端市场—门站—出厂价的路径进行核算，从而确定天然气的终端价和出厂价。从2012年开始，国家发展改革委对天然气价格定价制度进行了大幅度的改革，主要从以下几方面着手：一是实行门站与出厂同价的方式，两者采用的均为指导价，并且规定了最高限价；二是采用每个省份不同气价的政策；三是区分存量气和增量气，并采用不同的定价政策，前者实行逐步推进的调整方式，后者按照两省区的规定执行；四是各省级物价局确定门站价格以下的气价。2013年6月，国家发展改革委下发《关于调整天然气价格的通知》（发改价格〔2013〕1246号），宣布自2013年6月28日起对天然气门站价格进行调整，但范围仅限于非居民用类型。存量气和增量气门站价格依据不同的标准进行调整，前者为直接提价，提价幅度不得高于0.4元/立方米，后者按可替代能源价格的85%进行确定。调整后，全国天然气平均门站价格整体水平上升，由之前的1.69元/立方米上涨为1.95元/立方米。此外，地方政府也积极推动气价改革，不少城市对于居民类型的用气采用阶梯价格制度，这不但对天然气企业有利，还能培养居民的节约意识，有利于天然气资源的合理配置（殷建平和杨瑞，2011）。

2012年12月国务办公厅发布的《关于深化电煤市场化改革的指导意见》（国办发〔2012〕57号）中指出，取消电煤的重点合同，取消煤炭价格的"双轨制"，国家发展改革委不再制定跨省的煤炭铁路运输配置意向框架，电煤价格由煤炭企业和电力企业自主协商，鼓励两者签订长期合同，标志着煤炭价格"双轨制"的终结和煤炭订货会退出历史舞台。自此，煤炭价格基本实现了市场化定价，这也为下游电力价格的进一步市场化奠定了基础。

我国能源价格经历了从一个完全由政府一方严格地定价，到政府逐步退出定价机制，改由市场为定价主体的渐进过程，这一过程不仅伴随着价格机制改革实践经验的不断累积，也代表着对能源价格机制认识的不断深入。

6.3 中国主要消耗的化石能源及其定价

6.3.1 中国主要化石能源的消费现状

（1）保持以煤炭为主的能源消费结构。

我国的能源消费结构一直是以煤炭为主体，煤炭的消费量占比一直保持在60%以上，1980年的占比为72.2%，至2017年占比下降到12%以下，经济发展对煤炭的依赖性仍然很大，这主要是由我国贫油富煤的资源禀赋状况决定的。然而，尽管煤炭仍然是中国能源消费的主要品种，但其消费占比一直处于下降的趋势。近年来国家不断通过大量的政策扶持和引导天然气的使用，天然气的消费增长速度很快，效果明显。2017年天然气的消耗量环比增幅达到了15.19%，占比超过7%。2017年石油的消费量增幅为5.13%，消费量占比接近19%。2017年石油、天然气和煤炭三大化石能源的消耗量总计占全国能源总消耗量的85%以上，因此，我国化石能源在当前和未来仍是能源消费的主要品种。

（2）天然气对煤炭的替代趋势明显。

从能源消费结构变化的趋势上看，近年来煤炭的占比呈现缓慢下降的趋势（图6-5），2005年、2010年、2015年、2017年的煤炭消费占比分别为75.4%、72.7%、68.1%、60.4%，与此同时，天然气消费的占比逐年上升，2005年、2010年、2015年、2017年的天然气消费占比分别为2.5%、4.2%、6.2%、7%，在城市生活能源"煤改气"等一系列促进天然气消费的政策措施，以及近年来天然气生产能力的提升下，天然气作为一种清洁、高效化石能源，其消费占比慢慢升高，未来将逐步替代部分煤炭的消费量。

气代煤是必然趋势，其中天然气发电将是主要形式之一。国家发展改革委发布的《天然气发展"十三五"规划》（发改能源〔2016〕2743号）中明确提出大力发展天然气发电产业，到2020年天然气发电装机规模达到1.1亿千瓦以上，占发电总装机比例超过5%。国家发展改革委连同其他部委发布的

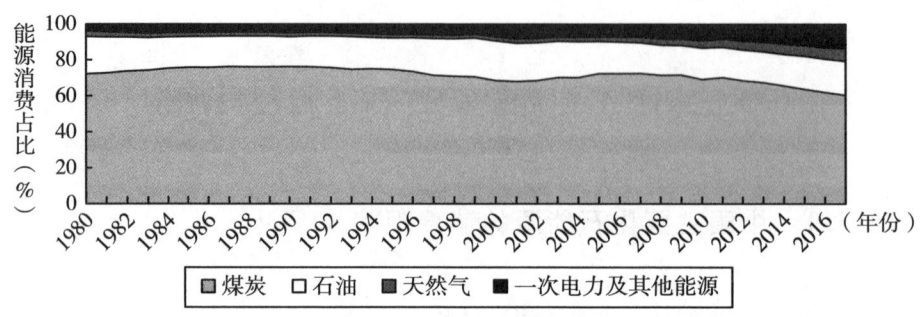

图 6-5　1980~2017 年中国能耗结构图

资料来源：2018 年《中国能源统计年鉴》。

《关于加快推进天然气利用的意见》（发改能源〔2017〕1217 号）则提出，到 2020 年天然气发电总装机规模达到 1.5 亿千瓦，天然气发电用气约 1000 亿立方米。据测算，"十三五"期间，天然气发电新增装机容量将达到 0.4 亿~0.8 亿千瓦，增幅将为 57%~114%。

（3）石油消费增速较快。

近年来，随着汽车消费的大幅增长，我国的石油消费量增速非常快，在能源消费总量中的占比也是节节攀升。2017 年，石油消费的占比接近 19%，是我国消费的第二大化石能源品种。但由于我国贫油的资源状况，石油的供应主要依靠进口，这给我国的能源稳定和安全带来了一定程度的挑战。同时，石油类能源产品的生产和消费的污染物排放都是较高的，消费大量的石油也不利于绿色经济发展，因此，我国出台了一系列的措施鼓励以电代油、以气代油，如汽车用压缩天然气的市场化推广、电动汽车的推广等。

6.3.2　国内主要化石能源价格机制纵览

（1）成品油定价机制。

在实际工作中，关于成品油的定价方法一般有两种：进口平价定价法和成本加成定价法。在使用进口评价定价法时，成品油的价格构成主要包括：进口的到岸价格（CIF）、关税等进口环节的税收、升水、码头费、着陆费、装运费等落地成本，加上销售时的营销费用和配送成本后构成实际的销售价格；在使用成本加成定价法时，成品油的价格构成主要包括原料投入成本、生产运营成本、运输成本、销售成本以及合理的利润加成。利润加成是根据一定的依据人为主观确定，因此这种定价方法通常用于政府行政定价的价格机制中，我国目前成品油的定价机制也是以成本加成定价机制为基础衍生出来的。这两种定价机制都各有缺陷。进口平价法以进口价格作为定价的基础，忽略了本国炼油企业的实际成本和合理利润，此外国内油品的价格受到国际市场价格的影响，可能出现较大幅度的波动，给消费者带来冲击。而单纯采用成本加成的行政规制制定成品油价格又存在价格失真的问题，导致价格无法反映真实的市场供求信息，过低的利润加成可能导致企业的经济利益得不到保障，过高的利润加成又使企业失去降低成本的动力，改善生产管理技术的积极性无法调动起来，两方面都会带来资源的不合理配置，扭曲市场行为。

1998年之前，我国的成品油价格一直都采取政府定价的机制，自1998年《原油、成品油价格改革方案》（计电〔1998〕52号）出台后，我国开始了油价由政府完全定价转变为政府指导价，并与国际市场价格挂钩的浮动定价机制。我国现阶段的成品油定价机制是在2008年《国务院关于实施成品油价格和税费改革的通知》（国发〔2008〕37号）提出的定价机制基础上形成的，期间经过了20多次的调整改革，至今国内成品油的价格与国际价格间的联动反应已越来越迅速，2015年1月国家发展改革委发布的《关于降低国内成品油价格的通知》（发改电〔2015〕10号）进一步完善了我国目前的油价国际联动机制，采取了上、下限控价的措施，规避油价联动机制下价格大幅波动的风险。这种定价的方法是综合了进口平价法与成本加成法的定价方法，也就是说，现行的油价机制既能体现了国际市场价格的变化，又考虑了国内加工生产等成本的影响。具体来说，除了军队、政府使用的油品之外，我国当前的成品油价格是在政府制定的最高限价以下的范围内执行的部分市场化定价机制，也就是政府指导价下的部分市场化定价机制，包括：

国内成品油出厂价 = 国际市场原油价格 + 平均加工成本 + 税金 + 利润

$$(6-1)$$

汽柴油零售最高限价 = 出厂价格 + 流通环节差价 $\qquad(6-2)$

汽柴油最高批发价格 = 最高零售价 - 300（或 400）元/吨 - 运杂费

$$(6-3)$$

由于成品油出厂价格与国际市场原油价格的联动机制，当国际油价波动时自然引起国内油价的波动。在 2008 年之后我国的历次油价定价机制调整中，大部分都是对波动调整的窗口期、联动的原油市场和品种、调价的幅度限制及调整中止的阈值进行调整，以合理保持油价的敏感性并防范大幅波动的风险。现行的最高限价的调价规定是：调价的窗口期为 10 个工作日，调价中止的阈值上限是 130 美元/桶，下限是 40 美元/桶，国际油价超过 80 美元/桶时，通过扣减出厂价格中的利润来实现调价。

我国现行的成品油定价机制在一定程度上已经具备了市场化的形式。由于石油产品在国民经济和社会生活中的重要地位，为了避免价格风险的发生，政府进行合理的限价和制约是有必要的。但在实际的执行过程中成品油定价机制却并未完全按照政策所预定的路径起作用。比如，成品油的零售环节利润率高达 40% 左右，而上游炼油厂的利润率不到 5%[1]，在政府制定的最高限价中，流通环节的批零价差严重偏离了《石油价格管理办法》中提及的 300 元/吨或者 400 元/吨，造成了利润在不同环节的不合理分配，以及消费者利益受损等不合理的情况。

（2）煤炭定价机制。

根据市场经济规律，商品的价格同样反映着商品的成本。对于煤炭来说，成本价格包含着多项内容，既有前期的勘探、中期的生产以及后期的运输成本，又有这三个阶段中多个环节的成本。此外，还有一类特殊成本，即政策成本：政府各部门收取的税费。这些成本一起构成了煤炭成本。只有全面地核算成本价格，才能确保煤炭定价的合理（赵海龙，2010）。

从产业链上来看，总体来说煤炭价格主要由直接生产成本、相关税费、运输费用、煤炭销售企业收费、煤炭生产运输企业的利润构成：

煤炭价格 = 煤炭生产总成本 + 利润 $\qquad(6-4)$

---

[1] 腾讯财经："看完定价才明白原来加油站这么赚钱"，http://finance.qq.com/original/MissMoney/mm0167.html，2016 - 04 - 14。

总成本 = 直接生产成本 + 期间费用 + 环境资源成本 + 税费成本 + 物流成本
(6-5)

直接生产成本 = 原材料成本 + 燃料成本 + 人工成本 + 制造费用 (6-6)

期间费用 = 财务费用 + 管理费用 + 销售费用 (6-7)

由此可以看出，煤炭生产成本很高，成本在很大程度上决定着煤炭的市场价格，这里的成本主要包括了设备的折旧、物料耗用、人员工资、管理营销财务费用等。

中国煤炭生产地区与负荷中心地区距离较远，东部和东南地区的煤炭需要经过陆运和海运才能到达煤炭负荷中心，因此煤炭的成本中包括了各类运输成本。具体来说，公路短途运输成本包括汽车短倒、临时占地费、计量费、公路集资费、服务费、维修费、污染治理费等，铁路运输成本包括铁路运费、倒车费、化验费、专用线维修费、调车作业费、过轨费、平车费、建设资助费、站台租赁费等，海运运输成本包括海运运费、港口卸车费、搬道费、堆存费、平仓费等。

环境资源成本 = 探采权价费 + 资源税 + 环保税 + 造林费 + 水资源费 + 水土保持设施补偿费 + 水土流失防治费 + 土地复垦 + 水资源补偿费 + 煤炭可持续发展基金 + 环保教育费等 (6-8)

环境资源成本是对煤炭资源的稀缺性和生产过程中的外部性的计量，体现为相关的税费开支。目前，我国的探矿权、采矿权使用费还处于一个较低的水平，无法充分地反映煤炭资源的稀缺性。此外，收费制度也没有考虑到煤炭的级差收益与开采效率，两者之间没有实行挂钩。煤炭在生产过程中会造成空气污染、水污染、土壤污染、生态破坏、重金属污染等外部性的影响，合理地将这些影响的成本纳入煤炭价格的构成体系一直是研究的关注点。据不完全统计，我国煤炭生产企业在生产经营过程中涉及的各种与环境资源保护相关的行政收费多达十余项，各地的收费标准不一，管理存在较多的不透明状况，环境资源收费的使用无法落实，这些收费的本意是将煤炭生产的外部性成本内部化，但实际效果却有待商榷。

税费成本 = 行政收费 + 所得税 + 增值税 + 附加税等 (6-9)

利润 = 生产企业利润 + 销售企业利润 + 运输企业利润 (6-10)

也有学者从其他的分类角度指出，煤炭生产的完全成本包括直接生产成本（员工薪酬福利、原材料、折旧费用、电力等）、资源成本（矿业获取成本、矿业资源税及补偿费等）、安全成本（安全工程成本、预防成本、损失成本）、环境成本（环保和预防成本、环境治理和恢复成本、环境损失成本、环境管理和教育成本）、煤炭生命成本（环境转产成本、煤炭可持续发展基金）、煤炭价格调控基金等。

可以看出，目前我国的煤炭价格构成中几乎包括了有对稀缺性、产权价值、生产经营成本、环境外部性、土地使用租金、安全管理费用、退出成本等一些列显在和潜在支出的考虑，但这些成本在价格中的计量和占比还存在不合理、不完整的问题，价格在实际煤炭交易市场中的调节作用仍然不足，这涉及与价格相关的制度层面，也涉及与煤炭息息相关的煤电行业等诸多复杂的因素。即使排除这些因素，煤炭价格的构成仍然存在不完善的地方。

（3）天然气定价机制。

目前我国天然气定价市场化仍处于推进中，还没有建立起统一的天然气定价模式（张前荣，2017）。由于我国的天然气存在着四种来源，即国产陆上气、国产海上气、进口液化天然气和进口管道气，也就相应地存在着四种定价机制（表6-1）。

表6-1　　　　　　我国不同气源的天然气定价机制

气源	国产陆上常规气	进口管道气	国产海上气	国产非常规气	进口LNG
定价机制	净回值法	双边垄断法（BIM）	市场定价		油价挂钩定价或长协议定价
出厂定价	=门站价-管输价	进出口方政府双边协定	市场定价		与JCC挂钩
管输定价	政府指导价				
门站定价	=市场净回值法价格+管输费		-		
配气定价	政府指导价=准许成本+合理收益（收益率原则上不超过有效资产税后收益率6%）				
终端定价	=门站价+配气价		市场定价		

①国产管道天然气门站定价。

国产陆上常规气以"市场净回值"法定价，门站价与可替代能源的价格挂钩，按后者价格的85%计算，采用60%的燃料油和40%的液化石油气权重计算后的水平确定折价系数 K，以上海市的门站价为全国的测算中心市场，结合管输费成本，采用市场净回值法进行计算，最后确定各省级门站具体价。

②长距离管输费定价。

我国管输费实行政府定价，采用"老线老价""新线新价"的测算方法，"老线老价"指的是建成时间较久的管道，这些管道为国家投资建设，管输价格也由国家统一制定；"新线新价"指的是新建成不久的管道，建设资金主要来自金融机构贷款，定价形式各有不同，由企业核算出价格然后上报国家价格主管部门审批，获批后可以单独执行（丁浩和董光亮，2012）。在审批这类管线运输价格时，价格主管部门主要依据"准许成本加合理收益"原则制定运输价格，综合考虑成本、收益、税收等因素确定准许年度总收入，核定管道运输价格①。

③城市燃气定价。

我国目前的城市燃气销售价格由省级价格行政主管部门制定。城市天然气销售价格的定价或调价通常是以城市天然气销售公司运营中所发生的合理成本、费用、税金以及合理利润作为依据，同时兼顾不同用户的价格承受能力和替代能源的价格水平。此外，还要考虑用户对燃气的用途和服务条件，坚持公平的原则，兼顾企业合理的回报率，确定天然气销售价格。合理成本包括城市燃气公司的维护、更新供气设施所发生的维修费、折旧费以及计量装置校验、更换和强制检定等费用；回报率参照相同行业的回报率。

④国产液化天然气定价。

该项价格采用的是市场化定价形式，主要由两个因素决定：一是市场供需情况；二是成本。液化天然气生产商确定出厂价格，加上运输成本，从而形成送到价。这个价格并不是固定不变的，而是保持着动态调整的状态，生产商每个月都会依据成本以及需求变化进行价格调整。

---

① 国家发展改革委印发关于《天然气管道运输价格管理办法（试行）》和《天然气管道运输定价成本监审办法（试行）》的通知（发改价格规〔2016〕2142号），2016年10月9日。

⑤进口管道天然气定价。

我国的进口管道天然气通过陆上七大输气管道运输,分别来自俄罗斯、缅甸等国,其定价方法为"双边垄断"的政府谈判价,进口价由进出口双方政府协议定价,根据一定的公式得出价格。

⑥进口液化天然气定价。

亚洲进口液化天然气价格依据来源地不同而采用不同的定价机制,主要与日本原油综合价格(JCC)挂钩。为了降低市场风险,引入了封顶机制,采用的是市场化定价机制。但印度尼西亚出口的液化天然气与本国石油生产价格指数挂钩。而非常规天然气的出厂价格则完全放开,由供需双方自行进行协商定价。

目前,我国所采用的以"净回值法"为主体的天然气定价机制在现阶段经济发展条件下具有一定的积极意义,然而从实践效果来看存在一些缺陷:其一,该定价法采用倒推的方法进行各环节的成本计算,对于大集团企业来说这是一项浩大的工程,核算结果的准确性也值得商榷。其二,与可替代能源挂钩,无法真实地反映天然气自身的市场供需情况。其三,带有垄断性定价性质。如果有企业出现了获利较高的现象,相关管理部门很可能会采取相应的限制措施,收缩天然气公司应用净回值法定价的范畴。

6.4 中国的化石能源供需对能源价格的影响作用评价

6.4.1 成品油的供需对其价格的影响

首先,我国目前采取的成品油定价机制是与国际油价挂钩的定价机制,加之从1993年开始,我国成为石油净进口国,并且进口量呈逐年上升的趋势,2017年我国石油对外依存度已达67.4%,2017年中国石油的年进口总量已超过美国,因此,影响国内成品油价格的一个重要因素就是国际市场的原油供给状况,其通过影响国际油价进而影响国内成品油的销售价格。2017年来自OPEC成员国的原油占中国进口量的56%,虽然低于2012年

67%的高峰①，但我国的原油进口主要还是依赖中东地区的供给，因此OPEC成员国石油供给的波动直接影响到我国国内成品油的价格。近年来中东政治局势一直动荡不定，非常容易导致我国油价的波动。2015年国家发改委发布《关于进口原油使用管理有关问题的通知》（发改运行〔2015〕253号），取消了原先规定的地方炼油厂只能采用国内生产的原油的限制。随后，商务部也下发《关于原油加工企业申请非国营贸易进口资格有关工作的通知》（商贸函〔2015〕407号），放开对炼油厂进口原油的管制。此后，地方炼油厂陆续开始积极申请进口原油使用权和进口权，众多地方炼油厂相继获得进口配额，大量从苏联、美洲等地区进口原油，这使得我国进口原油供给的渠道逐步多样化，有利于原油价格的稳定。

其次，我国国内原油市场的生产和供给状况也在一定程度上影响成品油价格。近年来随着中国国内石油市场化改革继续推进，地方炼油厂发展迅速。2016年中石化、中石油和地方炼油厂的产能分别占全国产能的38%、23%和25%，国内成品油的产能大幅提升，开工率也不断提高。2016年，山东地方炼油厂平均开工率超过五成，比2015年同期提高近11%，一些获得进口"双权"的地方炼油厂企业开工率超过了八成，是全国炼油增量部分的主要来源。随着地方炼油厂的成品油销售终端渠道网络不断健全，成品油产品的市场化竞争机制有一定程度的提升，但我国成品油定价的主动权还未落到市场的手里，国内消费市场的供需对成品油价格的影响仍然有限。

6.4.2 煤炭的供需对其价格的影响

煤炭价格主要受市场供需变化的影响。2017年中国能源统计年鉴的数据显示（图6-6），重工业是煤炭消耗大户。其中，电力煤炭消费量为所有行业之首，约占全国煤炭总消费量的四成，建材、化工和钢铁三类约占三成，因此这几类行业的发展状况决定着煤炭的需求。当煤炭产量无法适应需求变

---

① 周锐："中国2017年取代美国，成为全球最大原油进口国"，http://futures.hexun.com/2018-02-01/192371665.html，2018-02-01。

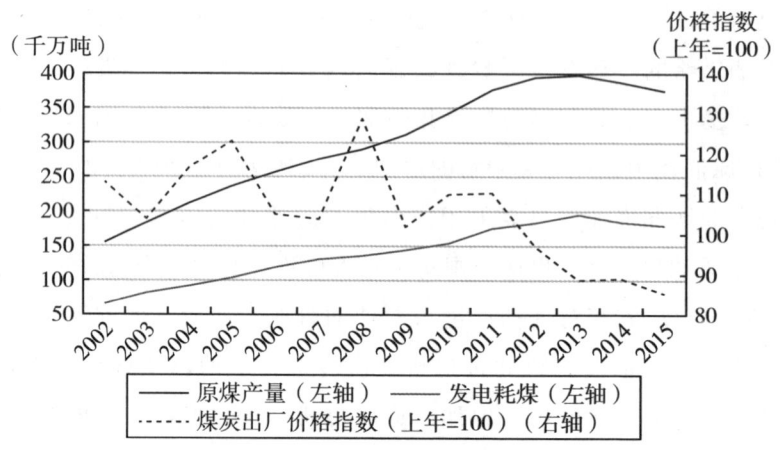

图 6-6 煤炭产量与价格变动趋势图

资料来源:《中国价格统计年鉴》(2003~2016年)、《中国能源统计年鉴》(2003~2016年) 及作者的计算。

化时,价格就会出现波动。

2014~2016年,随着我国宏观经济增速放缓,用电量下降,加上国家对高能耗工业品出口的抑制,煤炭的市场需求量快速下降,引起煤炭价格的大幅下降,大多数企业出现亏损,而一些实力较为雄厚的大型煤炭企业只好采用加大产量的方式来增加收入,结果加剧了煤炭价格下跌。但自2016年国家实施化解过剩产能政策以来,煤炭行业去产能进展迅速,煤炭产量降幅超过10%[1],全国煤炭市场形势由供大于求逐步转变为供需基本平衡。2017年由于天然气供应紧张,以及电力消费的增长,自2017年起我国的年煤炭消费量又开始回升。2016年开始煤炭价格开始回升,2017年煤炭出厂价涨幅达到28.2%[2]。煤炭市场对供需的变化反应十分敏感。此外,由于我国煤炭市场是对外开放的,2008年开始我国由煤炭净出口国转变为净进口国,2013年达到净进口量的峰值,近3.2亿吨。随着我国的经济增速

---

[1] 中国投资咨询网:"中国煤炭行业去产能还要持续多久?",http://www.ocn.com.cn/chanjing/201702/zbwzp09172540.shtml,2017-02-09。

[2] 中经市场研究网:"石油天然气煤炭三行业出厂价增近三成",http://www.cmrn.com.cn/news1007/201801/1120877.html,2018-01-11。

第6章 中国能源价格机制及对绿色经济发展的影响

放缓和钢铁产业去产能的推进,煤炭净进口量在近几年也逐渐下降,2015年净进口量的环比降幅达30.39%,2016年、2017年进口量又开始回升。进口煤炭的价格在一定程度上影响着国内煤炭的价格:一方面进口煤炭的数量影响国内煤炭供给的数量,另一方面进口煤炭也促进了国内煤炭价格同国际煤炭价格的接轨。

6.4.3 天然气的供需对其价格的影响

市场需求决定着天然气价格,2014~2016年我国天然气消费的平均增速为6.5%(图6-7),并且呈现逐步加速的趋势。这与我国近年来绿色经济发展对清洁能源的要求息息相关。城市居民生活用天然气改造的推进、交通运输天然气比例的提高以及发电"气代煤"的逐步提升等政策措施的执行,使得天然气的需求持续增长。根据《天然气发展"十三五"规划》(发改能源〔2016〕2743号),从2016年开始,我国天然气年消费量将以年增长率约12%的速度增长,到2020年将达到3600亿立方米。

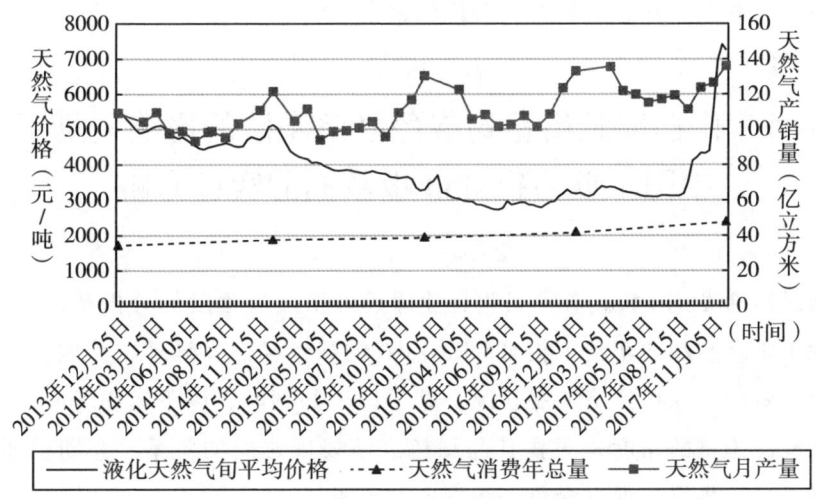

图6-7 2013~2018年天然气价格、需求与产量对比趋势图

资料来源:《中国价格统计年鉴》(2013~2018年)、《中国能源统计年鉴》(2013~2018年)、中经网统计数据库及作者的计算。

同时，我国天然气的供给有超过30%依靠进口。根据国外投资机构的预测，我国天然气进口的比例到2025年将上升至50%左右。因此，进口天然气供应的稳定性对国内天然气价格的影响非常重要。例如，2017年第四季度到2018年年初的国内天然气价格急涨急落的"过山车"行情正是由于中亚进口管道气的供应降低与我国冬季大幅降温推高需求联合作用的结果，"气荒"急推气价飙升。而当中亚管道气供应量上升后液化天然气的价格急落，这样的价格波动不利于市场的稳定。

目前我国天然气定价已逐步市场化，气价受到市场供需影响的灵敏度越来越高，我国的天然气需求则主要受到城市化水平、产业发展、人口数量和政府相关政策等要素的影响。城市化率的升高、人口的增长将催生更大的天然气需求量。与此相对的天然气供给则主要受到天然气运输管道设施建设情况、勘探开采技术、进口供应等因素的影响。从图6-8中可以看到，我国目前天然气的价格与天然气的供求状况的变化趋势并不存在明显的相关关系，主要原因是天然气价格市场化程度偏低，政府定价仍然处于主导地位。这样的定价机制，一方面有利于政府对天然气价格的有效调控，另一方面却会造成天然气资源配置在一定程度上的扭曲。

6.5 化石能源价格对绿色经济发展的影响：基于中国工业分行业面板数据的实证分析

通过第4章对35个中国工业行业绿色经济发展程度的分析和评价可知，我国除了烟草制品业实现了相对DEA有效的绿色经济发展外，其他行业均处于十分低效的非绿色经济发展状况。基于以上的判断，以下运用Tobit回归方法，从能源价格的角度来寻找其与绿色经济发展之间的关系，并期望通过这样的联系进一步寻找促进绿色经济发展的手段。

DEA效率值都是大于0的截断数据，因此需要使用Tobit回归进行影响因素分析。Tobit模型是处理被解释变量为截断的数据或者受限时的回归模型。模型如下：

$$Y = \begin{cases} Y^* = \alpha + \beta X + \varepsilon, & Y^* > 0 \\ 0 & Y^* \leq 0 \end{cases} \quad i = 1, 2, \cdots, n \quad (6-11)$$

其中，Y 为截断的被解释变量；X 为解释变量；α 为截距项；β 为回归参数；ε 为随机扰动项，并使用最大似然估计法估计 Tobit 模型的参数。选取影响因素作为解释变量，以效率值为被解释变量，建立回归模型。本书以技术效率、纯技术效率、规模效率为被解释变量。建立如下估计方程：

$$\begin{pmatrix} E1_{i,t} \\ E2_{i,t} \\ E3_{i,t} \end{pmatrix} = \begin{pmatrix} \alpha_1 \\ \alpha_2 \\ \alpha_3 \end{pmatrix} + \begin{pmatrix} \beta_1 \\ \beta_2 \\ \beta_3 \end{pmatrix} \begin{pmatrix} groupF_{i,t} \\ groupF_{i,t} \\ groupF_{i,t} \end{pmatrix} + \begin{pmatrix} \varepsilon_{i,1t} \\ \varepsilon_{i,2t} \\ \varepsilon_{i,3t} \end{pmatrix} \quad (6-12)$$

其中，$E1_{i,t}$ 为技术效率；$E2_{i,t}$ 为纯技术效率；$E3_{i,t}$ 为规模效率；$groupF_{i,t}$ 为影响因素变量。

（1）研究方法。

依据现有的研究文献资料来看，大多数学者都从科技发展、所有制结构等因素对分行业的能源效率影响展开研究（魏楚和沈满洪，2008；林伯强和杜克锐，2013；Li 和 Lin，2014；林伯强和刘泓汛，2015）。本书在这些研究基础上，选取中国工业分行业的化石能源价格、节能减排研发支出、行业所有制结构作为影响因素，分别以能源—经济—碳排放综合效率、纯技术效率、规模效率作为因变量，采用 2001~2015 年中国工业分行业的相关统计数据，建立 Tobit 模型进行回归分析。

（2）数据处理。

①研发投入。

技术进步是能源效率持续提高的关键（林伯强和杜克锐，2013）。依据实践经验，采用节能措施能够有效提高能源环境效率。学者吴延兵通过实证研究方式，发现节能措施与我国全要素生产率之间具有很高的关联度，两者呈显著正相关关系。考虑到碳排放主要由化石能源的消耗过程产生，且本书针对的是化石能源的碳排放效率，因此，本书采用各行业当年节能减排方面的研发投入占当年各行业总产值的比重作为研发投入的代表指标。具体来说，为了更好地匹配针对化石能源碳排放的研究，本书根据统计年鉴中各年份的

"减少能源消耗或提高能源使用效率"以及"减少环境污染"的费用支出占当年"工业企业科技活动经费内部支出"总额的比重,与各行业科技活动经费内部支出的总额相乘,取得针对节能减排的年度行业研发投入数据。数据来源于历年的《中国工业经济统计年鉴》及作者的计算。

②环保投入。

企业及政府对环境保护、治理及污染预防方面的投入,包括构建和运行节能环保设备的投入等,这些投入将对企业的节能减排起到积极作用。考虑到本书测算的是化石能源碳排放效率,碳排放所带来的主要是对大气的污染,本书采用当年各行业废气治理设施运行费占总产值的比例为能源碳排放环保投入的代表指标。采用的是历年的《中国环境统计年鉴》中的数据。

③所有制结构。

所有制结构指的是企业的资本中国有资本所占的比重。研究表明,国有企业生产效率不但远低于其他性质的企业,而且能源的使用效率较低,资源浪费现象严重(魏楚和沈满洪,2007;吴琦和武春友,2009),所有制结构中国有企业的比例增加对能源效率有显著的负面影响(周睿,2014)。因此,本书将各行业的所有制结构纳入回归分析的模型中做进一步的验证分析。所有制结构的代表指标为各工业行业当年国有资本占所有者权益总额的比例,数据来源于历年的《中国工业经济统计年鉴》。

④能源价格。

李世祥和成金华(2008)研究发现,能源价格上涨能够帮助企业养成节能意识,抑制能源浪费现象。林伯强和杜克锐(2013)也提出了类似的观点。本书采用历年各工业行业的加权化石能源价格指数作为能源价格的代表指标。具体来说,以历年各行业化石能源分品种的消费量占化石能源消费总量的比重为权重,对该行业各类化石能源当年的价格指数进行加权平均,以得到更为准确的该年分行业的化石能源价格指数。数据来源于历年的《中国价格统计年鉴》以及《中国能源统计年鉴》。

(3)结果分析。

从回归结果中可以看出(表6-2),环保投入在模型4中对能源—经济—碳排放综合效率的回归系数的显著性为0.225(P值),显著性不高。考虑到化石能源价格、所有制结构、环保投入和研发投入对因变量效率的影响可能存在滞后性,也就是说,这四个变量的改变不一定在当期就能够对效率产生显著的影响,其影响可能需要一定时期的传导和释放。本书逐一对各自变量进行了滞后一期($t-1$)的回归测试,结论是当工业行业环保投入采用($t-1$)期的数据进行回归时,变量的显著性均有提高,因此通过这个回归结果可以更好地解释实际的经济现象。

表6-2　　2001~2015年工业分行业面板数据Tobit回归结果

模型	因变量	自变量	常数项	化石能源价格	所有制结构	环保投入	环保投入($t-1$)	节能减排研发投入
模型4	能源-经济-碳排放综合效率	回归系数	-0.158227***	0.030354***	0.105955*	0.009686		0.010339***
		标准误	0.057119	0.007654	0.055919	0.007979		0.003430
		Z统计量	-2.770153	3.965947	1.894806	1.213866		3.014233
模型5	纯技术效率	回归系数	-0.442465	0.057145***	0.599659***	0.027037		0.036802***
		标准误	0.142636	0.019122	0.139651	0.019927		0.008566
		Z统计量	-3.102046	2.989962	4.293991	1.356804		4.296494
模型6	规模效率	回归系数	0.271666	0.071271**	-0.612494***	0.012099		-0.007817
		标准误	0.215515	0.028886	0.211136	0.030115		0.012934
		Z统计量	1.260541	2.467295	-2.900953	0.401742		-0.604400
模型7	能源-经济-碳排放综合效率	回归系数	-0.187488***	0.034312***	0.117196**		0.015293*	0.012376***
		标准误	0.059269	0.007901	0.053699		0.008625	0.003595
		Z统计量	-3.163327	4.342886	2.182450		1.773179	3.442041
模型8	纯技术效率	回归系数	-0.468821***	0.061854***	0.596901***		0.027434	0.039523***
		标准误	0.157264	0.020963	0.142485		0.022886	0.009541
		Z统计量	-2.981109	2.950614	4.189218		1.198757	4.142276
模型9	规模效率	回归系数	0.162705	0.084518***	-0.553796***		0.039037	-0.001391
		标准误	0.225856	0.030108	0.204657		0.032864	0.013697
		Z统计量	0.720392	2.807122	-2.705975		1.187835	-0.101574

注:*** 表示显著性(双侧)达到0.01的水平;** 表示显著性(双侧)达到0.05的水平;* 表示显著性(双侧)达到0.1的水平。

首先,化石能源价格在模型7~9的回归结果中都达到了0.01的显著性水平,并且回归的系数都为正数,与本书的理论假设相符,说明化石能源价格对能源碳排放效率具有显著的正向影响。在其他变量不变的情况下，化石能源价格指数每上涨 1 个百分点，能源—经济—碳排放综合效率将增加约 0.034，能源碳排放的纯技术效率将增加约 0.062，规模效率将增加约 0.085，DEA 有效的效率值是 1，因此这样的提升影响作用是比较大的。同时，从系数的数值上可以看出，化石能源价格对规模效率的影响要强于纯技术效率，说明随着化石能源价格的提高，对促进企业规模效率的提升作用更为明显。

其次，从工业行业的所有制结构上看，其与能源—经济—碳排放综合效率及纯技术效率之间呈现显著的正相关关系，国有资本的占比每上升 1%，能源—经济—碳排放综合效率便上升约 0.117，纯技术效率上升约 0.597，说明国有资本的增加有助于工业企业总体效率的提升。这与过去一些学者的研究结论有所不同。很多实证研究显示，国有企业的效率较为低下，因此国有资本的增加会导致效率降低。然而这些研究大多是基于 5~15 年之前的数据。近年来，随着国有企业改革的不断推进和深入，国企的经营效率已在不断提升，从本书的实证结果也可以印证这个事实。尤其是国有资本对纯技术效率的提升作用更大，这主要是由于国有资本相较于私人资本，其附带的研发和管理资源能够为企业提供更多、更高的平台，促进技术更加有效开发、整合和管理水平的提升；而所有制结构与规模效率之间为显著的负相关关系，说明国有资本的增加不能增加企业的规模效率。

再次，从工业行业的环保投入上看，其对能源—经济—碳排放综合效率、纯技术效率和规模效率均有正面影响，但影响的显著性不是很强。由于模型采用的是滞后一期的环保投入值，比较采用当期环保投入模型的回归系数，可以看到滞后一期的显著性有所增强，说明环保投入对效率的影响是存在滞后性的。

最后，从节能减排和环保的研发投入上看，其对能源—经济—碳排放综合效率及纯技术效率的正面影响显著，当每万元产值的研发投入增加 1 元，能源—经济—碳排放综合效率可以增加约 0.012，纯技术效率可以增加约 0.040，说明工业行业在节能和环保方面的投入对提高经济增长的效率和降低碳排放有积极作用。相反，研发投入对规模效率并不存在显著影响。

综上，通过对我国 35 个工业行业的实证分析，可以证实化石能源价格对经济增长效率和碳排放效率具有正向的作用关系。即化石能源价格的提高有利于促进能源—经济—碳排放综合效率提升，也就是说，化石能源价格的合理增长有助于绿色经济发展。

6.6 本章小结

中国的能源资源总量十分丰富，尤其是煤炭资源、水电、页岩气等资源，但人均资源占有量较低，地理分布不均。近年来，随着产业结构的逐步转型和煤炭行业"去产能"政策的实施等要素的影响，能源的生产和供应增速有所下降，尤其是化石能源方面。但能源的供应结构和品质不断提升，清洁能源的占比有所提高。

在能源的需求方面，能源的消费总量不断上升，但增速放缓，在一定程度上表明我国的能源使用效率有所提升。但从第4章的实证分析看，能源消费结构仍以化石能源为主，尤其倚重于煤炭，因此造成能源碳排放效率较低。

纵观我国能源价格机制的发展历程，从中华人民共和国成立初期的政府计划定价开始，经历了双轨制定价、双轨合并定价，在发展的过程中逐步引入市场定价机制，程度逐渐深化，到目前为止，成品油价格与国际油价挂钩，相应周期缩短到10个工作日，实现了与国际油价的联动，同时成品油市场已逐步放开了市场准入，包括进口原油、炼油和销售三个环节都已开始推进，市场化程度越来越高；天然气价格方面，天然气采用"市场净回值"的定价方法，为过渡到完全的市场定价提供了基础，国家"管住中间，放开两头"的措施使得天然气的生产和销售环节市场化逐步深化；煤炭价格基本实现了市场化定价的机制，但实际执行过程中还是避免不了一些行政干预，电煤联动机制改革还在进一步的完善过程中。

最后，通过我国工业行业面板数据进行Tobit回归分析，以行业的能源经济碳排放效率为因变量，以化石能源价格等为自变量的回归分析结果显示，化石能源价格对能源碳排放效率具有显著的正向影响，在其他变量不变的情况下，化石能源价格指数每上涨1个百分点，能源—经济—碳排放综合效率将增加约 0.034，能源碳排放的纯技术效率将增加约 0.062，规模效率将增加约 0.085；DEA 有效的效率值是 1，因此这样的提升影响作用是比较大的。同时，从系数的数值上可以看出，化石能源价格对规模效率的影响要强于对纯技术效率的影响，说明随着化石能源价格的提高，对促进企业规模效率的提升作用更为明显。

第7章 构建与绿色经济发展相适应的能源价格机制

推动绿色经济发展，必须从我国当前经济结构转型升级的特殊国情出发，并借鉴国际经验。在完善能源价格机制方面，既要充分发挥市场在能源资源配置中的决定性作用，也要更好地发挥政府在能源资源配置中的积极作用。本章在分析我国能源价格对绿色经济发展实际影响作用的基础上，针对能源价格机制方面存在的问题，提出进一步完善能源价格机制的对策和建议。

7.1 实现绿色经济发展必须完善能源价格机制

前述章节通过对能源—经济—碳排放综合效率的测算得出，我国的绿色经济发展水平还很低，尤其是对比美国这样资源丰富、能源强度低、碳排放也控制得较好的国家，我国在排除GDP的增长效果后，能源消耗巨大、环境污染严重，这些发展过程中的顽疾极大地降低了我国经济发展的质量和人民群众的福利。能源从开采、生产到运输、使用，各个环节都是碳排放和环境污染的"高发区"，而能源价格通过市场机制能够自发地对能源的各个环节产生调节作用，因此，一套合理、有效的能源价格机制，是实现绿色经济发展的必要组成部分。

首先，价格机制是市场机制的核心。能源作为最重要的生产投入要素之一，完善能源价格机制有利于我国经济的健康持续发展，这也是完善我国社会主义市场经济体制的必然要求。当前，能源价格的市场化定价是我国能源价格机制改革的关键。历史上长期由政府根据政策的需要执行行政定价，使得能源的价格与市场的供求关系脱离，扭曲了能源资源的配置，滋生了腐败。

然而市场价格是市场在资源配置中发挥调节作用的关键,因此完善能源价格机制,有效发挥市场机制,健全政府对能源价格机制的监管,是形成良性市场经济循环的重要组成部分。

其次,完善能源价格机制能够影响能源结构的演变。中国的绿色经济发展受到能源结构的制约,我国长期以化石能源为主的一次能源消费结构,尤其是煤炭消费的高占比,是碳排放等污染的主要源头。2017 年,美国火电占比 29% 左右,欧盟火电占比 17% 左右,相比而言,我国的火电仍然占总发电量的 74.4%,且没有明显的降低趋势;我国的天然气发电量只占 3% 左右,而美国的气电占比已超 30%[①],表明我国发电能源的绿色清洁化水平很低。然而改变能源结构,由化石能源为主逐步转变为清洁低碳的可再生能源为主,是实现我国绿色经济发展的必然要求。在这个过程中,完善能源的价格机制,尤其是完善能源定价机制,使能源的价格能够充分、合理地反映内外部成本,而不是简单依靠行政手段干预实现能源结构的改变,这是长效和健康的能源资源配置的必然选择。

最后,完善能源价格机制能够降低能源强度。通过前述章节的分析可以看出,能源价格与能源—经济—碳排放综合效率之间存在反向的影响关系,能源碳排放的 DEA 效率反映的一个方面就是相同产出水平下能源投入越少,决策单元发展效率就越高。也就是说,降低单位产出的能源投入是提高效率的重要因素,节约能源是实现绿色经济发展的重要手段。Tobit 回归分析结果显示,能源价格的适当提高有助于提升绿色经济发展的效率。理论上说,能源价格的提高将会抑制能源的需求,人们将想办法少消耗能源,包括改进技术、调整产业结构等,从而实现能源强度的降低,促进绿色经济发展。

7.2 进一步形成科学的能源价格体系

各种能源之间的比价不合理是我国能源价格体系中的一个突出问题。这

---

① 国际能源署(IEA)统计数据。

不仅影响了各类能源产品的协调发展，还造成了能源使用中的不合理和浪费。比如，城市煤气化是世界各国发展的趋势，而我国由于价格不合理，城市煤气化发展举步维艰。尽管液化石油气供民用节能效果显著，但因其价格只有原油价格的一半，比重油还便宜，因此炼油厂愿作燃料自用。

安排各类能源产品之间的比价的原则应是以各类能源产品部门的平均生产成本为基础，同时保持它们之间的盈利水平大体相当。目前我国煤炭采选业的资金利税率为负值，石油、天然气开采业以及炼焦、煤气和煤制品业的资金利税率均不到2%，而电力热力生产供应的资金利税率达到13%以上，石油加工的资金利税率高达30%。对此，需要在发展各类能源生产的基础上予以调整。

代用能源与被代用能源之间的比价也是不同类能源产品之间比价关系的一个重要方面。一些不同类的能源之间往往是可以互相代用的，为促进长线产品代替短线产品、资源条件相对丰富的产品代替资源紧缺的产品、开发利用成本低的产品代替开发利用成本高的产品，要根据生产发展和供求状况，自觉运用价值规律，使代用能源与被代用能源的价格与价值偏离的方向相反、幅度相当，从而引导人们按质用能，多能互补、综合利用，延长紧缺能源资源的耗竭时间，发挥优质能源的更大效益。

7.2.1 理顺国内能源品种间的比价关系

为了分析目前我国能源品种比价的现状，本书对国内主要能源品种之间的比价进行了测算。根据商品比价的定义，本书采用等热值价格换算方法，选用《中国能源统计年鉴》中的标煤折算系数，将国内主要能源近年来的价格统一换算为以标准煤当量为计量单位的价格。其中各能源品种的销售价格数据来源于国家统计局网站自2014年以来每月所发布的流通领域重要生产资料市场价格变动情况中的价格数据。具体的计算结果见表7-1。

从不同能源间的比价来看，液化天然气、液化石油气、汽油和柴油与焦煤比价的均值都超过了10倍，说明单位热值这几种能源的价格都要远远高于煤炭产品的价格。与焦煤比价系数最高的是95#汽油，其单位热值的平均价格

表 7-1 中国部分化石能源品种比价系数表

日期	液化天然气	液化石油气	汽油 (95#国V)	汽油 (92#国V)	柴油 (0#国V)	焦煤
2014年1月	11.09	13.04	17.23	15.40	13.67	1.00
2014年2月	10.82	13.22	17.94	15.74	13.77	1.00
2014年3月	11.50	13.84	18.84	16.49	14.27	1.00
2014年4月	12.68	15.18	20.70	17.97	15.40	1.00
2014年5月	12.32	15.30	21.46	18.47	15.92	1.00
2014年6月	11.93	14.47	21.47	18.48	15.99	1.00
2014年7月	11.75	14.57	21.32	18.79	16.26	1.00
2014年8月	13.09	15.70	23.04	20.11	17.36	1.00
2014年9月	13.16	16.25	22.31	19.79	17.06	1.00
2014年10月	13.18	15.93	21.63	19.58	16.82	1.00
2014年11月	13.67	13.63	20.33	18.57	16.08	1.00
2014年12月	14.42	10.28	18.70	17.14	15.13	1.00
2015年1月	14.24	10.34	16.81	14.96	13.15	1.00
2015年2月	12.97	12.01	18.34	16.09	12.99	1.00
2015年3月	12.57	12.05	19.94	17.89	13.31	1.00
2015年4月	13.79	13.10	22.46	20.02	14.73	1.00
2015年5月	14.04	13.70	25.17	22.79	16.58	1.00
2015年6月	13.82	12.80	24.94	21.94	15.90	1.00
2015年7月	13.71	12.42	23.92	20.02	15.03	1.00
2015年8月	13.62	12.07	22.32	18.53	14.02	1.00
2015年9月	13.82	12.47	22.44	19.74	15.02	1.00
2015年10月	13.59	12.61	22.84	20.19	15.39	1.00
2015年11月	13.85	13.19	22.93	19.88	15.92	1.00
2015年12月	12.86	13.50	23.01	19.41	16.01	1.00
2016年1月	14.11	12.01	22.93	18.60	15.50	1.00
2016年2月	12.63	10.79	22.40	18.15	13.80	1.00
2016年3月	12.11	10.57	22.55	18.30	13.92	1.00
2016年4月	11.55	10.53	22.26	17.86	13.57	1.00
2016年5月	9.89	9.54	20.55	16.16	12.47	1.00

续表

日期	液化天然气	液化石油气	汽油 (95#国V)	汽油 (92#国V)	柴油 (0#国V)	焦煤
2016年6月	9.05	9.06	19.89	15.45	12.39	1.00
2016年7月	9.65	8.76	20.08	15.14	12.34	1.00
2016年8月	9.30	8.07	18.60	13.94	11.25	1.00
2016年9月	7.50	7.38	15.91	12.44	10.09	1.00
2016年10月	6.40	6.96	13.75	10.95	9.53	1.00
2016年11月	5.61	5.90	11.21	8.89	8.08	1.00
2016年12月	5.56	6.07	10.73	9.46	8.43	1.00
2017年1月	5.48	6.79	9.90	9.10	8.53	1.00
2017年2月	5.60	7.03	10.12	9.27	8.33	1.00
2017年3月	6.19	6.88	10.28	9.45	8.41	1.00
2017年4月	6.06	7.12	10.34	9.67	8.25	1.00
2017年5月	6.13	6.84	10.70	10.02	8.44	1.00
2017年6月	6.28	6.28	10.87	10.17	8.58	1.00
2017年7月	6.17	5.91	10.34	9.66	8.33	1.00
2017年8月	5.84	6.53	9.98	9.36	8.19	1.00
2017年9月	5.42	6.35	8.98	8.43	7.52	1.00
2017年10月	6.65	6.82	8.70	8.18	7.76	1.00
2017年11月	8.27	7.65	10.07	9.50	9.44	1.00
2017年12月	12.64	7.84	10.32	9.75	9.55	1.00
2018年1月	9.97	7.67	10.73	10.07	8.65	1.00
平均比价值	10.54	10.55	17.60	15.22	12.59	1.00

资料来源：金投网能源价格统计数据及作者的计算整理，2018年1月。

是焦煤的17.6倍，可见目前我国以焦煤为代表的煤炭产品的价格偏低。从时间序列上看，天然气的比价自2016年下半年以来有较为显著的下降，天然气的替代优势越来越明显，有利于"煤改气"的推行；2017年12月之后的天然气价格突然上涨主要是由于中亚管道进口气量下降造成"气荒"所致的波动。液化石油气同天然气类似，在2016年之后的比价有降低的趋势。2018年1月石油气与焦煤的比价为7.67倍，是分析能源品种中比价最低的；2018年1月汽油对焦煤的比价为10.07倍，对柴油的比价为8.65倍。综上可以看出，由于我国经济增速的下降和钢铁等高煤耗产业去产能的推进，煤炭需求在不断降低，煤炭企业可能通过压价来促进销售，这样会导致煤炭企业因生产压力增大，而出现市场无序竞争。从表7-1中可以看出，有多个时段其他能源产品与焦煤的比价值超过20倍，说明我国能源市场价格存在较大的波动性。此外，煤炭价格构成中对资源的使用者成本和环境成本反映不充分，也是造成煤炭比价偏低的重要因素。煤炭价格过低是影响替代效益产生的重要因素，由于在化石能源中天然气与煤炭之间的替代性是最直接，也是最强的，为了促进绿色经济发展，提高清洁能源的使用占比，也要求进一步降低天然气与煤炭之间的比价值。另外，液化天然气和液化石油气在交通运输和居民生活方面对煤炭有一定的可替代性，从比价关系上看，液化天然气和液化石油气具备替代的价格优势，但耗能设备的更换需要政府政策的支持和宣传教育。

除了各化石能源品种之间的比较关系影响到能源消费外，一次能源与其生产的二次能源之间的比价关系也同样对能源消费领域有着重要影响，尤其是电煤价格与火电价格之间的比价关系。电力是除了化石能源之外最重要的能源品种，同时，我国的电力生产70%以上是火力发电，电力的销售价格中原料成本占比较高，因此电价直接受到煤炭价格的影响。由于各省级行政单位具体执行的电力销售价格不同，本书以上海市和贵州省的电力上网销售价格为代表与电煤价格进行比较分析，煤炭价格数据来源于国家统计局网站，电力销售价格数据来源于上海市和贵州省发改委发布的文件，比价计算的结果见表7-2。

表7-2　　　　　　　　2014~2017年电煤与电价比价系数

年份	普通混煤（4500大卡）	山西大混（5000大卡）	山西优混（5500大卡）	大同混煤（5800大卡）	上海		贵州	
					居民三档	工业（35~110kV）	居民三档	大型工业（35~110kV）
2014	2.86	3.56	4.48	5.09	2.28	1.09	1.00	0.71
2015	2.38	2.90	3.66	4.31	2.28	1.09	1.00	0.71
2016	2.59	3.21	3.91	4.36	2.28	1.09	1.00	0.71
2017	3.36	4.18	5.01	5.61	2.28	1.09	1.00	0.71

电煤与电价在2014~2017年间一直是高比价倒挂的情况，电价的单位热

值价格远低于电煤的单位热值价格，由于 2016 年下半年的煤炭价格上涨，电煤与煤炭价格的比价进一步拉大，达到了 3.36~5.61 倍。可见我国的煤电比价关系不仅倒挂并且波动较大，这样的比价严重影响了火电企业的正常生存和发展，进而可能影响到我国电力的供应。这种情况也与我国现阶段的煤电价格联动机制有密切相关。

2004 年国家发展改革委发布的《关于建立煤电价格联动机制的意见》（发改价格〔2014〕290 号）中提出，煤电价格联动以电煤综合出矿价格为基础，火电企业消化 30% 的电煤价格上涨，以相应地调整上网销售电价，原则上调价周期不少于 6 个月，调价机制启动的阈值是电煤价格变化幅度超过 5 个百分点。虽然该意见原则上制定了煤电价格联动的调整机制，但实际执行的过程中考虑到通胀压力等因素仅仅在 2005 年和 2006 年各实施了一次。之后随着我国电煤价格市场化的放开，电煤价格不断攀升，电力和煤炭的比价倍数开始趋于升高。2012 年国务院办公厅发布《关于深化电煤市场化改革的指导意见》（国办发〔2012〕57 号），将调整周期改为年度，将火电企业消纳的电煤价格变动比例调整为 10%。2015 年 12 月国家发展改革委再次就煤电价格联动发文《关于完善煤电价格联动机制有关事项的通知》（发改价格〔2015〕3169 号），明确了电煤价格的调整基础是 2014 年价格，调整的阈值是煤价波动 30 元。如今我国电煤价格市场化已经实施了多年，然而煤炭市场价格仍然经常会出现类似"煤超疯"等的乱象。这与煤电联动机制的有效性有较大关联。煤电价格联动机制如果存在阻滞，价格机制的信号就无法顺畅传递，必然会导致煤电比价的失衡和煤炭价格的扭曲，因此必须理顺煤电比价，促进煤电市场的正常运行。

与中国相比，美国的电力价格与电煤价格的比价相对来说比较稳定，2014~2016 年比价值维持在 4 倍左右（表 7-3）。这样的电煤比价有利于火电厂获得合理的利润和发展空间。美国居民用电的比价略高于工商业用电，这与中国的情形相同。但从数据上看，中国的居民生活与工商业用电价格的比价高于美国，这与中国经济发展的现状有关。中国正处于经济较快发展的时期，为了促进经济的发展，国家对工商业用电的定价相对美国较低。美国的煤炭和电力定价的市场化程度均高于中国，定价机制也更健全，因此美国的能源比价能够保持较为稳定的关系,这有利于能源市场的供应,也有利于经济的稳定。从中美两国能源比价状况的对比来看,我国的能源比价关系也亟待理顺。

表 7-3　　　　　　　　2014~2016 年美国煤电比价系数

年份	电煤	电力			
		所有部门	居民	商业	工业
2014	1	3.56	4.30	3.67	2.42
2015	1	3.80	4.63	3.89	2.52
2016	1	3.96	4.85	4.03	2.61

资料来源:美国能源局(EIA)网站①统计数据及作者的计算,2017 年 12 月。

7.2.2　理顺国内能源与国际能源比价关系

中国是能源进口大国,尤其是石油的对外依存度 2017 年已达 67.4%。国际原油价格是国内成品油价格的重要构成部分,直接影响着国内成品油的销售价格。从表 7-4 中可以看出,2014 年、2015 年美国的一般无铅汽油(相当于国内 92#汽油)与国际原油的比价在 2 倍左右,国内 92#汽油与国际原油的比价则在 4 倍左右,高于美国的比价;美国的优质无铅汽油相当于国内 95#汽油,2014 年、2015 年美国的优质无铅汽油与国际原油的比价同样低于国内 95#汽油与国际原油的比价;从柴油的比价来看,美国在 2.5 倍左右,中国在 3 倍左右,也高于美国的比价,但相比汽油高出的程度较少,说明中国的成品油价格水平普遍高于美国。美国国家能源局的数据显示,美国成品油终端销售价格的构成中约 50% 是原油成本,中国的情况基本一致,但在价格中税收的占比上,美国的成品油销售价格中税收占比 18%~19%,而中国仅成品油消费税就占到了近 27%②,加上我国成品油批零差价过大,近年来一直被诟病,炼油厂利润微薄,销售商赚得盆满钵满的不合理分配机制,都体现了我

---

① https://www.eia.gov。
② 中国石油 cnpc-online 微信公众号,2016-02-17。

国成品油比价关系的不合理。此外，国内成品油与国际油价比价过高也有可能造成国内生活生产成本的提升、国内商品价格上涨、出口产品价格过高等一系列影响。

表 7-4　2014~2015 年中国、美国成品油价格与国际原油价格的比价

类别	年份	美国			中国		
		一般无铅汽油	优质无铅汽油	柴油	汽油（95#国V）	汽油（92#国V）	柴油（0#国V）
与 WTI 价格的比价	2014	1.96	2.16	2.20	3.46	3.06	2.65
	2015	2.52	2.95	2.76	4.85	4.24	3.26
与 Brent 价格的比价	2014	1.83	2.02	2.06	3.24	2.86	2.48
	2015	2.26	2.65	2.48	4.36	3.81	2.94

资料来源：美国能源局（EIA）网站①、中国金投网公布的统计数据，2016 年 12 月。

7.3　进一步完善能源价格机制

7.3.1　完善成品油定价机制

我国目前成品油定价机制已历经几轮改革，虽然取得了显著成效，确保了国内成品油价格的稳定，实现了与国际油价的间接接轨，有效降低了国际油价波动对国内油价的冲击，但还仍然没有彻底将定价权下放给市场和企业，市场机制的资源配置、自动调节能力并未充分发挥。

目前，我国还是以政府官方文件形式出台成品油最高零售价，这种方式对门站最高零售价起到了风向标作用（刘满平，2016），但行政色彩较浓，政府在成品油定价中起主导作用，而不是真正意义上的市场定价，成品油零售终端仍无法完全依靠市场的规律制定合理的销售价格，同时价格也难以反映石油资源的稀缺程度。

---

① https://www.eia.gov。

目前我国成品油定价机制实行的是"原油+成本"的定价框架，原油价格以多地原油价格为基准，充分体现了国际油价的变化。但国内炼油企业采用的原油各不相同，成本存在较大差异，导致市场定价的不同，无法准确评估行业的平均成本及平均利润；销售环节同样存在着诸多难以比较的因素，如地区之间的场地租金、税收管理收费等，导致成本和利润的差异。这些为政府测算炼油厂成本和销售行业的利润水平带来了困难，因此，这种定价方式的准确性无法保障。

目前的定价机制采用设定上、下限，只允许在某个区间实行市场定价的方式，是一种模拟市场的行为，但实际市场却在不断变化，因此，该定价机制具有明显的滞后性。

油价调控风险准备金的征收方面也存在一些操作细节需要完善。总之，目前我国采用的成品油定价机制还没有完全实现市场化定价，依然处于价格体制的过渡阶段。需要在以下方面进一步加以完善。

（1）健全与绿色经济发展相关的成品油税收法律体系。

对与石油市场化改革相矛盾的法律法规进行清理调整，保证法律规章与成品油价格机制改革的相容性。同时，为了有效发挥成品消费税在能源消费结构调整中的作用，促进炼油产业的技术绿色升级，以及消费者对低排放油品的选择，对不同含硫量的成品油采取差别税率，成品油的消费税税率与其含硫量成正比。

（2）充分发挥成品油价格监管机构和监测机制的职能。

相关的价格监管部门应减少以下发行政文件的形式对石油价格进行监管，减弱成品油价格管理过程中的行政色彩，以主要依据法律法规手段对监管内容进行规范，保证监管的透明、公开和连续，对监管结果实行责任制，通过相应的法律法规约束监管的手段、内容和监管工作人员的行为；同时，为减少损失，必须对监管过程中出现的违规、超越权限等行为使用相应的法律法规给予补救或纠正。及时监测和分析成品油市场。为做好成品油市场的预警和监测，主管部门需要定期收集和分析成品油市场销售、供应、库存等情况，监测成品油市场，及时跟踪成品油市场供求。中石化、中石油要建立有效的动态信息报告和分析制度，及时监测成品油供需状况，以确保市场信息的准确、完整、真实、及时。

（3）进一步放开成品油市场的准入限制，形成有效的竞争机制。

虽然目前我国经过几轮的成品油定价机制调整，在炼油、原油的进口和成品油的销售环节都不同程度地对民营资本开放，但市场竞争机制尚不健全，制约着成品油市场化定价机制形成。因此，要建立公平的石油行业市场准入制度和退出机制，进一步建立开放、统一竞争、有序的成品油市场，使市场主体多元化，进一步拓宽石油资源勘探开发、生产炼制以及流通销售领域向民营资本开放的程度，形成原油和成品油流通领域较为充分的市场竞争格局。

（4）稳定油品市场，建立多层次战略石油储备。

为保障经济安全、应对突发事件，建立多层次战略石油储备体系，避免国际油价大幅波动对国内油价造成冲击是十分必要的。根据发达国家的成功经验，多层次战略石油储备可以采用商业储备和国家储备两种方式，依据经济承受能力和国情分段实施，统筹规划，充分发挥国家、企业的作用，支持民营企业加入国家石油储备体系建设。

7.3.2 完善煤炭定价机制

虽然我国煤炭定价的市场化改革已基本完成，但在定价构成中仍然存在不完善的地方，导致价格机制难以充分发挥优化资源配置的作用，主要体现在煤炭价格对外部成本的反映不够合理上，资源使用者成本、环境生态成本不足。例如，尽管目前我国对煤炭的探采矿权采用有偿使用的方式，但价款水平整体偏低，并且未与煤炭的级差收益与开采效率挂钩，无法体现出煤炭资源自身的价值，资源价值不能得到应有的回报，煤炭资源的回采率较低，导致煤炭资源存在浪费的现象。煤炭价格没有完全包含其外部成本。煤炭在生产过程中造成的环境污染包括：空气污染、水污染、土壤污染等，这部分的补偿成本没有充分体现在煤炭价格中，导致企业在环保措施投入上普遍不力。开采企业的部分内部成本也没有被纳入定价机制当中。煤炭开采是一种高风险职业，矿工伤亡情况时有发生，企业为此要付出高昂的赔偿金，加大了人力成本，并且矿工职业的特殊性使得他们体能损耗以及健康损害很高，工作寿命比其他职业要短，这些因素都加大了企业的用工成本。据相关数据，我国矿工百万吨死亡率远高于世界其他国家，甚至高于美国70倍，但死亡赔偿金额却很低。土地使用费也没有被计入煤炭价格中，国有煤矿由于无须支付该项费用，从而在定价时没有考虑该项成本（张华明，2012）。此外，煤电联动机制不健全导致能源市场资源配置扭曲，也导致了近年来煤电市场乱象频生，煤炭企业无序竞争，煤炭价格波动过大，行业发展受到影响。煤炭还将在未来较长一段时间里扮演我国能源投入的主角，因此能源定价机制的稳定性和调节作用的有效性与经济发展的稳定有直接关系。

完善我国煤炭价格机制的目标是完善煤炭交易的市场机制，在保证煤炭有序供给，充分考虑社会经济发展与企业、消费者承受能力的前提下，以市场化的定价机制形成煤炭交易价格，使煤炭价格能够有效地发挥配置资源的作用。同时，政府应发挥监督和管理职能，当国内经济发展出现波动时能够采取相应的政策手段对煤炭价格进行一定程度的规制，发挥政府对宏观经济的调节作用，形成以市场为主、政府为辅的煤炭价格形成机制。同时，在完善煤炭价格机制的过程中也应考虑煤炭生产企业的发展，让煤炭生产企业能够获得合理的利润回报，有利于促进煤企规模化生产、规范化生产、绿色生产与安全生产，这就需要在以下方面进一步加以完善。

（1）规范和完善煤炭行业的税费制度，发挥税收制度对绿色经济发展的促进作用。

在"营改增"之后，需要考虑到煤炭生产企业的原材料成本非常低，因此可抵扣的进项税额较少，导致了增值税扩围之后煤炭企业普遍税负增加的实际情况。下一步应推进增值税抵扣范围及抵扣方法的完善，充分考虑行业的特点，如可考虑将合理的筹资成本、人工费用等项目纳入税费抵扣的范围之内。此外，还可以考虑将煤炭企业购置与安全生产和污染物处理有关设备的费用进行进项税额的加计扣除，保障煤炭企业的合理利润空间，同时也可以避免煤炭市场通过价格竞争获取资源的非良性发展，激发煤炭企业对安全和环保的投入。据不完全统计，煤炭企业在生产经营过程中缴纳的费用种类多达20种以上，这些费用大多是在我国煤炭产业发展过程中为了解决土地资源有偿使用、土地资源保护、水资源保护、生态保护和恢复、污染物处理等一系列与生态环境和与资源的有偿利用有关的补偿性收费,尤其是在煤炭企业投资的初期,税费负担非常高。更重要的是,理论上这些收费是将煤炭企业经营的外部性成本内部化的体现,是使煤炭价格构成更加完整的、有利于绿色经济发展的措施,但是,在实际使用过程中,并不是所有费用都真正发挥了应有作用。因此,在这个方面,建议政府进一步清理煤炭企业的收费项目,对重复性的、不合理的或者可以使用税收征收的部分予以清理或转换,规范煤炭企业的收费,对收费资金的使用进行公开,让煤炭价格中这一部分要素能够真正发挥对绿色经济发展应有的调节作用。

(2) 完善煤炭物流链。

煤炭的运输费用占成本的比重很高,在极端情况下煤炭价格甚至有70%左右是由物流成本构成的,因此煤炭价格受到其物流成本的重要影响。我国煤炭的主要产地与主要消费地不同,产地在中西部,而消费地主要在东部地区,煤炭的运输距离长,70%左右的煤炭是通过铁路运输完成,剩下的部分中约两成是公路运输,因此运输过程的环节多,涉及的部门、地区也多,如果协调不好容易造成物流不畅,或者乱收费的现象,进一步提高了物流成本,也阻碍了煤炭的正常供应。建议通过行业协会的协调,完善煤炭运输的物流链,以降低交易损耗,增加绿色物流核算的空间,将物流过程中对环境的影响合理地纳入物流成本之中。

(3) 进一步完善煤电价格联动机制。

煤炭是电力上游产业,我国的电力生产消耗了近一半的煤炭,然而目前我国的电价仍然受到政府的行政干预。只要电价受控,煤炭的市场化必然受到阻碍。现阶段我国煤电价格倒挂的现象十分严重,如果电价无法上涨,而煤价持续上涨,煤电矛盾就会不断激化,有可能造成政府在管制电价的同时,也选择管制煤价。因此,理顺煤电价格是防止煤炭价格机制市场化程度倒退的重要因素。

7.3.3 完善天然气定价机制

天然气在常规化石能源中属于高热效率、低排放的品种,具备较好的绿色清洁性,在发达国家的使用占比较高,我国近年来也在大力推广和促进天然气在各个领域的使用。然而,我国天然气来源的多样性决定了其供应成本存在较大的差距。由于天然气从生产区、进口区到最后的消费市场,中间要经历相当长距离的运输,抬高了运输成本;而配送气费费率较高,也对终端价格影响很大。其根源是"市场净回值"价格体制忽略了储气费(姜子昂等,2016)。

此外,市场净回值法的定价水平不合理,抬高了气源价格。目前,我国国内天然气主要为陆上常规气和进口管道气两类,占整个天然气市场的七成多,我国政府对这两类天然气采用了价格封顶政策,但供应市场却呈现中石油天然气集团一家独大的现象,占据了全国天然气供应量的七成,有着极高的市场定价能力,采用政府最高限价为门站价也就是一个必然的行为,从而抬高了气源价格。据测算,这种价格水平高出生产成本约三成(郭焦锋等,2015),利润十分丰厚,但造成了下游用气产业成本上涨,阻碍了天然气消费比重的提升。

天然气居民气价与工商业气价的比价关系不合理。我国的居民气价远低于工商业气价,然而居民用天然气的配送销售成本相对于大规模的工商业用气,其配送管道等固定资产投资所分摊到价格中的单位固定成本更高,因此合理的居民气价应该高于工商业气价。2011年,我国调整了非居民用气价格,使得企业用气成本提高,而居民用气价格长期不变,违背了规模经济的定价规律。

合理的天然气价格机制,涉及多项内容和多个问题,政府应采取合理措施,优化结构,达到"放开两头,管住中间"的目的,进而改变监管方式,逐步完善市场化的天然气价格机制,为我国天然气工业稳健发展提供支撑,为天然气消费的提升提供基础,这是促进绿色经济发展的选择。

中国的天然气资源储备比较丰富,非常规天然气的储量较大,在世界都属于天然气资源较为丰富的国家之一,在天然气的供应方面气源多元化的格局逐步形成;非常规天然气页岩气、煤层气、煤制气出厂价格与进口液化天然气气源价格都已实施开放的市场定价机制,目前采用的是市场净回值法,这为天然气价格机制完全市场化奠定了基础。进一步完善天然气价格机制主要可以从以下几点进行。

（1）推动天然气管输环节的竞争机制形成。

虽然管输环节带有自然垄断的属性，但合理地引入第三方主体的参与，通过公私合营等模式的投融资机制，能够有效地降低企业与政府的财务负担，政府可以更多地履行对管输价格的监管职责和价格相关信息的发布职能，或者借鉴其他国家"两部制"的管输定价机制，以推动管网基础设施的投资建设，对天然气产业的发展产生积极的影响，使天然气代替煤炭的进程逐步推进，对我国绿色经济发展水平的提高具有积极的意义。

（2）提升非常规天然气供应能力，促进天然气在能源消费结构中的比重提升。

我国天然气消费需求不断增加，国内天然气产量无法满足当前巨大的消费量。我国天然气的对外依存度也逐年增加，2017年已达到39%，这对国家的能源安全带来了不确定因素，也会对天然气进口企业的经济效益产生负面影响，同时，也不利于我国推进"煤改气"的绿色能源结构调整。因此，基于我国丰富的非常规天然气资源，在非常规气供应领域合理放开参与的限制，引入多主体投资，加强常规天然气勘探开发力度，提升页岩气、煤层气等非常规天然气的开采技术，加快推进非常规天然气的开发和利用，是提高国内天然气供应能力的重要手段。

（3）建立天然气现货及期货交易平台，完善天然气市场价格机制。

建立天然气交易市场是实现天然气价格机制市场化的必要手段。在积极推动上海石油天然气交易中心先行先试天然气现货交易的同时，鼓励和支持其余省、市、区建设天然气现货交易市场（中心）或平台，尤其是天然气的主产地，如川渝地区，实现进口气与交易中心价格挂钩。实施天然气能量计价，采取结算期"实时监测、叠加平均"的方式进行贸易结算，促进天然气交易公平和高效利用。建设完善包括天然气电子交易平台、管道承运服务平台、管网平衡系统、管输服务合同等在内的天然气现货交易平台，编制发布中国天然气价格指数，提高我国天然气定价国际话语权。在国内选择条件成熟的地区或区域天然气交易市场进行天然气期货交易先期试点，同时制定并完善相关制度和配套措施，设计标准天然气期货合约和交易规则，建立天然气期货交易监管体系,使天然气期货合约上市交易价格逐渐成为区域市场定价的基准价格。

(4) 完善天然气价格政策体系,加强价格管理创新研究。

天然气产业政策与相关政策有密切关系,可借鉴发达国家的做法,结合我国天然气产业实际,创新发展天然气资源开发政策、储运政策、利用政策、能源替代政策、天然气交易政策、监管政策等,以促进天然气产业政策的实施。如加强对非常规天然气的财税政策支持、对边际气田实行所得税优惠政策、取消外资企业开采天然气的税收优惠政策等。尽快开征环境保护税,进一步完善资源税政策平衡价格调整和地方税收的关系,进一步明确燃气电厂上网定价政策。建立高效的天然气价格监管机构,创新天然气价格监管方式,采取由市场供需调节输、配送服务费率并由政府监管的定价方式。完善对居民生活用气价格的管制,对输气管道、储气等设施收费的管制,实现公开准入及有效监管。建立价格考核与激励机制,有效推动价格管理创新。

7.4 完善能源价格管理机制

首先,目前我国的能源价格管理机制采用的是"区块管理"模式,即中央与地方政府依照自身的权属进行横向管理,而能源生产企业则逐渐采用纵向的"垂直管理"模式,这就形成了管理体制中管理人与被管理人不对等的情形,无法充分发挥价格管理的作用。例如,中央直属企业掌握着大部分重要资源,它们依靠自身的政策优势以及雄厚的资金实力,垄断着资源行业,地方政府对其没有管理权,导致这些企业不但行为不受控,反而常常干预地方政府的能源政策,自身具有极强的自主定价权,给我国的资源配置和流动带来了很大阻碍。

其次,我国市场上存在着多种能源产品,并且基本实现了市场化,但却依然采用单一的价格管理形式,难以起到良好的管理效果,政府定价与市场定价两种定价机制并存带来的是定价形式的不明确,造成市场价格的混乱。

很明显的例子：煤炭处于产业链上游，而电力处于下游，定价方式既要遵从政府政策，又要有市场调节的干预，两者的价格往往出现矛盾。另外，在监管方面，多个部门监管同一能源产业是一种常见现象，部门之间普遍存在协调困难、分工不明的问题，难以进行有效监管（吴锋，2012）。

再次，我国的价格信息统计和发布体系不健全，价格信息不透明，造成市场中供需双方的信息不对称，降低了决策的效率，阻碍了价格杠杆作用的充分发挥。目前我国已有的能源价格发布，除了国家统计局网站每旬发布的主要生产资料价格之外，还有环渤海动力煤价格指数、中国太原煤炭交易价格指数、中国煤炭价格指数和沿海煤炭运价指数等较为权威的煤炭价格信息，但国家统计局的价格信息太粗略，没有细分品种的价格，而各种煤炭价格指数都需要付费购买，不能免费获取。我国的原油、成品油价格发布没有权威平台，天然气价格公开信息缺乏获取的渠道，价格信息的缺失是能源行业发展的障碍，也是用能企业决策发展的障碍。建立、完善和规范能源价格信息发布，及时、全面、便捷地获取价格信息是市场机制提高效率的要求。此外，要建立绿色能源信息平台，向公众发布能源碳排放与污染方面的信息数据，为消费者了解能源的"绿色信息"提供渠道。同时要积极进行能源绿色信息的宣传教育，从思想观念方面促进能源的绿色发展。

最后，能源价格机制的法制化管理水平较低。能源立法体现着国家对能源问题的基本态度，是能源管理工作依据的法律基础，而我国能源价格管理相关的立法长期处于停滞不前的状态，这是能源领域定价机制不合理现象得以存在的根本原因。我国应积极推进能源立法，为能源发展提供保障，激发市场主体的创造性、积极性，推动我国的能源发展，为我国经济的可持续发展提供基础保障。以立法促进改革，加快我国能源转型发展，改变我国能源立法严重滞后的问题。随着我国政府对能源工作的日益重视，能源法治体系建设将成为我国当前一项重要的政府工作。立法要秉持"绿色、低碳、经济"的能源改革理念，强调提高能效、优化结构、简政放权并兼顾实践操作性，以立法指导能源改革，实现能源改革依法进行，使立法工作为我国的改革和经济社会发展服务（景春梅，2016）。

7.5 本章小结

价格机制是市场机制的核心，能源价格机制能够影响能源结构的演变，降低能源消耗强度，因此，绿色经济发展必须完善能源价格机制。现阶段各种能源之间的比价不合理是我国能源价格体系的一个突出问题。通过对我国部分能源品种相同热值的比价计算，从不同能源间的比价来看，液化天然气、液化石油气、汽油和柴油与焦煤比价的均值都超过了10倍，说明单位热值这几种能源的价格都要远远高于煤炭产品的价格，而煤炭价格偏低仍然是我国的现状，不利于能源结构的清洁化；从一次能源与二次能源的比价来看，电煤与电价在2014~2017年间一直是高比价倒挂的情况，电价的单位热值价格远低于电煤的单位热值价格，这样的比价严重影响了火电企业的正常生存和发展，进而可能影响到我国电力的供应，这种情况与我国现阶段的煤电价格联动机制密切相关。对比美国的能源比价可以看出，中国的能源比价关系并不合理，是影响价格机制发挥调节资源配置有效性的重要因素，因此，完善能源比价体系有其必要性。

从定价机制方面看，目前我国的成品油定价机制已历经几轮改革，取得了显著的成效，确保了国内成品油价格的稳定，实现了与国际油价的接轨，有效降低了国际油价波动对国内油价的冲击，但还仍然没有彻底将定价权下放给市场和企业，市场机制对能源资源配置和调节的功能尚未充分发挥。

虽然我国煤炭定价的市场化改革已基本完成，但在定价构成中仍然存在不完善的地方，导致价格机制难以充分发挥优化资源配置的作用，主要体现在煤炭价格对外部成本的反映不够完整。

目前天然气采用市场净回值的定价方法，该方法存在忽略储气费、定价水平不合理、天然气居民气价与工商业气价的比价关系不合理等问题。因此完善天然气的定价机制也是绿色经济发展的必然要求。

在能源价格管理体制方面，目前我国采用的价格管理模式，存在管理体制中管理人与相对管理人不对等的情形，无法充分发挥价格管理的作用。同时，我国的价格信息统计和发布体系不健全，价格信息不透明，造成市场中供需双方的信息不对称，降低了决策的效率。能源价格法制化管理水平较低也是管理体制方面亟待加强的内容之一。

第 8 章 主要结论

8.1 我国绿色经济发展的总体水平比较低

我国对绿色经济发展的关注程度日益增大，推动绿色经济发展的政策措施密集出台，但总体而言，我国在推动绿色经济发展方面还任重道远。横向比较，基于化石能源、劳动力和资本投入，碳排放与国内生产总值产出的 SEBM-DEA 模型的测算，我国 1993~2016 年间的能源—经济—碳排放效率一直远低于各国效率的均值，甚至不足低碳强度国家组效率均值的一半，平均综合效率仅为 0.317，远低于有效值 1。我国该指标最高效率值为 0.385，出现在 1997~1998 年，最低效率值为 0.270，出现在 2009 年、2013 年和 2014 年，说明这 20 多年来中国经济总量在高速增长的同时，按上述指标显示的效率却没有改善，甚至在 2009 年之后还进一步下降了，这也是导致发展过程中环境污染问题凸显的重要原因之一。通过对综合效率的分解可以进一步看出，我国的纯技术效率值为 0.378，规模效率为 0.841；而其他 33 个国家的平均纯技术效率值为 0.821，平均规模效率值为 0.851，我国综合效率明显偏低，尤其是纯技术效率。加上化石能源资源可持续性的代表指标"化石能源加权采储比"后，综合反映绿色经济发展程度，并对各国做对比分析，结果表明，美国、德国和新西兰从化石能源的可持续性角度出发，其综合绿色经济发展的程度是样本国家中最高的；有 21 个样本国家处于非绿色经济发展区域内，占到样本总量的 64%，这些国家的共同点是目前的绿色经济发展效率值都低于均值，然而在这些国家里，又是以我国为首的 5 个国家的绿色化程度最低，分别是中国、印度、俄罗斯、韩国和土耳其，其绿色经济发展效率都低于

0.5，在一定程度上，这些国家的发展被视作是以损害环境为代价的发展模式。要真正实现绿色经济发展的目标，我国还任重道远。

8.2 我国各行业绿色经济发展不平衡

我国国内各主要行业绿色经济发展的水平也参差不齐。从中国工业行业分析的角度来看，我国工业行业总体 DEA 效率偏低，2000~2015 年的能源—经济—碳排放综合效率均值为 0.348，期间效率没有明显提升的趋势。通过效率分解，纯技术效率同期间均值为 0.536，规模效率均值为 0.709，说明管理水平和生产技术水平低是造成总体效率低的主要原因。当然，规模效率可提升的空间也较大，说明行业内的整合还应继续推进。分行业来看，2015 年实现能源—经济—碳排放综合效率有效的行业是烟草制品业，效率值为 1.202，说明该行业当前资源配置的效率最高；从平均效率值来看，2000~2015 年间实现 DEA 有效的是通信设备、计算机及其他电子设备制造业，平均综合效率值为 1.101。这两个行业的纯技术效率都处于有效状态，这是其效率较高的主要原因。而分析的 35 个工业行业中 30 个行业的绿色经济发展效率都低于 0.5，说明各行业的绿色经济发展程度都非常低，亟待进一步优化资源配置，加大节能减排力度以减少对环境的损害。

8.3 传统体制下形成的扭曲的能源价格机制是导致我国绿色经济发展水平低的重要原因之一

基于 Tobit 回归模型以 DEA 效率值为因变量，利用各国的面板数据对包含能源价格的变量进行回归分析。实证分析的结果显示，能源价格对能源—经济—碳排放综合效率、纯技术效率、规模效率的的回归系数分别为 0.1119、0.0384、0.0892，都为正数，对能源—经济—碳排放综合效率和规模效率的回归系数的 P 值达到了 0.01% 的显著性水平，说明能源价格对能源—经济—

碳排放综合效率和规模效率都呈现显著的正向影响，证实了能源价格对绿色经济发展有正面的影响作用。运用同样的方法，基于国内工业分行业面板数据的回归分析结果显示，化石能源价格在对能源—经济—碳排放效率、纯技术效率和规模效率的回归结果中都达到了0.01%的显著性水平，并且回归系数都为正数，说明化石能源价格对能源碳排放效率具有显著的正向影响，在其他变量不变的情况下，化石能源价格指数每上涨1个百分点，能源—经济—碳排放综合效率将增加约0.034、能源碳排放的纯技术效率将增加约0.062、规模效率将增加约0.085。由于DEA有效的效率值是1，这样的提升影响作用是比较大的。同时，从系数的数值上可以看出，化石能源价格对规模效率的影响要强于纯技术效率，说明随着化石能源价格的变化对促进企业规模效率的提升作用更为明显。

8.4 推动绿色经济发展必须进一步完善能源价格机制

综合理论和实证分析的结果表明，能源价格可以通过引导产业结构向低能耗产业转移，促进节能减排技术的开发和运用，激发能源与其他生产要素间的替代效应，改变能源消费结构等路径影响和促进绿色经济发展效率的提升。因此，实现绿色经济发展，必须切实推动能源价格机制改革。

8.5 改革和完善我国的能源价格机制的重点是要改革和完善我国的化石能源价格机制

我国能源市场的开放性和较高的对外依存度决定了国际能源市场对国内能源价格有较大的影响。我国的能源战略储备能力不断提升，国内能源的勘探和替代化石能源的新能源生产能力也在加强，这些都有利于增强我国应对国际能源市场波动的能力。然而，在化石能源消耗为主，国内能源定价机制尚未完全市场化，各化石能源价格对环境成本反映不尽合理，尤其是在能源比价体系不合理、煤电价格倒挂、煤气比价偏低等现状存在的情况下，一定程度上阻碍了清洁能源的替代进程。改革和完善能源价格机制，要重点改革和完善化石能源价格机制。这也是本书提出的对策建议着重聚焦化石能源价格机制改革和完善重要原因。在改革完善化石能源价格机制的过程中，尤其要注意处理好市场与政府的关系，增强政府在价格管理中提供完整、详尽、及时的能源价格信息和价格规制的能力，力避对能源价格行政干预不当而导致价格机制失效的情况。

参考文献

一、外文文献

[1] A. C. Fisher. Resource and Environmental Economics [C]. Cambridge University Press Cambridge, 1981: 189–203.

[2] A. M. Freeman. The Measurement of Environmental and Resources Values: Theory and Methods [J]. Resources For Future 3nd Edition, 1993: 46–52.

[3] Andersen P, Petersen N C. A Procedure for Ranking Efficient Units in Data Envelopment Analysis [J]. Management Science, 1993, 39 (10): 1261–1264.

[4] Anderson F J. Natural resources in Canada: economic theory and policy [J]. Methuen, 1985.

[5] B. Hannon. Ecological Pricing and economic efficiency [J]. Ecological Economics, 2001, 36 (01): 1–19.

[6] B. Hansjurgens. Economic valuation through cost benefit analysis – Possibilities and limitations [J]. Toxicology, 2004, 205 (03): 241–253.

[7] Banker R D, Hsihui Chang. The super–efficiency procedure for outlier identification, not for ranking efficient units [J]. European Journal of Operational Research, 2006, 175 (2): 1311–1320.

[8] Banker R D, Charnes A, Cooper W W. Some models for estimating technical and scale inefficiencies in data envelopment analysis [J]. Management Science, 1984 (30): 1078–1092.

[9] Baumol W J, Oates W E. The Use of Standards and Prices for Protection of the Environment [M]. The Economics of Environment. Palgrave Macmillan UK, 1971: 42–54.

[10] Birol F, Keppler J H. Prices, technology development and the rebound effect [J]. Energy Policy, 2007, 28 (6): 457-469.

[11] Birol F., Keppler J. H. Prices. technology development and the rebound effect [J]. Energy Policy, 2000 (28): 457-469.

[12] C. R. Sunstein. Cost-Benefit Analysis and the Environment [J]. Ethics. 2005, 115 (02): 351-386.

[13] Charnes A, Cooper W W, Rhodes E. Measuring the efficiency of decision making units [J]. European Journal of Operational Research, 1978 (2): 429-444.

[14] Cornillie J, Fankhauser S. The energy intensity of transition countries [J]. Energy Economics, 2004, 26 (3): 283-295.

[15] D. W. Pearce, R. K. Turner. Economics of Natural Resources and the Environinent [J]. Harvester Whesatsheaf, 1990: 321-342.

[16] Devarajan S, Fisher A C. Hotelling's "Economics of Exhaustible Resources": Fifty Years Later [J]. Journal of Economic Literature, 1981, 19 (1): 65-73.

[17] Doorman G L, Nygreen B. An integrated model for market pricing of energy and ancillary services [J]. Electric Power Systems Research, 2002, 61 (3): 169-177.

[18] F. J. Anderson. Natural Resource in Canada: Economic Theory and Policy [J]. 2nd edition. Nelson, 1985: 233-248.

[19] F. Asche, O. Gjberg, T. Volker. Price relationships in the petroleum market: An analysis of crude oil and refined product Prices [J]. Energy Economics. 2003 (25): 289-301.

[20] Fisher A C. Resource and environmental economics: [M]. London: Cambridge University Press, 2010: 89-90.

[21] Fisher, V. K., Jefferson, G. H., Liu, H. and Tao Q.. What is Driving China's Decline Energy Intensity, Resource and Energy Economics, 2004 (26): 77-79.

[22] H. T. Odum. Environmental Accounting: Energy and Environmental Decision Making [M]. New York: John Wiley & Sons, 1996.

[23] H. T. Odum. Self – organization, Transformity and Information [J]. Science, 1988 (24): 1132 – 1139.

[24] H. T. Odum. Systems Ecology: An Introduction [M]. New York: John Willey & Sons, 1983.

[25] Hallegatte S, Heal G M, Fay M, et al. From Growth to Green Growth a Framework [J]. Policy Research Working Paper, 2011, 8 (11): 58 – 72.

[26] Hallegatte S, Heal G, Fay M, et al. From growth to green growth [J]. Review of Environment, Energy and Economics – Re3, 2012.

[27] Hang L, Tu M. The Impacts of Energy Prices on Energy Intensity: Evidence from China [J]. Energy Policy, 2007 (35): 2978 – 2988.

[28] Hannon B. Ecological pricing and economic efficiency [J]. Ecological Economics, 2001, 36 (1): 19 – 30.

[29] Harold Hotelling. The Economics of Exhaustible Resources [J]. The Journal of Political Economy, 1931, 39 (2): 137 – 175.

[30] Hartwick J M, Olewiler N D. The economics of natural resource use [M]. The economics of natural resource use. Harper & Row, 1986: 38 – 97.

[31] He G, Li Y, Yu L, et al. Design of electronic circuits using a divide – and – conquer approach [C]. International Conference on Evolvable Systems: From Biology To Hardware. Springer – Verlag, 2007: 13 – 22.

[32] Heal G. Reflections—Defining and Measuring Sustainability [J]. Review of Environmental Economics & Policy, 2012, 6 (1): 67 – 77.

[33] Horace R. Brock etc. Petroleum Accounting Principles, Procedures & Issues, fourth edition [M]. Price Water house Coopers, 1997: 301 – 304.

[34] Hotelling H. The economics of exhaustible resources [J]. Bulletin of Mathematical Biology, 1931, 39 (2): 137 – 175.

[35] Howarth R B, Winslow M A. Energy use and CO_2, emissions reduction: Integrating pricing and regulatory policies [J]. Energy, 1994, 19 (8):

855 – 867.

[36] Hugh Outhred. The Competitive Market for Electricity in Australia: Why it Works so Well [J]. Proceedings of the SSrd Hawaii International Conference on System Sciences, 2000: 1 – 8.

[37] J. M. Harwtick, N. D. Olewiler. The Economics of Natural Resource Use [J]. Harper&Row, 1986; 169 – 233.

[38] J. Tinbergen. Optimum Social Welfare and Productivity [C]. New York University Press. New York, 1972.

[39] J. F, Jagodzinski, Kuckshinrichs, et al. IKARUS: An energy – economy model to reduce energy – related greenhouse gas emissions in Germany [J]. 1994 (7): 8 – 9.

[40] K. Bemd. Ecosystem Pricesractivity analysis applied to ecosystems [J]. Ecological Economics. 2000 (33): 473 – 489.

[41] Krautkraemer J A. Nonrenewable Resource Scarcity [J]. Journal of EconomicLiterature, 1998, 36 (4): 2065 – 2107.

[42] Kula E. Economics of natural resources and the environment [J]. International Journal of Clinical & Experimental Hypnosis, 1990, 40 (1): 21 – 43: 321 – 342.

[43] L. Kantorovich. Resource optimum utilization of economic calculation [C]. The Soviet Union Academy Press. Moscow, 1959.

[44] Li K, Lin B. The nonlinear impacts of industrial structure on China's energy intensity [J]. Energy, 2014, 69 (C): 258 – 265.

[45] Melitz M J. The Impact of Trade on Intra – Industry Reallocations and Aggregate Industry Productivity [J]. Econometrica, 2003, 71 (6): 1695 – 1725.

[46] O. Tahvonen, J. Kuuluvainen. Economic Growth, Pollution and Renewable Resource [J]. Journal of Environmental Economics and Management, 1993 (24): 101 – 118.

[47] Odum H T. Self – Organization, Transformity, and Information [J]. Science, 1988, 242 (4882): 1132 – 1139.

[48] Okogu B E. Marketing dynamism: an econometric study of the oil pricing policies of selected OPEC members [J]. Energy Economics, 1991, 13 (3): 154 – 162.

[49] O. Tahvonen, J. Kuuluvainen. Economic Growth, Pollution and Renewable Resource [J]. Journal of Environmental Economics and Management, 1993 (24): 101 – 118.

[50] Outhred H. The Competitive Market for Electricity in Australia: Why it Works so Well [C]. Hawaii International Conference on System Sciences. 2000.

[51] P. A. Samuelson. Linear Programming and Economic Analysis [C]. New York Dover Press. New York, 1987.

[52] PEARCE D W, TURNER R K. Economics of Natural Resources and the Environment [M]. Baltimore: the Johns Hopkins University Press, 1989: 321 – 342.

[53] Pindyck R S. Gains to Producers from the Cartelization of Exhaustible Resources [J]. Review of Economics & Statistics, 1978, 60 (2): 238 – 251.

[54] Popp D. Induced Innovation and Energy Prices [J]. American Economic Review, 2002, 92 (1): 160 – 180.

[55] Rahimi A F, Sheffrin A Y. Effective market monitoring in deregulated electricity markets [J]. Power Systems IEEE Transactions on, 2003, 18 (2): 486 – 493.

[56] Ramirez C. A., Patel M., Blok K. The non – energy intensive manufacturing sector: An energy analysis relating to the Netherlands [J]. Energy, 2005 (30): 749 – 767.

[57] Randall A. Resource Economics: An Economic Approach to Natural Resource and Environmental Policy [J]. Land Economics, 1981, 63 (4): 496 – 502.

[58] S. Amir. Welafre maximization in economic theory: another view Point [J]. Structure Change Economics Dynamics. 1995 (06): 359 – 376.

[59] T. Michale. Why not to calculate the value of the world [J]. ecosys-

tem services and natural capital. Ecological Economics. 1998 (25): 57 - 60.

[60] Tone K, Tsutsui M. An epsilon - based measure of efficiency in DEA: A third pole of technical efficiency [J]. European Journal of Operational Research, 2010, (207): 1554 - 1563.

[61] UIV1. E. Slade. Trends in natural - resource commodity Price: analysis of the time domain [J]. Journal of Environmental Economics and Management. 1982, 33 (01): 59 - 74.

[62] United Nations. Integrated Environmental and Economic Accounting 2003: final draft [M]. UN publisher. New York, 2003.

[63] United Nations. Integrated Environmental and Economic Accounting: An Operational Manual [M]. UN publisher. New York, 2000.

[64] United Nations. United Nations Framework Convention on Climate Change [R]. 1992.

[65] W. E. Richard. Should we Pursue measurement of the natural capital stock? [J]. Ecological Economics. 1998 (27): 257 - 266.

二、中文文献

[1] 北京国际能源专家俱乐部. 国际天然气定价新趋势 [J]. 国际石油经济, 2011, 19 (3): 48 - 52.

[2] 毕庶强. 全球化竞争下的我国天然气定价机制 [J]. 企业导报, 2011 (02): 14 - 15.

[3] （英）BP集团. 2017版《BP世界能源统计年鉴》报告中文版 [EB/OL]. https://www.bp.com/zh_cn/china/reports - and - publications/_bp_2017 - html, 2017 - 09 - 14.

[4] 曾令先, 卞彬, 金永编译. 资本论 [M]. 北京: 商务印书馆, 2007年6月. 54 - 55.

[5] 常征. 基于能源利用的碳脉分析 [D]. 复旦大学, 2012: 18 - 20.

[6] 陈德胜, 邓艳, 李洪侠. 能源金融: Energy finance [M]. 北京: 中国石化出版社, 2015: 32 - 71.

[7] 陈德胜, 邓艳, 李洪侠. 能源金融: Energy finance [M]. 北京: 中

国石化出版社, 2015: 29-29.

[8] 陈明敏. 国际石油定价权机制研究 [D]. 江西财经大学, 2006: 77-78.

[9] 陈诗一. 中国工业分行业统计数据估算: 1980—2008 [J]. 经济学 (季刊), 2011 (3): 735-776.

[10] 陈文颖, 吴宗鑫. 用 MARKAL 模型研究中国未来可持续能源发展战略 [J]. 清华大学学报 (自然科学版), 2001, 41 (12): 103-106.

[11] 陈翔, 李小波, 赵寒. 煤炭耗竭性资源可变参数定价模型构建研究 [J]. 中国煤炭, 2012 (05): 29-31.

[12] 陈长虹, 杜静. 实施大气环境污染物排放总量控制后能源系统的减排效果 [J]. 能源研究与信息, 2002 (1): 10-16.

[13] 陈征. 土地价值论 [J]. 福建论坛 (人文社会科学版), 2005 (2): 4-6.

[14] 崔万安, 汪前珍. 资源约束项目计划内在稳健性与资源使用效率关系 [J]. 太原理工大学学报 (社会科学版), 2013 (6): 35-38.

[15] 崔万安, 覃家君, 尹兰. 自然资源的价值确定与实现 [J]. 科技进步与对策, 2002, 19 (7): 22-24.

[16] 崔艳. 对我国天然气定价机制的思考 [J]. 当代经济, 2008 (06): 18-19.

[17] 代旭东, 王明春. 基于边际成本的电力定价理论研究 [J]. 机电信息, 2004 (19): 19-22.

[18] 单宝. 石油定价机制存在的问题及对策 [J]. 宏观经济管理, 2006 (07): 28-30.

[19] 丁浩, 董光亮. 我国天然气管输定价方法及模型的研究 [J]. 价格理论与实践, 2012 (8): 32-33.

[20] 房芳. 基于绿色经济的风火电联合运营规划及效益评价研究 [D]. 华北电力大学, 2013: 95-100.

[21] 高杰. 中国石油价格规制问题研究 [J]. 中国物价, 2005 (11): 9-13.

［22］高敏雪．综合环境经济核算——基本理论与中国应用［M］．北京：经济科学出版社，2007：33-48．

［23］高珮义．论国家定价的范围与依据［J］．经济学家，1992（5）：117-130．

［24］高树印．资源价格形成基础与资源价格改革［J］．贵州财经大学学报，2008（4）：31-35．

［25］高兴佑，巴春生．石油产品价格模型建构研究［J］．中国物价，2009（4）：27-29．

［26］高兴佑，高文进．基于四个平衡原则的天然气定价［J］．国土与自然资源研究，2012（02）：89-91．

［27］关璞．风力发电经济分析［J］．知识经济，2011（5）：67．

［28］郭焦锋，洪涛，武旭．"十三五"时期形成由市场决定的天然气价格机制［N］．中国经济时报，2015-10-16（6）．

［29］国家统计局城市司，湖南调查总队．我国资源性产品定价机制研究［J］．统计研究，2008（03）：3-11．

［30］国家统计局能源司．中国能源统计年鉴2017［M］．北京：中国统计出版社，2017：21-29．

［31］国务院经济技术社会发展研究中心中国石油天然气总公司联合研究组．制定原油价格的基本原则（上）［J］．价格理论与实践，1990（4）：29-33．

［32］国务院经济技术社会发展研究中心中国石油天然气总公司联合研究组．制定原油价格的基本原则（下）［J］．价格理论与实践，1990（5）：36-41．

［33］韩劲，雷霆，吴文盛．矿产资源价值的构成及其实现［J］．石家庄经济学院学报，1997（1）：44-47．

［34］韩君．生态环境质量约束条件下能源资源性产品定价机制研究［D］．兰州大学，2014：96．

［35］杭雷鸣，屠梅曾．能源价格对能源强度的影响——以国内制造业为例［J］．数量经济技术经济研究，2006（2）：25-30．

[36] 贺刚. 中国能源价格调控论 [D]. 四川大学, 2008: 89.

[37] 何凌云, 程怡, 金里程, 钟章奇. 国内外能源价格对我国能源消耗的综合调节作用比较研究 [J]. 自然资源学报, 2016, 31 (1): 1–16.

[38] 胡鞍钢. 中国: 绿色经济发展与绿色 GDP (1970–2001 年度) [J]. 中国科学基金, 2005, 19 (2): 28–31.

[39] 胡锦涛. 坚定不移沿着中国特色社会主义道路前进为全面建成小康社会而奋斗——在中国共产党第十八次全国代表大会上的报告 [J]. 求是, 2012 (22): 3–25.

[40] 胡仪元. 生态补偿理论基础新探——劳动价值论的视角 [J]. 开发研究, 2009 (4): 42–45.

[41] 黄宝敏. 能源效率、环境约束与我国经济增长质量研究 [D]. 吉林大学, 2015: 25–28.

[42] 吉训仁, 姜彦福, 郑易生. MARKAL 能源供应模型导论与用户指南 [M]. 北京: 清华大学出版社, 1988: 1–26.

[43] 姜涛, 袁建华, 何林, 等. 人口—资源—环境—经济系统分析模型体系 [J]. 系统工程理论与实践, 2002, 22 (12): 67–72.

[44] 姜子昂, 何春蕾, 段言志, 等. 我国天然气价格理论体系构建的思考 [J]. 价格理论与实践, 2016 (7): 61–64.

[45] 蒋国旗. 中国综合能源市场体系建设研究 [D]. 中共中央党校, 2013: 37–40.

[46] 景春梅. "十三五" 能源体制改革建议 [J]. 经济研究参考, 2016, No. 2764 (60): 7–12, 23.

[47] 巨荣良, 公维才, 王金河副. 政治经济学 [M]. 北京: 北京大学出版社, 2014: 169.

[48] 拉佩兹. 科学技术百科全书 [M]. 北京: 科学出版社, 1994: 256.

[49] 赖力, 黄贤金, 刘伟良. 生态补偿理论、方法研究进展 [J]. 生态学报, 2008 (06): 70–77.

[50] 黎永亮. 基于可持续发展理论的能源资源价值研究 [D]. 哈尔滨工业大学, 2006.

[51] 李斌. 绿色新政下中国绿色经济发展的相关问题研究 [D]. 东北财经大学, 2013: 29-31.

[52] 李庚生. 中国能源金融发展研究 [M]. 北京: 中国金融出版社, 2014: 14.

[53] 李国平, 华晓龙. 我国非再生能源资源定价改革构想 [J]. 华东经济管理, 2008, 22 (6): 33-38.

[54] 李萍, 王伟. 生态价值: 基于马克思劳动价值论的一个引申分析 [J]. 学术月刊, 2012 (4): 90-95.

[55] 李强, 魏巍, 徐康宁. 国际资源供求现状、走势及对中国的影响——基于"页岩气革命"的思考 [J]. 北京社会科学, 2014 (7): 121-128.

[56] 李少民, 吴韧强. 我国石油定价机制探讨 [J]. 价格月刊, 2007 (1): 19-20.

[57] 李世祥, 成金华. 中国能源效率评价及其影响因素分析 [J]. 统计研究, 2008, 25 (10): 18-27.

[58] 李万古. 论生态经济生态价值和生态经济效益 [J]. 山东师范大学学报 (人文社会科学版), 1998 (3): 4-8.

[59] 李向阳. 非常规资源将影响全球能源格局——《BP2030年世界能源展望》解读 [J]. 国际石油经济, 2013, 21 (4): 17-24.

[60] 梁小民编著. 西方经济学基础 (第3版) [M]. 北京: 北京大学出版社, 2014 (07): 34-37.

[61] 廖重斌. 环境与经济协调发展的定量评判及分类体系——以珠江三角洲城市群为例 [J]. 广州环境科学, 1996, 11 (1): 12-16.

[62] 林伯强, 杜克锐. 要素市场扭曲对能源效率的影响 [J]. 经济研究, 2013 (9): 125-136.

[63] 林伯强, 黄光晓. 能源金融 (第2版) [J]. 中国科技信息, 2014 (9): 159.

[64] 林伯强, 刘泓汛. 对外贸易是否有利于提高能源环境效率——以中国工业行业为例 [J]. 经济研究, 2015 (9): 129-143.

[65] 林伯强. 中国能源价格改革 [M]. 北京: 科学出版社, 2017:

123-124.

[66] 刘满平. 从渐进式改革进程看新成品油定价机制 [EB/OL]. http: finance. stockstar. com/JC201601190000998. shtml, 2016-01-19.

[67] 刘满平. 成品油定价机制改革渐进式推进 [J]. 中国石化, 2016, No. 367 (4): 58-59.

[68] 刘满平. 我国成品油价格形成机制改革演变过程、现状及建议 [J]. 中外能源, 2012, 17 (9): 1-8.

[69] 刘瑞明. 中国的国有企业效率: 一个文献综述 [J]. 世界经济, 2013, 36 (11): 136-160.

[70] 刘顺鸿. 美国石油政策: 市场化及其有效性 [J]. 云南师范大学学报 (哲学社会科学版), 2006 (02): 45-48.

[71] 刘思华. 生态经济价值问题初探 [J]. 学术月刊, 1987 (11): 3-9.

[72] 刘伟. 1988年中国"物价闯关"研究 [D]. 中共中央党校, 2011: 34.

[73] 刘伟. 基于纵向垄断市场结构的规制定价研究 [D]. 重庆大学, 2003: 77.

[74] 刘雅君. 韩国低碳绿色经济发展研究 [D]. 吉林大学, 2015: 25-37.

[75] 刘亚东. 我国天然气定价的经济学分析 [J]. 商场现代化, 2010 (22): 75-76.

[76] 逯进, 常虹, 汪运波. 中国区域能源、经济与环境耦合的动态演化 [J]. 中国人口·资源与环境, 2017, 27 (2): 60-68.

[77] 罗丽艳. 自然资源价值的理论思考: 论劳动价值论中自然资源价值的缺失 [J]. 中国人口/资源与环境, 2003 (06): 19-22.

[78] 罗良忠. 我国天然气定价问题研究 [J]. 价格理论与实践, 2008 (01): 25-27.

[79] (德) 卡尔·马克思. 资本论 [M]. 曾令先, 卞彬等译. 北京: 人民日报出版社, 2006: 54-55.

[80] 缪琦. 中国能源对外依存度近 10 年翻倍上升, 石油突破 60% [EB/OL]. http://www.yicai.com/news/5160871.html, 2016-11-17.

[81] 南京大学化学系. 科学技术百科全书 [M]. 北京: 科学出版社, 1990: 77.

[82] 彭森. 中国价格改革三十年 1978~2008 [M]. 北京: 中国市场出版社, 2010: 665-666.

[83] 齐中英, 梁琳琳. 我国石油定价制度的路径选择 [J]. 价格月刊, 2007 (04): 50-52.

[84] 曲长旋, 顾星. 探析我国煤炭定价机制 [J]. 山东纺织经济, 2010 (10): 31-33.

[85] 饶斌. 甘肃省生态环境与经济发展耦合关系的空间差异研究 [D]. 兰州大学, 2010: 18-23.

[86] 人民日报评论员. 坚持绿色经济发展, 着力改善生态环境 [N]. 人民日报, 2015-11-03 (7).

[87] 任海涛. 会然资源价值构成新论 [J]. 前沿, 2009 (07): 111-116.

[88] 邵敏, 包群. 政府补贴与企业生产率——基于我国工业企业的经验分析 [J]. 中国工业经济, 2012 (7): 70-82.

[89] 沈丽, 张攀, 朱庆华. 基于生态劳动价值论的资源性产品价值研究 [J]. 中国人口·资源与环境, 2010, 20 (11): 118-121.

[90] 施发启. 对我国能源消费弹性系数变化及成因的初步分析 [J]. 统计研究, 2005, 22 (5): 8-11.

[91] 时璟丽. 可再生能源电力定价机制和价格政策研究 [J]. 中国电力, 2008, 41 (4): 6-9.

[92] 宋丹. 供给侧改革视角下我国煤炭定价机制探析 [J]. 煤炭经济研究, 2017, (10): 36-40.

[93] (美) S. P. 帕克. 能源百科全书 [M]. 科学出版社, 1992: 77-94.

[94] 孙成芳. 后凯恩斯价格理论及其新进展研究 [D]. 东北财经大学, 2012: 17-41.

[95] 孙艳, 张洪波. 金融危机下我国煤炭定价机制的思考 [J]. 改革与

战略, 2010 (06): 34-41.

[96] 谭真勇, 杨可伟. 能源价格理论研究新进展 [J]. 经济学动态, 2011 (1): 142-147.

[97] 唐允斌. 土地公有 有偿委托——对我国土地使用制度的探讨 [J]. 经济研究, 1985 (12): 35-43.

[98] 腾讯财经. 看完定价才明白 原来加油站这么赚钱 [EB/OL]. http://finance.qq.com/original/MissMoney/mm0167.html, 2016-04-14.

[99] 佟庆, 白泉, 刘滨, 等. MARKAL模型在北京中远期能源发展研究中的应用 [J]. 中国能源, 2004, 26 (6): 36-40.

[100] 万林葳, 李永峰. 煤炭定价机制存在问题及对策研究: 基于环境外部成本内部化角度的分析 [J]. 价格理论与实践, 2010 (10): 31-32.

[101] 王保忠, 李忠民, 王保庆. 基于代际公平视角的煤炭资源跨期配置机制研究——以晋陕蒙为例 [J]. 资源科学, 2012, 34 (4): 704-710.

[102] 王晶. 边际机会成本与自然资源定价浅析 [J]. 环境科学与管理, 2005 (03): 54-56.

[103] 王俊杰, 史丹, 张成. 能源价格对能源效率的影响——基于全球数据的实证分析 [J]. 经济管理, 2014 (12): 13-23.

[104] 王玲玲, 张艳国. "绿色经济发展" 内涵探微 [J]. 社会主义研究, 2012 (5): 143-146.

[105] 王仁文. 基于绿色经济的区域创新生态系统研究 [D]. 中国科学技术大学, 2014: 39.

[106] 王舒曼, 王玉栋. 自然资源定价方法研究 [J]. 生态经济, 2000 (04): 25-26.

[107] 王学庆, 杨娟. 三十年价格体制改革的历程成就与经验 [J]. 中国物价, 2008 (9): 63-67.

[108] 王永瑜. 资源资产估价方法比较研究 [J]. 统计科学与实践, 2011 (05): 54-55.

[109] 王永瑜. 资源租金核算理论与方法研究 [J]. 统计研究, 2009 (05): 47-53.

[110] 王震,刘念,周静. 全球液化天然气定价机制:演进、趋势和基准价形成 [J]. 价格理论与实践,2009 (8):30-31.

[111] 魏楚,沈满洪. 结构调整能否改善能源效率:基于中国省级数据的研究 [J]. 世界经济,2008 (11):77-85.

[112] 魏楚,沈满洪. 能源效率与能源生产率:基于DEA方法的省际数据比较 [J]. 数量经济技术经济研究,2007,24 (9):110-121.

[113] 魏一鸣,曾嵘,范英,等. 北京市人口、资源、环境与经济协调发展的多目标规划模型 [J]. 系统工程理论与实践,2002,22 (2):74-83.

[114] 吴德勋,张雪梅. FDI对中国工业部门技术溢出的实证研究——基于劳动密集型和资本技术密集型产业 [J]. 资源与产业,2016 (3):121-127.

[115] 吴锋. 深化我国能源价格改革的思考 [J]. 价格理论与实践,2012 (8):30-31.

[116] 吴利学. 中国能源效率波动:理论解释、数值模拟及政策含义 [J]. 经济研究,2009 (5):130-142. 3 (12):93-100.

[117] 吴明明. 中国能源消费与经济增长关系研究 [D]. 华中科技大学,2011.

[118] 吴琦,武春友. 基于DEA的能源效率评价模型研究 [J]. 管理科学,2009,22 (1):103-112.

[119] 吴翔,隋建利. 石油定价机制比较及其改革对策研究 [J]. 价格理论与实践,2008 (10):29-30.

[120] 吴延兵. R&D与生产率——基于中国制造业的实证研究 [J]. 经济研究,2006 (11):60-71.

[121] 吴宗鑫,陈文颖. 以煤为主多元化的清洁能源战略 [M]. 北京:清华大学出版社,2001:203-229.

[122] 夏大慰,范斌. 电力定价:理论、经验与改革模式 [J]. 产业经济评论,2002 (01):91-106.

[123] 夏业良. 电力定价体制需战略调整 [J]. 决策,2006 (05):7-9.

[124] 肖欢,周晓波. 西北五省区域经济—环境系统耦合空间差异动态演化分析 [J]. 生态经济:学术版,2014 (1):171-177.

[125] 谢海燕. 反映环境成本的资源性产品定价机制研究 [J]. 宏观经济管理, 2010 (07): 39-41.

[126] 熊映梧. 改善人类与自然的关系——新千年经济学的头号课题 [J]. 生产力研究, 2002 (1): 4-5.

[127] 徐向阳. 煤炭资源边际机会成本定价和影子价格的理论与应用 [J]. 煤炭经济研究, 1998 (08): 49-51.

[128] 亚洲开发银行, 国家电力监管委员会. 电价战略: 电价形成机制与电价监管最终报告, TA4117-PRC, 2005年4月30日.

[129] 晏智杰. 自然资源价值刍议 [J]. 北京大学学报 (哲学社会科学版), 2004 (6): 70-77.

[130] 杨桂元. 资源影子价格的灵敏度分析 [J]. 数量经济技术经济研究, 1999 (04): 65-68.

[131] 杨鲁. 略论能源产品的价税问题 [J]. 价格理论与实践, 1994 (2): 35-38.

[132] 杨秋媛. 基于煤炭完全成本的煤炭定价 [J]. 中国煤炭, 2009 (09): 37-43.

[133] 杨涛, 王开明. 建设生态经济 走绿色经济发展之路 [J]. 发展研究, 1995 (7): 20-21.

[134] 杨韬. "十一五"末推进石油价格形成机制改革的思考 [J]. 中国物价, 2010, (5): 18-20.

[135] 杨艳琳. 自然资源价值论——劳动价值论角度的解释及其意义 [J]. 经济评论, 2002 (1): 52-55.

[136] 叶敏弦. 县域绿色经济差异化发展研究 [D]. 福建师范大学, 2014: 33-42.

[137] 佚名.《中共中央关于经济体制改革的决定》摘录 [J]. 价格理论与实践, 1984 (6): 3.

[138] 佚名. 从山重水复到柳暗花明——工业品生产资料价格双轨制的出现与结束 [J]. 价格理论与实践, 1999 (11): 44-45.

[139] 殷建平, 杨瑞. 美国天然气定价机制特点及其对我国的启示 [J].

价格理论与实践，2011（07）：71-72.

[140] 殷建平. 论我国天然气价格改革的深入与完善[J]. 价格理论与实践，2014（3）：13-16.

[141] 尤济红，高志刚. 政府环境规制对能源效率影响的实证研究——以新疆为例[J]. 资源科学，2013（6）：1211-1219.

[142] 于渤，黎永亮，崔志. 基于可持续理论的能源资源价值分析模型[J]. 中国管理科学，2005，13（21）：499-503.

[143] 于娟，黄云鹏. 成品油价格形成机制研究[J]. 中国经贸导刊，2010（12）：42-43.

[144] 余春祥. 绿色经济与云南绿色产业战略选择研究[D]. 华中科技大学，2003：25-44.

[145] 袁迎菊，才庆祥，赵畅，等. 矿产资源价值研究[J]. 金属矿山，2009（2）：18-22.

[146] 袁迎菊，李建琴，姚圣. 基于环境控制角度的隐性环境成本计量探析[J]. 煤炭技术，2012（06）：240-242.

[147] 翟凡，李善同. 一个中国经济的可计算一般均衡模型[J]. 数量经济技术经济研究，1997（3）：38-44.

[148] 张复明. 资源型经济：理论解释、内在机制与应用研究[D]. 山西大学，2007：10-11.

[149] 张光文. 关于自然资源价格的形成及体系的探讨[J]. 现代经济探讨，2001（6）：26-29.

[150] 张海滨. 目前我国天然气定价机制存在的主要问题及对策初探[J]. 中国科技信息，2009（07）：176-177.

[151] 张汉斌. 资源影子价格在系统经济分析中的应用[J]. 价格理论与实践，2005（09）：27-28.

[152] 张华明，赵国浩. 煤炭定价机制存在的问题及对策分析[J]. 资源科学，2010（11）：2210-2215.

[153] 张华明. 中国能源价格与总产出、货币政策关系研究[D]. 山西财经大学，2012：145-147.

[154] 张华新. 中国能源价格形成机制及其优化研究 [D]. 辽宁大学, 2008: 20-24.

[155] 张前荣. 国内外天然气定价机制分析及经验启示 [EB/OL]. http:. www. sic. gov. cn/News/466/7444. html, 2017-01-20.

[156] 张维达. 政治经济学（第二版）[M]. 北京：高等教育出版社, 2004: 187.

[157] 张伟, 朱启贵, 高辉. 产业结构升级、能源结构优化与产业体系低碳化发展 [J]. 经济研究, 2016 (12): 64-77.

[158] 张伟, 朱启贵, 李汉文. 能源使用、碳排放与我国全要素碳减排效率 (1) [J]. 经济研究, 2013, (10): 138-150.

[159] 张伟. 我国天然气定价机制存在的问题及对策 [J]. 天然气技术, 2009 (02): 4-5.

[160] 张孝松. 天然气定价方法的比较 [J]. 四川石油经济, 2001 (02): 10-22.

[161] 张一清, 姜鑫民. 对我国成品油定价机制改革的思考与建议 [J]. 中国能源, 2015, 37 (4): 9-13.

[162] 张一清. 能源优化配置机制的博弈与投入产出分析 [D]. 首都经济贸易大学, 2011: 18-25.

[163] 张志辉. 中国区域能源效率演变及其影响因素 [J]. 数量经济技术经济研究, 2015 (8): 73-88.

[164] 章铮. 边际机会成本定价——自然资源定价的理论框架 [J]. 自然资源学报, 1996, 11 (2): 107-112.

[165] 赵海龙. 煤炭企业成本构成及其控制问题研究 [D]. 华中科技大学, 2010: 25-35.

[166] 赵霆. 我国成品油消费税征管的问题与对策研究 [D]. 山东师范大学, 2014: 78-79.

[167] 赵媛, 梁中, 袁林旺, 等. 能源与社会经济环境协调发展的多目标决策——以江苏省为例 [J]. 地理科学, 2001, 21 (2): 164-169.

[168] 郑玉歆. 全要素生产率的测度及经济增长方式的"阶段性"规

律——由东亚经济增长方式的争论谈起［J］. 经济研究, 1999 (5): 55-60.

［169］中国报告网. 2017年我国天然气行业定价政策演变历程及目标分析［EB/OL］. http://zhengce. chinabaogao. com/nengyuan/2017/101Ha5J2017. html, 2017-10-17.

［170］中国大百科全书出版社《不列颠百科全书》国际中文版部. 不列颠百科全书: 国际中文版 修订版［M］. 北京: 中国大百科全书出版社, 2007: 369-415.

［171］中国社会科学院. 现代汉语词典［M］. 北京: 商务印书馆, 2012: 345.

［172］中国社会科学院语言研究所词典室. 现代汉语词典. 第6版［M］. 北京: 商务印书馆, 2012: 13.

［173］中国石油新闻中心. 在变动中寻求再平衡, 2016年国际油气市场回眸［EB/OL］. http://news. cnpc. com. cn/system/2017/01/05/001628735. shtml, 2017-01-05.

［174］中国液化天然气网. 拨开天然气定价"迷雾""净回值法"或只是过渡阶段［EB/OL］. http://www. cnlng. com/bencandy. php? fid = 2&id = 36652, 2014-12-02.

［175］中华人民共和国经济和社会发展第十二个五年规划纲要［M］. 北京: 人民出版社, 2011.

［176］周建双, 王建良. 国外天然气定价与监管模式比较［J］. 中国物价, 2010 (11): 60-63.

［177］周睿. 中国能源效率测度及其影响因素分析［J］. 统计与决策, 2014 (5): 84-86.

［178］朱德进, 杜克锐. 对外贸易、经济增长与中国二氧化碳排放效率［J］. 山西财经大学学报, 2013, (5): 1-11.

［179］朱泌夫, 江延球. 论可持续发展前提下的自然资源价值问题［J］. 当代经济研究, 2002 (08): 7-12.

［180］朱勤, 彭希哲, 陆志明, 等. 中国能源消费碳排放变化的因素分解及实证分析［J］. 资源科学, 2009, 31 (12): 2072-2079.

[181] 朱云峰. 建立生态价值论 丰富马克思的劳动价值学说 [J]. 江汉学术, 2005, 24 (1): 59-61.

[182] 宗边. 坚持绿色发展, 着力改善生态环境 [J]. 甘肃农业, 2015 (22).

[183] 邹广严. 能源大辞典 [M]. 成都: 四川科学技术出版社, 1997: 31.

后　　记

　　研究并揭示绿色经济发展与能源价格机制之间的内在作用机理，顺应绿色经济发展要求，改革和完善能源价格机制，充分发挥能源价格对推动绿色经济发展的杠杆作用，形成两者良性互促的发展格局，对于构建绿色经济发展的长效机制，具有重要的理论和现实意义。鉴于我国目前仍以化石能源消耗为主的实际，本书主要针对我国的化石能源价格机制进行了实证研究。但随着我国绿色经济发展战略的确定和各项配套政策的实施，非化石能源的生产和消费量将不断增长，清洁、可持续的能源对化石能源的替代是未来的大势所趋，能源价格机制研究中各能源品种之间的相互影响和作用关系不可忽略，受限于研究的精力和能力以及篇幅，本书未能对新能源价格机制展开研究，在今后的后续研究中，将进一步关注新能源价格机制及其与常规化石能源价格机制间的联动关系。此外，本书对于能源价格对产业结构影响的分析还有待细化和深入，对各种能源品种各自的价格对碳排放的分析也可以进一步深化。书中还存在诸多不完善的地方、错误及有待商榷的内容也恳请读者给予指正为谢！